Couvertures supérieure et inférieure
en couleur

LA VIEILLE ROCHE

LES VACANCES DE LA COMTESSE

PAR

EDMOND ABOUT

CINQUIÈME ÉDITION

PARIS
LIBRAIRIE HACHETTE ET Cⁱᵉ
79, BOULEVARD SAINT-GERMAIN, 79

Librairie HACHETTE et Cie, boulevard Saint-Germain, 79, à Paris.

BIBLIOTHÈQUE VARIÉE, FORMAT IN-16

A 3 FR. 50 LE VOLUME

ROMANS ET NOUVELLES

ABOUT (Ed.) : *Le turco*; 6e édit. 1 vol.
— *Madelon*; 11e édit. 1 vol.
— *Théâtre impossible*; 2e édit. 1 vol.
— *Les mariages de province*; 8e édition. 1 vol.
— *La vieille roche*, 3 vol.
— *Le mari imprudent*; 6e édit. 1 vol.
— *Les vacances de la comtesse*; 5e édit. 1 vol.
— *Le marquis de Lanrose*; 4e édit. 1 vol.
— *L'infâme*; 3e édit. 1 vol.
— *Le roman d'un brave homme*; 18e mille. 1 vol.
— *De Pontoise à Stamboul*, 1 vol.
— *Le Fellah*; 6e édit. 1 vol.

ASTON : *Voyage en d'autres mondes*. 1 vol.

CHERBULIEZ (V.), de l'Académie française :
— *Le comte Kostia*; 14e édit. 1 vol.
— *Prosper Randoce*; 5e édit. 1 vol.
— *Paule Méré*; 6e édit. 1 vol.
— *Le roman d'une honnête femme*; 12e édit. 1 vol.
— *Le grand œuvre*; 4e édit. 1 vol.
— *L'aventure de Ladislas Bolski*; 8e édit. 1 vol.
— *La revanche de Joseph Noirel*; 5e édit. 1 vol.
— *Meta Holdenis*; 6e édit. 1 vol.
— *Miss Rovel*; 10e édit. 1 vol.
— *Le fiancé de Mlle Saint-Maur*; 5e édit. 1 vol.
— *Samuel Brohl et Cie*; 7e édit. 1 vol.
— *L'idée de Jean Têterol*; 6e édit. 1 vol.
— *Amours fragiles*; 4e édit. 1 vol.
— *Noirs et Rouges*; 8e édit. 1 vol.

CHERBULIEZ (V.) (suite) : *La ferme du Choquard*; 8e édit. 1 vol.
— *Olivier Maugant*; 7e édit. 1 vol.
— *La bête*; 8e édit. 1 vol.
— *La vocation du comte Ghislain*; 6e édit. 1 vol.
— *Une gageure*; 7e édit. 1 vol.
— *Le secret du précepteur*; 6e édit. 1 vol.

DURUY (G.) : *Andrée*; 9e mille. 1 vol.
— *Le garde du corps*; 9e mille. 1 vol.
— *L'unisson*; 12e mille. 1 vol.
— *Victoire d'âme*; 7e mille. 1 vol.

ENAULT (L.) : *Jours d'épreuves*. 1 vol.

FERRY (G.) : *Le coureur des bois*; 13e édit. 2 vol.
— *Costal l'Indien*; 6e édit. 1 vol.

FILON (A.) : *Amours anglais*. 1 vol.
— *Contes du centenaire*. 1 vol.
— *Violette Mérian*; 2e édit. 1 vol.
— *Le chemin qui monte*. 1 vol.

HOUSSAYE (A.) : *Le violon de Franjolé*. 1 vol.

SAINTINE (X.) : *Le chemin des écoliers*; 4e édit. 1 vol.
— *Picciola*; 52e édit. 1 vol.
— *Seul!* 6e édit. 1 vol.

TOPFFER : *Nouvelles genevoises*. 1 vol.
— *Rosa et Gertrude*. 1 vol.
— *Le presbytère*. 1 vol.

VERCONSIN : *Saynètes et comédies*. 2 vol.

Coulommiers. — Imp. P. Brodard. — 7-96.

LA VIEILLE ROCHE

LES VACANCES
DE
LA COMTESSE

OUVRAGES DU MÊME AUTEUR
PUBLIÉS PAR LA LIBRAIRIE HACHETTE ET Cie

BIBLIOTHÈQUE VARIÉE

ALSACE (1871-1872); 7e édition. 1 vol.
LA GRÈCE CONTEMPORAINE; 10e édition. 1 vol.
   Le même ouvrage, édition illustrée, 4 fr.
LE TURCO. — LE BAL DES ARTISTES. — LE POIVRE. — L'OUVERTURE AU CHATEAU. — TOUT PARIS. — LA CHAMBRE D'AMI. — CHASSE ALLEMANDE. — L'INSPECTION GÉNÉRALE. — LES CINQ PERLES; 6e édition. 1 vol.
THÉATRE IMPOSSIBLE : Guillery. — L'Assassin. — L'Éducation d'un prince. — Le Chapeau de sainte Catherine; 2e édition. 1 vol.
L'A B C DU TRAVAILLEUR; 5e édition. 1 vol.
LES MARIAGES DE PROVINCE; 9e édition. 1 vol.
LA VIEILLE ROCHE. Trois parties qui se vendent séparément
   1re partie : *Le Mari imprévu*; 6e édition. 1 vol.
   2e partie : *Les Vacances de la Comtesse*; 5e édit. 1 vol.
   3e partie : *Le marquis de Lanrose*; 4e édition. 1 vol.
LE FELLAH; 6e édition. 1 vol.
L'INFAME; 3e édition. 1 vol.
MADELON; 11e édition. 1 vol.
LE ROMAN D'UN BRAVE HOMME; 50e mille. 1 vol.
DE PONTOISE A STAMBOUL. 1 vol.

    Prix de chaque volume, broché, 3 fr. 50.

GERMAINE; 63e mille. 1 vol.
LE ROI DES MONTAGNES; 78e mille. 1 vol.
LES MARIAGES DE PARIS; 82e mille. 1 vol.
L'HOMME A L'OREILLE CASSÉE; 50e mille. 1 vol.
TOLLA; 55e mille. 1 vol.
MAITRE PIERRE; 10e édition. 1 vol.
TRENTE ET QUARANTE. — SANS DOT. — LES PARENTS DE BERNARD 46e mille. 1 vol.

    Prix de chaque volume, broché, 2 francs.

FORMAT IN-8

LE ROMAN D'UN BRAVE HOMME. 1 vol. illustré de 52 compositions par *Adrien Marie*; broché, 7 fr.; — relié, 10 fr.
L'HOMME A L'OREILLE CASSÉE. 1 vol. illustré de 61 compositions par *Eugène Courboin*; broché, 7 fr.; — relié, 10 fr.
TOLLA. 1 volume petit in-4°, illustré de 10 planches hors texte, gravées sur bois d'après F. DE MYRBACH, d'un portrait de l'auteur d'après P. BAUDRY et de 35 ornements par A. GIRALDON, gravés sur bois et tirés en trois tons. Il a été tiré 900 exemplaires numérotés, dont 600 exemplaires sur papier vélin du Marais (301 à 900) avec deux planches hors texte. Prix, broché.................................. 80 fr.
TRENTE ET QUARANTE. 1 vol. in-8 jésus, contenant des dessins de *Voge* et des ornements d'*A. Giraldon*, gravés à l'eau-forte typographique Broché 40 fr. — Relié... 50 fr

---

Coulommiers. — Imp. Paul BRODARD. — 504-96.

LA VIEILLE ROCHE

LES VACANCES
DE
LA COMTESSE

PAR

EDMOND ABOUT

CINQUIÈME ÉDITION

PARIS
LIBRAIRIE HACHETTE ET Cie
79, BOULEVARD SAINT-GERMAIN, 79

1896

Droits de traduction et de reproduction réservés.

LES VACANCES
DE LA COMTESSE

I

MONSIEUR FAFIAUX

M. Fafiaux n'était pas encore assez chrétien pour digérer le mariage de sa nièce. Dans sa fureur, il la voyait ruinée et damnée par ce païen de mauvaise vie qui l'avait emportée à Paris. Il serait difficile de dire ce qu'il regrettait le plus : était-ce l'âme innocente qu'il avait préservée du mal jusqu'à l'âge de vingt-deux ans? Ou ses beaux millions qu'il avait arrondis avec un zèle si désintéressé? Ou la chère présence d'une enfant uniquement aimée? Ou son autorité quasi paternelle foulée aux pieds par un intrus? Ou le prestige de sa toute-puissance affaibli dans le diocèse? Les présidentes de congrégation, les supérieures de communauté lui parlaient d'une voix compatissante, les libéraux souriaient entre cuir et chair en lui tirant leur chapeau. Une feuille mal pensante réimprima, en tête de sa chronique locale une toute petite fable de la Fontaine : *l'Astrologue qui se laisse tomber dans un puits.* Ces quatre vers, publiés sans commentaire, mais interprétés sans effort dans une ville où l'esprit court les rues, obtinrent un succès fou. Les enfants des canuts se montraient M. Fafiaux en criant : « A toi, l'astrologue ! »

Le vieillard était irascible comme tous les petits hommes. Aux cris gouailleurs de cette marmaille, il serrait les poings dans ses poches et grommelait en trottinant :

« Attendez-moi, vauriens ! Nous nous retrouverons à la morte saison. Vous viendrez me demander des bons de pain ! C'est des bons de trique qu'on vous donnera. »

Valentine lui écrivit, trois jours après son mariage, sur le papier de l'hôtel Meurice. Elle protestait de son affection et de son respect inaltérable ; elle se portait caution pour Gontran, qui était le plus doux, le plus attentif et le plus délicat des maris : loin de la détourner de ses devoirs, il l'avait conduite lui-même à la messe d'une heure et il l'avait attendue au pied du grand escalier de la Madeleine. « Rien ne manque à mon bonheur, disait-elle, excepté votre pardon. Ouvrez vos bras, cher oncle, ouvrez-les tout grands, car mon adoré Gontran est de moitié dans ma prière : il vous l'écrira lui-même dès que vous lui le permettrez. »

Dans cette profession de tendresse et d'obéissance, une seule chose frappa le bonhomme Fafiaux. Sa nièce se levait à midi, et elle entendait une messe basse. Un dimanche! Où étaient les principes? A quoi servait l'éducation du couvent, et cette salutaire habitude d'éveiller les enfants à six heures? Lorsqu'un homme a résolu de se scandaliser, tout lui sert : M. Faflaux trouva même inconvenant que sa nièce lui écrivît si tôt après le mariage, « toute chaude des embrassements d'un sexe contraire au sien! » Le *cant* anglais ne va pas si loin : il défend aux nouvelles mariées de se montrer en public, mais il leur permet d'écrire à discrétion.

M. Faflaux ne répondit ni à cette lettre ni aux suivantes : il boudait. Sa nièce lui écrivit au jour de l'an, à sa fête, à l'anniversaire de sa naissance : peine perdue! elle lui annonça qu'il trouverait une cellule décorée et meublée à son goût dans l'hôtel de Mably remis à neuf : il se contenta de hausser les épaules en apprenant qu'on avait racheté un immeuble d'un million.

Toutes les confréries et sociétés de bienfaisance reçurent l'invitation de prier pour une âme égarée ; on dit des messes à tous les autels de la ville et des faubourgs *pro anima aberrante* : c'était l'âme de Valentine, comtesse de Mably. Quant au mari, si par hasard il avait une âme, personne ne daigna la recommander à Dieu ; mais je suppose que M. Faflaux ne se fit pas faute de la donner au diable. Les hommes de charité étroite sont sujets à ce petit péché.

Il faut dire que Gontran fut maudit en bonne compagnie, avec la duchesse de Haut-Mont, et le marquis de Lanrose, et le comte Adhémar, et Yolande, et Lambert, et tous ceux qui avaient poussé à la roue de ce scandaleux mariage. Éliane était l'objet d'une proscription toute spéciale : on ne pardonnait pas à cette sainte de tromper l'estime et le respect qu'on avait professés pour elle.

Les Lanrose ignoraient leur disgrâce, ou, s'ils en avaient connaissance, ils s'en inquiétaient peu. Adhémar posait en principe qu'un homme sans argent est comme s'il n'existait pas. Le marquis méprisait les idées mesquines, les menues pratiques, le fanatisme étriqué, les colères sournoises et tout ce monde de petitesses ténébreuses qui fourmillait sous le gazon de M. Fafiaux. Le noble et fier Lanrose était un de ces hommes de parti qui aiment le soleil et la rase campagne, et qui n'entendent rien à la guerre d'embuscades, de surprises et de trahisons. Il déplorait hautement la faiblesse des siens qui emploient des instruments comme M. Fafiaux pour remuer les bas-fonds de la société, et qui, après s'en être servis pendant quelques années, finissent par subir leur domination indigne et traitent d'égal à égal avec eux.

« Nous n'avons, disait-il, qu'un moyen de vaincre la démocratie régnante, c'est de lui emprunter ses armes : le travail, le capital et le talent. Que gagne-t-on à faire tracasser les égouts de nos villes par quelques agitateurs audacieux et bornés? »

Il avait manifesté ce dédain en présence de M. Fafiaux lui-même, et ses rudesses, qui coïncidaient avec le rapt de Valentine, exaspérèrent le doux vieillard. C'était la première fois, depuis un quart de siècle, que le commis de la maison Santis voyait son humilité prise au mot : les Lanrose et les Saint-Génin l'avaient traité comme un petit être sans conséquence, lui le chef de cent mille hommes et de deux cents millions ! On l'avait écarté d'un geste familier, comme un enfant qui gêne le travail des grandes personnes, et l'on s'était emparé de sa nièce malgré lui ! Il rêva des vengeances de Mohican.

En attendant que le hasard lui donnât prise sur un Lanrose, il savoura le plaisir des dieux aux dépens de ces pauvres Saint-Génin. Le fils avait causé tout le mal en refusant la main de Valentine; la mère était coupable de n'avoir pas eu plus d'empire sur son fils. En vain, la douairière eût-elle fait valoir son dépit, sa fureur, les injures quotidiennes, les coups même dont elle punissait Lambert depuis l'événement : M. Faflaux pratiquait cette justice spéciale qui punit le coupable dans ses descendants et ses ascendants, jusqu'à la troisième génération. La mère et le fils furent livrés aux bêtes féroces, c'est-à-dire aux créanciers.

A Lyon comme partout, les dettes sont faites pour être payées; mais le prêteur a cent manières de redemander son bien. La gamme des réclamations est d'une richesse prodigieuse. Entre un appel amical à la mémoire du débiteur et l'horrible contrainte par corps, il y a des nuances à l'infini. Les créanciers de la Grande-Balme étaient bonnes gens dans le fond et d'humeur assez accommodante. Je ne sais pas si le noble renoncement de Lambert les avait transportés de joie; mais, en présence d'une maison comme celle de Saint-Génin, ils étaient plus disposés au respect qu'à la haine. La moindre recommandation émanée de M. Faflaux leur eût donné deux ans, trois ans de patience, au taux légal. L'un d'eux, le mieux pensant, alla consulter le bonhomme. Faflaux ne répondit pas qu'on lui ferait plaisir en poussant le baron aux dernières extrémités : trop prudent! Mais il dit que les affaires de mon Sieur de Saint-Génin n'étaient pas les siennes, et ce simple *mon Sieur* fut articulé d'un ton si sec, que le questionneur sentit qu'il gagnerait des indulgences plus en courant le jour même chez son huissier.

Il ne faut qu'un chapeau gris, bien porté, pour mettre les chapeaux gris à la mode. Le premier créancier qui usa de rigueur envers les Saint-Génin fit école en un rien de temps. La Grande-Balme fut assiégée par une myriade de réclamations petites et grandes, mais toutes également pressantes, pour ne rien dire de plus. Chacun voulait son argent, et sur l'heure. La tyrannie de la mode obligeait les fermières elles-mêmes à parler du juge de paix pour six douzaines d'œufs.

Un propriétaire foncier qui s'est criblé de dettes ne sait jamais exactement s'il est au-dessus ou au-dessous de ses affaires. Tant qu'il estime ses maisons et ses terres à des prix d'affection, il peut se croire riche et établir la balance à son profit. S'il obtient simplement le loisir nécessaire pour attendre les acquéreurs, saisir le bon moment, tenir la dragée haute, il peut encore liquider sa position avec un certain avantage. Mais que le crédit lui manque un seul jour et que les créanciers lui mettent pied sur gorge, il est ruiné. Les biens qu'on est forcé de vendre à jour fixe perdent par cela seul une moitié de leur prix.

Quand notre ami Lambert fut dégrisé de son sacrifice (car l'ivresse du dévouement a ses lendemains tout comme une autre), il revint à son bilan et le trouva mélancolique, mais non désespéré. N'avait-il pas, dans sa mère, une femme de ressources? La douairière était rompue à cette gymnastique spéciale qui consiste à découvrir Pierre pour couvrir Paul. Qu'elle ajournât la catastrophe jusqu'à la mort de l'oncle Canigot ou de la tante de Narbonne : le premier héritage sauvait tout. Justement l'oncle Canigot, ce vieux paralytique qui végétait à la Croix-Rousse, eut coup sur coup trois crises de la plus belle espérance, on rêva de le transplanter en terre sainte avant la fin de l'année. La tante Saint-Génin, rentrée dans ses foyers, se remettait difficilement de tant d'émotions et de bombances. D'après les lettres de sa camériste (car elle n'écrivait plus elle-même) on pouvait présumer qu'elle laisserait bientôt à son neveu une pauvre chère bonne petite inscription de quarante mille francs de rente. Lambert était trop délicat pour souhaiter la mort de personne, mais il pensait qu'au pis aller, c'est-à-dire si l'oncle et la tante refusaient unanimement de déguerpir en sa faveur, on pourrait vendre la Balme et vivre à l'aise dans la maison de Bellecour, ou vendre l'hôtel de Bellecour et vivoter encore tant bien que mal à la Grande-Balme.

Ces illusions ne tinrent pas contre la férocité inouïe des créanciers.

« Ah! les chiens dévorants! criait la douairière, on dirait qu'ils se sont donné le mot. Mais la Banque de France elle-même n'y résisterait pas, si tous ceux qui ont de son papier réclamaient leur argent à la fois! Hé bien! beau Galaor! nous voilà sur la paille, tandis que l'autre se goberge à Paris avec ta femme et ton argent. C'est lui qui était en prison pour dettes le mois dernier; c'est toi qui y seras peut-être le mois prochain : à qui la faute? Viendront-ils à ton aide, seulement?

— Non, maman, car je ne veux point gâter leur bonheur en leur disant dans quel embarras nous sommes. »

La tante de Narbonne revint tout doucement à la santé; les trois attaques du Canigot ne tinrent pas ce qu'elles avaient promis. On écrivit à Mlle de Saint-Génin, on alla voir l'oncle de la Croix-Rousse, espérant que l'un ou l'autre sauverait la situation. Mais ce vieux Canigot n'avait plus qu'une fibre vivante dans son cœur décrépit : il aimait l'argent. Le célèbre Crépin était un vrai prodige auprès de lui. Il avait doublé son capital par la location des taudis insalubres, et le peuple l'accusait de décoller nuitamment les vieilles affiches pour écrire au verso ses quittances de loyer. Dès la première atteinte de sa paralysie, il avait échangé ses maisons contre écus, et fait étendre son matelas sur un sommier bourré d'or. Une grande servante à moustaches, assez robuste pour étrangler un homme de chaque main, le gardait nuit et jour avec la fidélité d'un dogue. Il fallut parlementer un bon quart d'heure à travers une porte ferrée pour obtenir une audience de l'avare. Il écouta froidement les doléances de sa sœur, apprit sans s'émouvoir que le neveu avait failli devenir riche et qu'il se trouvait pauvre, et répondit à toutes les supplications par un refrain bien connu de la douairière :

« Je ne peux pas me passer de mon argent, mais soyez tranquilles : après moi, vous aurez mes restes. »

La tante Saint-Génin ne se départit point de sa bonté habituelle : elle envoya six mois de son revenu, vingt mille francs, et plus de quarante mille jérémiades. On la remercia tendrement, et la chose en valait la peine; mais ses vingt mille francs n'étaient qu'une fraise dans la gueule du loup, suivant l'expression pittoresque de Lambert.

La baronne aux abois se ressouvint de la famille Pichard. Six mois auparavant, le gros banquier ne demandait à Dieu que d'établir sa fille à la Balme. On avait échangé de ces paroles vagues qui n'engagent sérieusement personne, mais qui autorisent deux familles à raconter plus tard qu'elles ont refusé l'une un titre, l'autre une fortune. La reine mère risqua une visite et laissa passer un bout d'oreille, mais il était trop tard : Mlle Félicité recevait les hommages d'un jeune fabricant de Saint-Chamond, M. Bouquet, *dit* de la Phaisandrie. Aussitôt marié, le jeune homme, qui avait du bien, promettait d'abjurer l'industrie et le nom de ses pères. Aussi Mlle Félicité fit-elle entendre à Mme de Saint-Génin que les beaux noms n'étaient pas rares, qu'une fille comme elle pouvait choisir entre les plus fameux, et qu'elle n'était pas faite assurément pour épouser le rebut de ses amies. Maman Pichard s'exprima très-librement sur le compte de ces grands *braques* qui compromettent une demoiselle et la laissent ensuite *en affront*. Quant au chef de la famille, qui était un vrai bonhomme, sans morgue et sans rancune, il répondit loyalement :

« Notre fille est pourvue; ne le fût-elle pas, je ne vous la donnerais plus, aujourd'hui que je connais l'état de vos affaires. Le baron a commis une grande faute en refusant Mlle Valentine ; il retrouvera peut-être une fortune lorsque ses héritages seront échus, mais il ne se mariera jamais à Lyon tant qu'il sera en guerre avec M. Faflaux. »

Lambert n'avait ni autorisé ni connu cette démarche ; il l'apprit seulement par une nouvelle fureur de sa mère. Il protesta d'abord avec violence contre l'abus qu'on avait fait de son nom, jurant de rester célibataire, ou plutôt veuf de Valentine qu'il aimerait jusqu'à la mort, en tout bien tout honneur. Le premier feu tombé, il se prit à ruminer le conseil de M. Pichard et jugea que le financier avait parlé en sage. De tout temps, Lambert avait considéré M. Faflaux comme une puissance irrésistible, un manitou supérieur à l'homme. Il ne l'eût certes pas

mécontenté de la sorte s'il avait pris le temps de
peser toutes les conséquences de sa belle action.
Mais Lambert n'était point de ces joueurs d'échecs
qui étudient le coup sous toutes ses faces avant de
pousser un pion. Le projet de marier Valentine à
Gontran l'avait séduit par la noblesse et la grandeur
de l'ensemble : il avait négligé les détails, et entre
autres le dépit inévitable de M. Fafiaux. L'observation de M. Pichard, en lui ouvrant les yeux, lui in-
spira non-seulement un regret, mais une sorte de
remords. Il s'accusa d'avoir fait de la peine à un
excellent homme qui avait failli être son oncle.
L'idée ne lui vint pas de craindre les vengeances :
d'abord parce qu'un Saint-Génin ne connaît pas la
peur ; ensuite parce qu'il prenait au pied de la lettre
les grimaces angéliques du vieillard. Il se promit de
provoquer une explication loyale et d'avouer ses
torts à la première occasion. Ce projet l'amena par
une pente naturelle, à compter sur le crédit tout-
puissant de M. Fafiaux. N'était-il pas le conseil et le
fondé de pouvoirs de tous ceux qui possédaient
quelque chose ? Nul mieux que lui ne savait conci-
lier les affaires litigieuses, affermir un crédit chan-
celant, modérer l'impatience des créanciers, acheter
à vil prix, et quelquefois pour rien, le domaine le
plus magnifique, vendre à des taux inespérés une
maison en ruines ou un terrain surchargé d'hypothè-
ques. Il frappait la terre de son petit sabot à lacet
de coton, et les millions sortaient en foule.

Plein de cette pensée, le garçon se mit à la poursuite de son oncle manqué ; mais M. Fafiaux sem-

blait éviter la rencontre. Il n'était ni chez lui ni à la librairie des patrons ; et pourtant on disait partout qu'il n'avait pas quitté la ville. Lambert lui écrivit pour demander un rendez-vous : il perdit sa peine et son encre. Il s'avisa enfin de le surprendre au milieu de certaines conférences qu'il présidait et que le baron suivait de loin en loin, à temps perdu. Un soir que le programme annonçait des choses graves, la discussion d'une adresse au roi de France et le vote d'un subside à quelque polémiste bien pensant, l'infortuné Saint-Génin alla porter son billet blanc et son louis. Il avala sans grimace le discours pâteux du président ; il lança même entre deux phrases un *très-bien* vigoureux, qui fut inscrit au procès-verbal ; mais il ne réussit point à attirer sur lui le regard oblique du bonhomme. Il se campa devant la porte à la fin de la séance, dévisageant ceux qui sortaient, et bénissant l'architecte qui n'avait pas ménagé une deuxième issue à la salle : M. Faflaux, souple comme une anguille, lui glissa littéralement entre les mains. Cependant Lambert finit par l'atteindre sur le quai de Tilsitt, à vingt pas du pont de la Mulatière, et comme minuit allait bientôt sonner, M. Faflaux craignit d'exposer ce pauvre jeune homme à quelque tentation criminelle ; il lui donna audience en plein air et grimaça un sourire obséquieux.

« Mon bon monsieur Faflaux, cria Lambert d'une voix haletante, je ne vous quitterai pas que vous ne m'ayez pardonné ! »

La faim dompte les animaux les plus féroces ; la

pour dompter encore mieux une certaine espèce d'hommes. Un poltron qui n'a pas dormi parce qu'il croyait être forcé de se battre, se sent pris d'une amitié foudroyante pour l'homme qui l'épargne sur le terrain. Il embrasse son ennemi de la veille avec une effusion unique ; il lui sait gré de tous les coups qu'il n'en a pas reçus ; encore un peu, passez-moi le mot, il se ferait tuer pour lui. Que sera-ce, bon Dieu ! si ce mortel redouté daigne présenter des excuses et décerner au faible la palme des triomphateurs ? On va le plaindre, on va l'aimer de cet amour sublime que le père témoigne à son fils en bas âge, le maître à son fidèle esclave, le lion à son épagneul ! Quelle joie de tenir amicalement sous les pieds celui qui aurait pu vous trépigner sur le ventre ! Le doux Fafiaux sentit son cœur retourné, lorsqu'il vit que Lambert ne le poursuivait pas pour le jeter à la Saône. L'humilité du fort chasseur lui parut d'autant plus touchante qu'il avait craint d'être touché d'une toute autre façon.

Il gronda, pour le principe, mais il laissa deviner dès les premiers mots qu'il n'avait pas renié la vieille devise romaine :

Épargner les soumis, terrasser les superbes !

Le baron s'expliqua, s'excusa, s'accusa, se justifia tour à tour avec une foi digne des premiers âges. Il avoua naïvement l'amour qu'il nourrissait encore pour Mlle Barbot, et le vieillard s'étonna quelque peu de rencontrer dans un homme du monde le désintéressement vrai, vertu rare partout, et même chez les saints comme lui. Il fut presque touché de compassion lorsqu'il entendit sa victime lui demander un coup de main dans le danger. La haute estime que Lambert lui témoignait tenta sa convoitise : on passe rarement à côté de l'estime sans éprouver au moins une velléité de s'en rendre digne. Peut-être cependant la rancune eût-elle été la plus forte, si Lambert n'avait rencontré dans sa plaidoirie un argument décisif :

« Voyons, monsieur Faflaux, vous tenez à l'opinion publique ?

— Je saurais la dominer au besoin, mais j'avoue que, dans la généralité des cas, l'approbation de mes frères me récompense agréablement.

— Parfait ! En ce moment, toute la ville vous donne raison, et tort à Mlle Valentine.

— J'ose le croire.

— Mais si, demain, la ville me voyait plumé, rasé, mis sur la paille, c'est vous qui auriez tort et Valentine raison. Tout le monde dirait : Comment M. Faflaux a-t-il pu promettre sa nièce à ce panier percé de Lambert ? La pauvre enfant allait se ruiner par l'imprudence de son oncle : c'est le ciel qui l'a poussée à choisir M. de Mably ! Est-ce juste, ce que je dis là ? Et comprenez-vous l'apologue ? »

De tous les raisonnements que Lambert essaya pendant deux heures, celui-là seul fit son chemin sous le crâne de M. Faflaux. Le vieillard frémit à l'idée du discrédit moral que la ruine des Saint-Génin, sa dernière œuvre, allait attirer sur lui. Il vit avec effroi la réhabilitation de M. de Mably et le triomphe insolent des Lanrose.

« Retournez chez vous, mon enfant, dit-il au baron, et rassurez madame votre respectable mère. Annoncez-lui que dès demain je vais me mettre en campagne et que j'espère, avec l'aide de Dieu, réparer dans une certaine mesure le mal qu'on vous a fait. Avant qu'il soit huit jours, je vous porterai de bonnes nouvelles. »

Là-dessus, il lui donna cette accolade caractéristique qui consiste à frotter vaguement une joue contre une autre, et il se faufila dans une allée comme un rat dans un trou de gouttière : Lambert l'avait ramené jusqu'à la porte de son logis.

Les Saint-Génin avaient une telle confiance en lui que dès ce jour ils se chauffèrent d'assignations, de significations, de commandements et d'autres papiers immondes. Lambert donnait à boire à tous les huissiers maigres qui faisaient la navette entre Lyon et la Grande-Balme. Il remercia son avocat et pria l'avoué de prendre des vacances.

M. Faflaux lui tint parole dans le délai qu'il avait indiqué. Il arriva un soir à la Balme au fond d'une carriole de communauté, menée au pas de procession par une sorte de frère lai. Il trouva la mère et le fils en tête-à-tête dans la petite salle à manger : le repas était desservi ; la douairière jouait toute seule au lansquenet avec un paquet de vieilles cartes ; Lambert fumait la pipe en buvant des petits verres ; Mirza, la chienne d'arrêt, dormait à ses pieds.

« Madame la baronne, dit le vieillard, et vous

aussi, monsieur le baron, j'espère que vous ratifierez le traité que je vous apporte. Vos immeubles étaient évalués 900,000 francs dans un contrat dont je déplorerai éternellement la rupture; mais on n'en aurait pas tiré plus de deux cent mille écus s'il avait fallu les vendre immédiatement, par autorité de justice. N'est-ce pas votre avis?

— Il y a de ça, dit Lambert.

— Vos dettes et les frais atteignent le million, ou peu s'en faut. Je le savais en vous donnant ma nièce, et je voyais dans cette affaire l'échange d'un million argent contre neuf cent mille francs de biens fonds et cent mille de valeurs morales, titre, nom, personne, et cætera.

— Bien obligé! interrompit le baron. J'espère que dans cette aimable estimation, ma personne était au moins comptée pour dix sous? »

La douairière lui imposa silence de sa voix la plus aigre. M. Fafiaux sourit humblement et poursuivit :

« Dans l'état présent de vos affaires, il me paraît évident que la ruine simple, sans prison, sans scandale et sans dettes pourrait être acceptée comme un bienfait.

— Ce bienfait-là ne serait pas lourd à porter, dit Lambert.

La baronne était sans doute du même avis, car elle ne releva point l'impertinence de son fils.

« Mais, reprit M. Fafiaux, la Providence a mis sur mon chemin des personnes charitables qui après un examen approfondi, offrent de prendre en bloc votre actif et votre passif : elles se substituent à vous dans toutes vos obligations aussi bien que dans tous vos droits, et de plus elles s'engagent à vous payer trois cent mille livres le 1er janvier 1865 ; jusqu'à ce jour, c'est-à-dire pendant dix années, vous toucherez les intérêts de la somme à cinq pour cent. Voulez-vous être nets et sauver cinq mille écus de rente? »

La douairière éblouie par ce chiffre inespéré, s'imagina aussitôt qu'on avait découvert une mine de charbon dans les ravins de la Grande-Balme. Elle se mit en devoir de marchander et de dire qu'on irait bien jusqu'à vingt mille francs ; mais Lambert, à son tour, lui coupa la parole.

« Eh ! maman, lui dit-il, tu n'es donc pas honteuse de chipoter comme ça? Quinze mille francs de rente ! c'est quinze mille fois plus beau que tout ce que j'espérais. Que veux-tu que je fasse de tout cet argent-là, moi qui ai des goûts simples? Tu prendras tout, si tu veux. Je ne te demande que vingt-cinq francs par an pour mon permis de chasse. Mon bon monsieur Faflaux, vous êtes un dieu sauveur ; pour trouver des capitalistes qui nous proposent ce marché-là, il faut que vous les ayez fabriqués vous-même !

— Mon jeune ami, répondit le vieillard, vos acquéreurs ne sont pas des capitalistes, mais deux pauvres religieux logés porte à porte avec moi, au septième étage.

— Diable ! Et quelle garantie pourront-ils nous donner?

— Leur signature et la mienne, sans compter votre privilége de vendeur sur les immeubles que vous leur cédez.

— Des priviléges ? des signatures ? Vous savez, monsieur Faflaux, que je n'entends rien aux affaires. Si j'y connaissais quelque chose, je ne serais peut-être pas dans ce pétrin. Expliquons-nous en bon français : qu'est-ce que les deux messieurs en question ?

— Un ancien maître d'études de Paris et un liquoriste qui a fait faillite à Bordeaux. Êtes-vous satisfait ?

— Ah mais non! A moins qu'ils soient enrôlés dans un ordre si puissant et si riche !

— Ils sont fondateurs d'ordre.

— De mal en pis ! Et ils s'appellent ?

— Les Thaborites, l'ordre du Mont-Thabor.

— Sont-ils reconnus, autorisés ? ont-ils une existence légale ?

— Ils ne sont ni approuvés par l'autorité ecclésiastique, ni reconnus par le pouvoir civil ; mais qu'importe ? *nous voulons* qu'ils réussissent : ils réussiront.

— A quoi ?

— A fonder dans votre hôtel de Bellecour une maison d'éducation somptueuse pour les fils de grande famille. Peu de latin, point de grec ; les langues vivantes, la musique, la danse, l'escrime, l'équitation, la gymnastique : une école de gentilshommes, aussi supérieure aux détestables lycées de l'État que M. le baron de Saint-Génin à son fermier

Benot. Le prix de la pension sera de cinq mille francs par an tout au moins...

— Bigre !

— Et l'on refusera des élèves, monsieur le baron, parce que nous voulons que cet établissement ait la vogue. Quant à la Grande-Balme, elle sera transformée en manufacture. Les pères thaborites ont choisi ces belles montagnes, peuplées d'herbes aromatiques, pour y fabriquer un produit aussi agréable à la bouche que salutaire à l'estomac, sans parler des bénédictions qu'une liqueur distillée par des mains pures fera descendre jusque dans l'âme. De ce côté encore le succès est certain, j'en réponds.

— Très-bien ! Mais si les thaborites font de mauvaises affaires ?

— C'est impossible, mon cher monsieur, puisque nous les protégeons.

— Qui, vous ?

— Toutes les personnes bien pensantes.

— Ils ont de la chance, ces messieurs-là !

— Dites plutôt du mérite.

— Mais quel m...e, enfin ?

— Ils vivent saintement ; ils ont l'esprit soumis et le cœur humble ; nous possèderons en eux des instruments dociles. La jeunesse, qu'ils instruiront, sera acquise à nos idées ; les richesses qu'ils vont réaliser, grâce à nous, demeureront éternellement au service de notre cause. Je m'étonne, monsieur le baron, que vous les jugiez de parti pris, avec une légèreté qui frise l'impertinence, lorsque tous vos égaux, vos amis et vos coreligionnaires politiques se sont déjà prononcés en leur faveur. Si vous êtes des nôtres, il faut, en toute affaire, agir et parler comme nous. »

Lambert fit, au plus vite, et sans marchander les paroles, un petit acte de contrition. Sa famille et son précepteur l'avaient dressé dès l'âge le plus tendre, à suivre aveuglément le mot d'ordre du parti.

Mais il reprit, en voilant son obstination sous un air de modestie :

« Vous savez tout, mon cher monsieur Faflaux ; moi, je ne suis qu'un ignorant et un simple. Expliquez-moi comment deux bons pères qui n'ont rien, pourront solder des dettes aussi énormes et aussi urgentes que les nôtres ?

— Mais, cher enfant, rien n'est plus simple. Les mêmes créanciers qui vous refusaient du temps, vont être les premiers à leur en offrir. J'en connais deux ou trois qui leur remettront tout ou partie de vos dettes ; à vous, hélas ! on n'aurait rien remis. Sans doute ils ne pourront éviter ou reculer toutes les échéances ; mais, grâce à Dieu, la charité n'est pas morte : les philosophes ne l'ont pas tuée tout à fait. C'est dans les jours de détresse que les pauvres fondateurs d'ordre font les miracles les plus surprenants. Le besoin double leur éloquence, les rochers s'amollissent sous leurs larmes ; ils frappent au cœur des avares avec la verge d'Aaron, et ils en font jaillir des trésors de charité. Vos dettes seront payées, parce que j'ai dans ma circonscription cent mille gens de bien, riches et pauvres, qui arracheraient le pain à la bouche de leurs enfants plutôt que d'exposer l'habit religieux à la férocité des magistrats civils.

— Oui, certes, dit la baronne ; nous aiderons ces pauvres gens. »

Lambert ajouta en riant :

Lorsqu'ils nous auront tirés d'affaire.

La solution proposée par le bonhomme eût paru insensée dans un autre temps et dans une autre ville ; mais à Lyon, au mois de janvier 1855, Lambert croyait avec beaucoup d'autres que rien n'était impossible à M. Faflaux. Le marché fut conclu verbalement dans la soirée, Mme de Saint-Génin décida qu'elle se cloîtrerait dans un modeste appartement avec son fils et les vieux portraits de sa famille ; Lambert promit de vendre ses chevaux et ses chiens, sauf Mirza : « Je chasserai chez les autres, dit-il ; les autres ont assez longtemps chassé sur mes terres. » Il s'attendrit un moment à l'idée que ce beau domaine, ce nid des Saint-Génin, où lui-même était né, allait changer de maître ; mais c'est un malheur prévu depuis longtemps. Du reste, il aimait mieux voir la Balme transformée en couvent que possédée par un parvenu. La Balme, après les Saint-Génin, comme Mlle de Lavallière après Louis XIV, ne pouvait plus appartenir qu'à Dieu.

La douairière avait toujours manqué de naturel : suivant les circonstances et l'inspiration du moment, elle sautait avec facilité d'un moule dans un autre. Elle changea, cette nuit même, ce qu'en terme d'atelier on pourrait appeler sa pose, quittant les airs de faste et la lourde insolence des fermiers généraux pour jouer la misère aussi sincèrement qu'elle avait singé la richesse. La misère est fort bien portée dans un certain monde : c'est presque un certificat de naissance, tant il y a de gens bien nés qui ont mangé leur dernier sou. Dans les petits faubourgs Saint-Germain qui décorent nos moindres villages, on rencontre un bon nombre de personnes qui fondent leur crédit sur la pauvreté, soit héréditaire, soit acquise. Un gentilhomme de cette école n'avoue pas qu'il vient d'acheter un hôtel, une terre, un cheval de race : fi donc! on pourrait supposer qu'il a gagné de l'argent dans les affaires, ou tout au moins liardé sur ses revenus. En revanche, on se glorifie d'avoir vendu quelque chose : vendre même un cheval de dix-huit ans sonnés est une chose élégante. Pourquoi s'est-on défait de ce vieux serviteur? Parce qu'on manquait d'argent; et l'on manquait d'argent (tout le monde le devine) parce qu'on s'était trop noblement conduit avec les femmes, ou qu'on s'était laissé gruger par les intendants, ou mieux encore : on avait été la victime de ces infâmes révolutions! Mais, dans ce monde spécial où la misère est passée à l'état de coquetterie, les pauvres sont tenus d'avoir du linge fin, des habits irréprochables et de l'or en poche. Les salons qui vous savent gré d'être pauvre en paroles, vous fermeraient leurs portes sans pitié, si vous laissiez paraître la pauvreté sur vous. Il faut donc une certaine aisance pour jouer le personnage de gentilhomme ruiné.

Les Saint-Génin, grâce aux bontés habiles de M. Faflaux, allaient se trouver juste assez riches pour étaler décemment leur misère et quêter des condoléances dans les salons les plus corrects. Lambert n'était pas homme à faire un tel calcul, mais plutôt à couper les oreilles du premier bon Samaritain qui oserait le plaindre en face. Sa mère pensait autrement. Elle se disait avec raison que deux ou trois ans de pauvreté officielle rachèteraient le péché de son origine et lui donneraient ce je ne sais quoi d'achevé que la ruine ajoute à la noblesse. Ceux-là même qui ne lui pardonnaient point d'avoir grandi et prospéré dans l'industrie du moellon, sur les hauteurs de la Croix-Rousse, seraient contraints de saluer sa gueuserie et de fraterniser avec elle. Après quoi, elle pouvait impunément hériter de son frère et enterrer sa belle-sœur : personne ne lui reprocherait plus d'être riche, tout le monde l'ayant connue pauvre et acquis le droit de la plaindre dans son passé.

Lorsque M. Faflaux eut bien remis sur pied le moral de la famille, il crut pouvoir démasquer une batterie secrète : il se moucha dogmatiquement et dit à Lambert :

« Les révérends pères Thaborites ont pensé dans l'origine que le prix de vente était assez large pour comprendre le mobilier de l'hôtel et du château.

— Diable! répondit le baron : c'est qu'il y a parmi ça des choses auxquelles je tiens.

— J'ai pris soin de réserver tous les souvenirs de famille.

— A la bonne heure ! Je ne veux pas qu'on m'accuse d'avoir vendu mes grands parents. Quant au reste... à votre aise !

— Cependant, reprit la douairière, nous ne pouvons pas nous loger en garni ! Il me faut des couchages : les huissiers les laissent bien ! Je tiens à ma batterie de cuisine, à mon service de table, à mon linge, aux fauteuils du grand salon qui sont un souvenir de famille, car la tapisserie est à nos armes ! Mes voitures ne sont pas des meubles et d'ailleurs les moines n'en feraient rien.

— Respectable madame, vous n'en feriez rien vous-même, puisque monsieur votre honoré fils a témoigné l'intention de vendre ses chevaux.

— Eh ! s'il vend ses chevaux, pourquoi ne ferais-je pas argent de mes voitures ?

— Parce que le marché, tel que je vous le donne à prendre ou à laisser, me paraît bien suffisamment avantageux pour vous. J'approuve que vous emportiez les hardes qui sont à votre usage personnel, et les meubles meublants dont vous aurez besoin pour garnir un local décent et modeste ; mais tout le demeurant est expressément réservé pour un emploi de charité que les bons Pères abandonnent à ma discrétion. J'espérais trouver en vous, madame la baronne, autant de confiance : mais si mes prétentions vous semblent exorbitantes, il est encore temps de se dédire et de rendre le champ libre à MM. les agents de la loi.

La baronne, à ce mot, rêva que les huissiers dansaient en rond sur sa pelouse ; elle ne discuta plus que sur quelques menus détails; le principe était accordé. Quant à Lambert, il ne comprenait pas que sa mère pût marchander de la sorte. « Nous sommes trop heureux, disait-il : je n'ai jamais espéré le quart de ce qu'il nous laisse. Donne-lui carte blanche, ou je traite sans toi ! »

On finit par s'entendre, ou plutôt M. Faflaux fit adopter ses conclusions telles qu'il les avait posées. A deux heures du matin, il éveilla le frère lai et remonta dans sa carriole d'emprunt, malgré toutes les instances de ses hôtes. Lui parti, la douairière et le baron se querellèrent encore longtemps. Mme de Saint-Génin avait émis certain doute sur les charités discrètes de M. Faflaux, et Lambert protestait de tous ses poumons contre une insinuation qui frisait le sacrilége. Personne au monde n'avait le droit de révoquer en doute le désintéressement du vieux commis !

Cependant la baronne conserva toute sa vie un préjugé contre les hommes qui font l'aumône avec le bien d'autrui. Elle suivit des yeux le superflu de son mobilier et compta les billets de banque que ses anciennes splendeurs avaient produits en vente publique. « Rien ne prouve, disait-elle à son fils, que ton M. Faflaux les dépensera tous en aumônes. Les pauvres ne donnent pas de reçu. A dater d'aujourd'hui, je ferai mes aumônes moi-même. »

Elle n'eut garde d'afficher ces idées subversives dans les salons aristocratiques de Lyon. Soyez persuadés qu'elle conserva l'habitude de donner bruyamment et du haut de son bras, toutes les fois qu'elle était vue. Elle enfonça la porte de toutes les conférences de charité où l'on trouvait des relations brillantes, utiles, ou simplement agréables. La chère dame avait modifié à la façon de Basile le beau proverbe : « Qui donne aux pauvres, prête à Dieu. » Elle pensait que donner aux pauvres c'est prêter au monde, et le monde lui payait au centuple ses médiocres et pompeuses charités.

Tandis qu'elle s'escrimait à repeindre son blason écaillé, Lambert faisait amitié avec quarante-cinq ou cinquante braves garçons, jeunes et vieux, mariés et célibataires, nobles, bourgeois et roturiers, mais tous bons enfants, pleins de cœur, gais compagnons, grands connaisseurs en bière et infatigables au noble jeu du billard. Ces intimes composaient à eux seuls la population d'un assez joli café, que les habitués avaient érigé en Cercle. Le baron se fit présenter par un camarade de chasse ; il trouva la bière excellente et l'absinthe irréprochable. Huit jours plus tard, il avait sa pipe au râtelier. Parmi les hôtes de cet aimable asile, on remarquait un ténor et un directeur de théâtre : le célèbre Chambard et l'habile Gouvat. Lambert ne tarda guère à les adopter l'un et l'autre. Il jugea que Chambard méritait des couronnes et que le public serait un monstre d'ingratitude s'il ne faisait la fortune de Gouvat. Il n'en eut pas le démenti. Gouvat devint presque riche ; Chambard vit les couronnes pleuvoir à ses pieds et quelquefois sur sa tête. Par-dessus le marché, le baron de Saint-Génin entra dans les coulisses et fut distingué par la Dugazon.

Il faut avoir vécu un certain temps en province pour comprendre quelle sorte d'autorité Lambert, pauvre et déclassé à demi, exerça durant trois années dans la seconde ville de France. Partout, sauf à Paris, un directeur de théâtre côtoie incessamment la disgrâce et la faillite. Le public n'est pas renouvelé tous les jours par un va-et-vient d'étrangers et de nomades : c'est un élément stable, une force permanente avec laquelle il faut compter. A l'ouverture de la saison, le directeur soumet chacun de ses artistes au jugement de la foule, qui adopte celui-ci et rejette celui-là : vous sentez qu'il importe à chaque comédien, mais surtout au directeur, de se créer un parti dans la clientèle. Un ténor bafoué à ses débuts, un père noble hué, une danseuse sifflée en sont quittes pour résilier leur engagement et pour transporter leur misère en pays plus hospitalier : mais un directeur pris en grippe verra tous ses pensionnaires tués sous lui l'un après l'autre, et bientôt il ne lui restera plus qu'à fermer boutique.

Heureusement les habiles trouvent presque partout dans la jeunesse une petite armée de champions. L'intelligent Gouvat avait ses troupes légères recrutées au cercle, au café, et en mille autres lieux parmi les amateurs ; les uns enrôlés par lui-même, les autres par ses chanteurs ou ses comédiens, d'autres par le corps de ballet : honni soit qui mal y pense ! Ces volontaires de bonne mine, et quelques-uns d'assez bonne famille, acceptèrent Saint-Génin pour leur chef. Il devint, sans brigue, par l'autorité de son nom et l'effet de la sympathie, le prince de la jeunesse la plus fringante, le meneur de la foule, l'arbitre des talents, le porte-enseigne de la victoire. Ce rôle de boute-en-train, qui n'exigeait ni capacités hors ligne ni études spéciales, le rendit populaire en peu de temps. Il avait la figure, la voix et les épaules qui désignent ou imposent un homme à l'adoration des masses.

Ce genre de succès ne lui tourna point la tête. Un garçon moins solide eût peut-être glissé sur une pente si douce jusqu'aux dernières bassesses de la popularité. Mais il n'oublia jamais qu'il était gentilhomme : il ne trinquait pas avec tout le monde et ne serrait que des mains lavées. Au milieu des entraînements les plus capiteux, il savait conserver une certaine roideur. Un soir que le ténor Chambard avait été rappelé six fois, puis mené en triomphe au café-restaurant par les dilettanti de la ville, ce vainqueur s'oublia au point de tutoyer son ami Lambert. Le baron lui répondit sans se mettre en colère :

« Tout beau, mon brave ! Attendez, pour me faire cet honneur-là, que j'aie été rappelé comme vous !...

Malgré les Dugazons et les autres facilités du théâtre, il partageait l'appartement de sa mère, conduisait la baronne à la grand'messe du dimanche et remplissait avec une exactitude relative ses devoirs religieux et civils. Il ne déchut donc pas tout à fait dans l'opinion de sa caste. Cette vie pour ainsi dire dédoublée, qui mène de front le tapage et le recueillement, les bons principes et la mauvaise conduite, jouit d'une certaine tolérance dans le beau monde provincial. On admet volontiers qu'un jeune gentilhomme cède à la fougue de ses passions, pourvu qu'il soit fidèle aux relations et aux idées de ses pères. Quelques visites dans les salons influents, quelques devoirs remplis publiquement à époques fixes concilient au plus mauvais sujet l'indulgence des plus austères. On peut laisser voler le hanneton lorsqu'on tient à la main le bout du fil qui traîne à sa patte. Si Lambert eût cessé de voir un certain monde, de sortir le dimanche avec un certain livre, de professer en toute occasion certains principes très-peu conformes à sa conduite, tout Bellecour l'eût traité comme un apostat. Les plus nobles actions, les plus rares dévouements, la pratique même de toutes les vertus évangéliques ne l'eût point racheté de la proscription. Les castes, les partis, les simples coteries maudissent sans pitié tout homme qui a coupé son fil.

Lambert était si peu maudit que la belle vicomtesse de Quiquembois, personne de la meilleure noblesse et de la conduite la plus discrète, eut pendant quatre mois des conférences avec lui. Les salons les plus purs se prêtèrent complaisamment, suivant l'usage, à ce commerce spirituel. Lambert fut invité partout où l'on avait la vicomtesse. Mais une danseuse arrivée de Bordeaux rompit d'un coup de pied des liens si respectables, et Mme de Quiquembois, demi-veuve, reçut les demi-consolations de toute la pruderie locale.

L'ancien hôtel de Saint-Génin était devenu une institution riche et florissante, selon la prophétie de M. Faflaux. Certains restaurants de Paris, sans être meilleurs que beaucoup d'autres, attirent la vogue par une insolente cherté : on n'y va pas pour bien dîner, mais pour que les passants du boulevard, en vous voyant sortir le cure-dents à la bouche, disent : « Voilà un monsieur qui en a pour vingt-cinq francs au moins dans le corps ! » Un raisonnement analogue fit la fortune des Thaborites. Les parvenus les plus gonflés s'empressèrent de montrer au peuple qu'ils pouvaient mettre cinq mille francs par année à l'éducation de leurs fils. Les faux frais doublaient presque le prix de la pension, car tout était faux frais dans une école où l'on n'enseignait guère que des sciences d'agrément. Qu'importe ? Avant six mois, la maison fut peuplée de vingt petits messieurs qui n'avaient plus rien à apprendre pour devenir insupportables. Une odeur de sottise et de fatuité se répandait aux environs lorsqu'on ouvrait une fenêtre. Et les papas badauds accouraient à la file, riches ou non, tous décidés à faire une saignée à leur bourse, à réduire leur train, à se priver du nécessaire, pour procurer à leurs enfants la précieuse compagnie des vingt petits messieurs qui bâillaient élégamment à l'hôtel de Saint-Génin.

Le fondateur du pensionnat, homme d'esprit, aiguisé par un stage de misère parisienne, se fit prier longtemps. Il allégua les dimensions étroites du local, la difficulté d'en trouver un autre, les exigences des propriétaires, enfin la détresse de son ordre :

« Nous sommes nés dans les dettes, disait-il, et le bon Dieu a dû sourire en écoutant notre vœu de pauvreté. Heureux celui qui trouve des millions dans ses langes ! Les humbles Thaborites devaient plus d'un million au jour de leur naissance ! Nous ne sommes pas un ordre mendiant, comme les capucins, mais un ordre insolvable, ce qui est bien pis ! »

Les capitaux répondirent, suivant l'usage, à cet appel lamentable, et l'ordre recruté de douze autres religieux, fonda quatre succursales en trois ans. Pour éviter les discussions qui s'élèvent trop souvent entre locataires et propriétaires, les Thaborites se rendirent acquéreurs de toutes leurs maisons. La Grande-Balme ne fonda point de succursale : on craignait trop de divulguer les mystères de l'alambic. Mais les nécessités d'une industrie prospère et croissante exigèrent la construction de bâtiments énormes. Le château primitif, ce bijou ciselé par quelques fins artistes de la renaissance, disparut au milieu du plâtre et des moellons. Il ne ressemble plus à lui-même, on dirait un escargot fourvoyé dans une ruche et empâté par les abeilles.

Je ne sais si les Thaborites pratiquent toutes les vertus monacales, mais je puis certifier qu'ils ne sont pas des ingrats. Après leur premier inventaire, ils se rendirent en corps chez M. Fafiaux pour lui dire qu'une bourse serait toujours à sa nomination dans leurs écoles et qu'on le suppliait de recevoir tous les ans mille bouteilles de cordial de la Grande-Balme. Le vieillard accepta pour ses pauvres. Mais, comme il eût été malséant de faufiler un jeune gueux dans une pension aristocratique par essence ; comme le cordial de la Grande-Balme, importé dans la mansarde des indigents, n'eût pas manqué de les coucher tous sous la table, on convint que les bons pères transformeraient eux-mêmes en écus cette redevance du cœur. A dater de ce jour, les pauvres de M. Faflaux possédèrent dix mille francs de rente, hypothéqués sur le Thabor.

Mais ce n'était pas tout ; on leur créa d'autres ressources. M. Faflaux se mit en quatre pour ces heureux malheureux : il eut comme une recrudescence de charité chrétienne ; sa bonté passa subitement de l'état chronique à l'état aigu. Tant qu'il avait été le tuteur de Valentine, il avait fait gratis les affaires de tout le monde, refusant les plus gros pots-de-vin comme les rémunérations les plus insignifiantes. Bien des gens critiquaient cette manière d'agir. On ne se privait pas de lui reprocher en face un désintéressement presque coupable, puisqu'il privait les pauvres, ses enfants, d'un revenu sérieux. Pourquoi, lorsqu'il faisait gagner des millions aux riches, ne prélevait-il pas le droit des indigents? C'est un usage admis partout, même dans les théâtres et autres lieux de perdition. Nul n'en serait scandalisé parmi les gens de bien qui composaient exclusivement sa clientèle.

On s'aperçut en 1855 que ces raisons avaient agi à la longue sur l'esprit du vieillard. Il prit de nouvelles habitudes et sembla donner tort à sa conduite passée. Après les Saint-Génin et les pères Thaborites, ses autres clients furent admis à faire l'aumône par ses mains. Il les associa tous à ses bonnes œuvres, en proportion des services qu'il leur rendait. Quelques-uns, les meilleurs, comprirent qu'ils étaient deux fois ses obligés : pour le bien qu'il leur faisait et pour celui qu'il leur faisait faire. D'autres, moins vertueux, firent mine de marchander les honoraires; il se roidit, sec comme huissier. Au train dont il allait, on pourrait s'étonner que tous les pauvres de Lyon ne fussent pas devenus riches. Mais l'aumône, vous le savez, ne fait qu'arroser la misère. C'est le travail et l'épargne qui l'extirpent du sol.

Il y avait un an et demi que Valentine était comtesse. M. Faflaux s'obstinait toujours dans la froideur et le silence : il recevait les lettres de sa nièce et n'y répondait pas. Le bruit de cette quasi-rupture s'était répandu peu à peu dans le monde spécial où une colère du petit homme prenait les proportions d'un événement. Il y eut donc par la ville un vrai coup de surprise lorsque le président de toutes les sociétés charitables, deux semaines après Pâques, annonça qu'il partait pour la capitale et donna son adresse à l'hôtel de Mably, rue Saint-Dominique Saint-Germain.

II

LA QUESTION DE LA LUNE DE MIEL

Le paysan qui s'enivre à souper, le soir de son mariage, n'est peut-être pas aussi fou qu'il en a l'air. Un instinct l'avertit qu'il touche au point décisif, au moment solennel de sa vie : il devine obscurément que tout son avenir va se jouer dans les vingt-quatre heures ; que la gaucherie la plus vénielle, la méprise la plus insignifiante au début, peut l'engager dans une voie oblique mais inflexible, qui d'année en année ira toujours s'éloignant du bonheur, de la paix, de l'honneur peut-être. Le mariage est le départ de deux lignes parallèles qui se continueront, s'il plaît à Dieu, parallèlement jusqu'à la mort : mais que le géomètre se trompe seulement d'un dixième de degré dans la direction initiale, personne ne peut dire quels écarts pénibles, quelles intersections fâcheuses se produiront avec le temps : « Je serai heureux ou malheureux, aimé ou détesté, maître ou valet, considéré ou montré au doigt, selon que j'aurai bien ou mal pris ma femme. » Devant cette question délicate et formidable qui fait dresser les cheveux sur la tête d'un sage, le garçon de charrue s'arrête, hésite, lève le coude et boit un coup. Il a le sentiment de son incompétence, et tout bien délibéré, il se confie à la Providence, au hasard, aux forces supérieures qui gouvernent l'homme abruti, comme la gravitation conduit les pierres tombantes. Quelque chose lui dit qu'en se laissant aller comme le vin le pousse, il échappe à la responsabilité de ses actes : « Si tout va bien pour moi, je n'en aurai pas le mérite ; mais, dans le cas contraire, je n'aurai ni calculs maladroits ni fausses combinaisons à me reprocher : le destin seul sera louable ou coupable. »

Le comte de Mably pouvait croire sans trop de fatuité qu'il saurait gouverner sa femme et sa vie. Il avait lu non-seulement Balzac, mais presque tous les philosophes, les moralistes et les romanciers qui ont traité du mariage. Lui-même, bien souvent, dans ces heures de vide absolu qui entrecoupent l'existence la plus agitée, il avait choisi et rassemblé avec soin les matériaux de son château en Espagne : tous les garçons de trente ans ont passé par là. On a beau dire à ses amis, à ses maîtresses, au monde entier, qu'on ne se mariera jamais ; lorsqu'on se trouve par hasard en tête-à-tête avec soi-même, quand les amis bruyants et les toilettes tapageuses ont quitté la maison sans y laisser d'autres souvenirs que des cartes brouillées, des cigares éteints et des épingles sur le tapis, le plus déterminé célibataire s'étend parfois dans un fauteuil devant un reste de feu, et alors... dame, alors on ne jure plus de rien ! La tête est à la fois pesante et creuse, le cœur désert se gonfle sans raison ; on s'étonne que le néant soit si lourd à porter et si vaste à étreindre. On remarque que le foyer semble construit pour accueillir deux personnes, et qu'un homme tout seul, au coin de la cheminée, a l'air d'un meuble dépareillé. L'idée du mariage se glisse dans le cerveau à la dérobée ; image discrète, silencieuse, rapide, qui a déjà parcouru toutes les avenues de notre esprit quand nous nous apercevons que la porte était restée ouverte. On ne dit pas formellement : Je me marierai peut-être. Mais on pense que si l'on avait une femme, on la voudrait de telle façon, on la dirigerait suivant telle méthode ; on permettrait ceci, on défendrait cela, on profiterait de tel ou tel exemple. Pour peu que le sommeil tarde une demi-heure le rêveur éveillé a remeublé sa maison, commandé ses livrées, installé son écurie, choisi le jour de sa femme, trié ses relations, élevé les enfants et mis le fils aîné à l'École polytechnique. La pente est douce. Gontran s'y était abandonné plus d'une fois, et à force de faire et de défaire les plans d'un bonheur honnête et digne, il avait pour ainsi dire gagné son brevet d'architecte.

Ajoutez qu'il avait pratiqué toutes sortes de femmes, depuis les plus sévères, comme Éliane de Batéjins, jusqu'à la Brindisi et autres perdues. L'éternel *féminin* s'était montré à lui sous ses aspects les plus fantasques et les plus sublimes. Un homme intelligent, beau, bien né et qui se ruine, doit se frotter en dix ans à toutes les vertus et à tous les vices. Je vous ai dit que Gontran n'avait pas vécu ces dix années comme un sot qui jette ses millions pour qu'on les voie, ni comme un glouton de plaisir qui dévore indifféremment des poulardes truffées et des cœurs au vin de Champagne. Il y avait eu dans son fait un petit grain de folie, et beaucoup de cette ardente curiosité que Byron et Musset ont si bien poétisée. Un garçon qui se pique de lire à livre ouvert dans les yeux de la femme, qui étudie en aimant, et qui poursuit une théorie à travers la plus vertigineuse des pratiques, ne doit pas être jeté au tas des petits damoiseaux vulgaires. Il a pour le moins deux excuses, la passion d'abord, puis un atome d'ambition scientifique. Dans un siècle où la plupart des jeunes gens à la mode affectent de traiter la femme en instrument de plaisir, l'homme qui abordait la Brindisi comme un sujet d'études mérite un blâme moins absolu et une réprimande à part. Ses dépits, ses colères, ses révoltes, ses coups de tête, la rancune qu'il avait nourrie contre Éliane, la jalousie qu'il laissa éclater un jour devant sa dernière maîtresse, ne sont pas choses si communes dans un monde dédaigneux et blasé comme le sien. Sa résolution de partir pour la Crimée, les larmes d'amitié qu'il mêlait à ses embrassades en revoyant Lambert de Saint-Génin, tout cela sort des choses qui sont à la mode entre le cèdre du bois de Boulogne et le balcon du café Anglais. Tous les jeunes *bien bons* qui montaient à cheval et fumaient des cigares copiaient servilement les voitures et les gilets de Mably ; mais vous leur auriez fait trop d'honneur en les croyant pétris de la même pâte. Il leur manquait ce levain de curiosité virile qui fermentait jadis sous le crâne de don Juan, et qui se manifeste encore çà et là, dans notre monde refroidi, par une explosion généreuse de folie.

Le comte de Mably (est-il besoin de le dire ?) n'était qu'un don Juan réduit à l'échelle de 1854 ; sceptique en religion, mais trop bien élevé pour pousser les choses au sacrilége, il eût mis chapeau bas, comme tous les autres Parisiens de l'époque s'il avait rencontré le convoi du Commandeur. Audacieux en amour, mais plein d'égards pour le Code pénal, les messieurs du jury et les bancs de la Cour d'assises, le rapt d'une religieuse lui eût paru sans doute une détestable affaire ; les détournements de mineure, les mariages supposés, la polygamie, toutes ces horreurs qui amusent le don Juan de Molière, ne lui eussent inspiré que mépris. C'est que les vices eux-mêmes se sont modifiés depuis deux cents ans. La dernière perversité, dans notre bonhomme de siècle, se réduit à tromper, avec de grandes précautions, quelques pauvres maris, bien rarement farouches, et à séduire, pour beaucoup trop d'argent, des créatures qui font métier d'être séduites. Ce que les Parisiens appellent la débauche est une grande route battue comme le macadam des Champs-Élysées, et bordée d'hôtelleries où les jeunes désœuvrés s'arrêtent tour à tour. Mais parmi ces oisifs qui boivent tous le même vin dans les mêmes verres, les uns conservent leur sang-froid, ont soin de leur santé, ménagent leur argent et arrivent au bout du chemin sans avoir éprouvé ni les transports, ni les fureurs, ni les dégoûts de l'ivresse ; d'autres, comme Gontran, prodiguent tout, argent, amour, esprit, illusions, colères : s'installent dans chaque auberge, comme pour y passer la vie, et n'en sortent jamais sans y mettre le feu.

Il est rare qu'un mal n'ait pas son bon côté. Le comte avait gagné deux choses au gaspillage de son temps et de sa fortune : un grand dégoût des plaisirs faciles et une grande expérience de la femme. Voilà du moins ce qu'il se disait à lui-même entre Lyon et Paris, tandis que Valentine, accablée d'émotions et de fatigue dormait comme un enfant, la tête sur son épaule.

« Il est vrai, pensait-il, que je pourrais être plus jeune d'imagination, de cœur et de tout. Mais en vaudrais-je mieux, et cette jolie petite fille en serait-elle plus heureuse ? Au moins, elle est bien sûre de m'avoir épousé pour elle ; je n'imiterai pas ce polisson d'Émile, qui dépense la dot de son adorable femme à bâtir un hôtel pour Mlle Rata. C'est pis qu'infâme, c'est bête : échanger un joli gâteau, si blanc, si frais, si tendre, contre un croûton de pain rassis où tous les chiens ont mordu ! Dormez en paix, petit trésor charmant : le monde n'aura pas la satisfaction de vous plaindre. »

Gontran sourit même à l'idée que son expérience

de la vie assurait à Valentine un bonheur plus durable et plus vif. Aimer ne suffit pas, il faut savoir aimer. Les garçons de vingt ans aiment comme des fous; ils commencent par accabler une femme de leurs admirations les plus hyperboliques; après quoi l'on ne peut que déchanter ou rester court. Un homme qui a vécu ne se dépense pas de la sorte : il débute sur un ton presque grave, et ménage un *crescendo* savant qui permet à sa femme de le trouver plus aimable et plus tendre après vingt ans qu'au premier jour. Art délicat, talent beaucoup trop rare pour la félicité des époux et la bonne harmonie des familles : on ne l'apprend pas dans les livres.

Dans plus de vingt châteaux, le comte avait assisté au spectacle mélancolique que présente un ménage refroidi. Pourquoi les jours paraissent-ils si longs, les nuits si tristes, le soleil si pâle, à deux êtres sympathiques, organisés l'un pour l'autre, et qu'autrefois un amour irrésistible a poussée l'un vers l'autre? Hélas! c'est qu'ils n'ont plus rien à se dire, et pourquoi? Parce qu'ils se sont tout dit dans l'ivresse des premiers temps.

A Paris et dans les grandes villes, la même cause amène d'autres effets. Les distractions abondent hors du logis; le premier des deux époux qui trouve la maison froide va se chauffer dehors. Pour peu que le lecteur ait observé comme Gontran les choses de la vie, il a dû remarquer que les maris les plus garçons et les femmes les plus compromises ont débuté par des tempêtes d'amour. Mangeurs de blé en herbe; ils ont si bien gaspillé leur récolte de bonheur, qu'il ne leur reste plus qu'à marauder sur le domaine d'autrui.

Plus d'une fois, dans le vrai monde, Gontran avait remarqué de beaux yeux voilés d'ennui. Cette ardente curiosité qui le poussait à tout connaître, lui avait fourni l'occasion de désennuyer quelques vertus. Presque toutes s'étaient confessées à lui, car le besoin de parler à cœur ouvert a plus de part qu'on ne croit à l'infidélité des femmes. Toutes avaient été passionnément aimées; toutes se rappelaient une lune de miel plus brillante et plus chaude que le soleil de juillet; elles disaient unanimement qu'elles seraient restées fidèles si un changement inexplicable, une froideur sans excuse, un... que sais-je? un dédain trop évident ne les avait enfin révoltées contre leurs maris. Et Gontran s'était bien promis que s'il se mariait un jour, par impossible, il jeûnerait plutôt que de manger son blé en herbe.

A quelles conditions un auteur dramatique retient-il quinze cents ou deux mille personnes pendant toute une soirée sur des fauteuils très-durs, dans une salle étouffante, et justement à l'heure où la nature nous invite à nous mettre au lit? C'est par l'engagement tacite, mais formel, de nous intéresser *crescendo*, depuis le premier acte jusqu'au cinquième. Le public est si bien entré dans ce raisonnement, qu'il supporte sans se plaindre la nullité du premier acte. Mais que l'auteur maladroit nous intéresse d'abord et nous fasse bâiller ensuite, chacun prend son chapeau et va chercher le plaisir ailleurs. Que de pièces tombées parce que le premier acte était trop bon ! Que de ménages perdus parce que la lune de miel a été trop brillante !

Dans ce monde renversé où les donzelles font la cour aux jeunes gens riches et les poursuivent jusqu'à la porte du club, Gontran avait remarqué que les plus laides sont souvent celles qui font fortune. Il voulut savoir pourquoi et découvrit que la Brindisi, par exemple, commençait par cacher les ressources de son esprit, de sa gaieté, de son infernale séduction, et ménageait ainsi à ses victimes un interminable *crescendo* de découvertes. Cette leçon lui coûta cher ; aussi se promit-il de la mettre à profit dans la suite.

Je suppose que s'il avait épousé Mlle Félicité Pichard ou toute autre créature insignifiante, il eût laissé dormir dans un coin de sa mémoire les trésors de sagesse amassés à si grands frais. Mais c'était Valentine qu'il avait prise pour femme, ou, pour parler plus exactement, c'était Valentine qui l'avait élu pour mari. Il ne pouvait avoir oublié en si peu de temps son premier horoscope et les signes certains qui lui avaient fait découvrir dans cette innocente une grande artiste en amour. Il avait vu avec quelle grâce et quelle désinvolture Mlle Barbot avait échangé un Saint-Génin contre un Mably ; or, sans être un Othello, il pouvait faire son profit du vers célèbre :

She did deceive her father, marrying you,

donc elle peut vous tromper pour un autre. Valentine n'avait trompé ni son père ni sa mère, mais elle avait quitté Lambert pour Gontran, comme on change de danseur à la *chaîne des dames*. Rien ne prouvait qu'un nouveau caprice ne l'entraînerait pas de but en blanc vers un autre joli garçon.

Gontran savait, par ses observations personnelles, que la vertu la mieux affermie peut trébucher dans un caillou. La fidélité conjugale est un travail de toute la vie, tandis que l'infidélité irréparable est l'affaire d'un instant. Or, s'il était décidé à ne jamais tromper sa femme, il tenait à la réciproque, et il n'avait pas tort.

Ce n'est ni la première année, ni la seconde, ni même assez longtemps après, qu'un mari court de vrais dangers. Mille et une circonstances militent d'abord en sa faveur : les principes du couvent dans leur âpreté native, la pudeur virginale à peine rassurée; une somme d'amour à dépenser en ménage comme cette bourse d'or qu'on mettait autrefois dans le fond de la corbeille; un peu d'étonnement; un peu de reconnaissance pour le cher professeur qui a révélé tant de choses; beaucoup de distractions; l'apprentissage du monde; l'installation d'un intérieur; les enfants qui arrivent avant qu'on ait usé les premières robes : en résumé, le mari peut croire, sans une fatuité ridicule, que cette trêve de Dieu se prolongera sept ou huit ans.

Gontran l'entendait ainsi, et, de même qu'un grand joueur d'échecs désigne au début de la partie la case sur laquelle il fera le roi *mat*, il disposait le jeu de manière à concentrer tous ses efforts et ses talents sur ce moment décisif qu'on appelle la crise. Son plan, assez logique, pouvait se résumer en peu de mots : bercer ce jeune cœur aussi longtemps que possible, et lorsqu'il serait las de dormir, probablement vers la trentième année, l'éveiller, comme dans les proverbes d'Octave Feuillet, au profit du mari.

Il n'avait jamais cru à la vertu proprement dite, cette affinité des belles âmes pour le bien, cette répulsion instinctive autant que raisonnée qui les fait bondir en arrière à la seule idée d'une bassesse ou d'une trahison. Il croyait encore moins à la vertu par religion, car il avait eu la foi et il ne se rappelait pas qu'elle l'eût arrêté dans ses folies ; il voyait à peu près tous les jeunes gens de son monde afficher les idées les plus orthodoxes et les plaisirs les moins permis. Il avait trouvé grâce auprès de cinq ou six dévotes moins sévères ou moins ambitieuses que Mlle de Batéjins, et il savait par quelles capitulations de conscience ces bonnes dames excusaient leurs péchés mignons. Du reste, il prêchait mal et il ne se souciait pas de livrer Valentine à la direction d'un autre homme. M. Fafiaux prévoyait avec effroi que ce beau mécréant, sans détourner sa femme du culte extérieur, la gagnerait au scepticisme : Gontran y comptait bien, et de plus il pensait que, croyante ou sceptique, elle maintiendrait l'honneur de son nom. Le cœur des femmes, selon lui, n'avait que deux armures contre la séduction : le sommeil et l'amour. Sa tactique fut donc d'endormir ou d'étourdir Valentine jusque vers l'âge de trente ans, de se réserver lui-même pour la crise, et de reporter pour ainsi dire la lune de miel à 1862 ou 63. Sa femme avait été élevée dans une ignorance monastique; jetée sans transition dans la cohue du plus grand monde, elle n'aurait pas le temps de s'abandonner à ces intimités féminines qui par les confidences et les indiscrétions de toute sorte mûrissent une jeune âme et la gâtent souvent. Elle ne saurait de l'amour que les simples éléments qu'il trouverait bon de lui apprendre : l'explosion des sentiments vifs et des passions violentes serait comme ces batteries que le général dissimule au début de l'affaire pour les démasquer avec plus de succès au moment décisif.

Tous les hommes ont lu les *Mémoires de Deux jeunes Mariées*, ce chef-d'œuvre de Balzac. Gontran, tout comme un autre, avait médité sur le sort de ces aimables filles qui, parties du même point, s'engagent, par une espèce de fatalité dans des routes si différentes. Mais il n'imputait pas cette énorme divergence aux impulsions de la nature : il s'en prenait surtout aux maris. Il croyait que si Mlle de Chaulieu avait été gouvernée sagement dès la lune de miel, elle eût joui d'un bonheur aussi honorable et aussi rangé que Mlle de Lestorade. De là, ce beau projet de donner à Valentine l'éducation conjugale qui fit de Mlle de Lestorade le modèle des femmes de bien, sauf à lâcher la bride à l'élément Chaulieu, dès qu'on verrait péril en la demeure.

Le cœur le plus vivace et le plus richement organisé

n'a pas cent ans à vivre ; un jour vient où le monde apprend par ses respects à la femme la plus courtisée qu'elle est admise à la retraite ; c'est alors que le mari peut dormir sur les deux oreilles : il a doublé le cap des tempêtes : son bonheur et son nom ne courent plus aucun danger. Le comte de Mably ne calculait pas mal en pensant que plus il retarderait l'éveil de Valentine, plus il abrégerait la période inquiète et soucieuse qui fait maigrir tant de maris.

La preuve qu'il était un homme vraiment fort c'est qu'il parvint à débiter ses premières déclarations sur un mode grave et quasi-paternel. Il était pourtant bien épris : s'il n'avait écouté que son cœur, ses trente ans, l'impatience accumulée en lui par les délais du mariage, il eût fait de ce départ un véritable enlèvement et traité son bonheur comme une bonne fortune. Au lieu de bercer Valentine, dans ce coupé de wagon où naturellement ils étaient seuls, un étourdi eût éveillé son cœur, son imagination et tout son être. Un baiser, un serrement de main, un mot, un simple regard, voilà tout ce qu'il faut pour transporter d'un ton dans un autre ce grand nocturne à deux voix qui s'appelle le mariage. Entre l'amour qui se gouverne et l'amour qui s'oublie, il y a un abîme infini en profondeur et pas plus large qu'un cheveu : on le franchit sans y penser, on ne le sonde que plus tard. C'est moins par la légalité que par la conduite qu'un véritable amant diffère d'un vrai mari. Presque tous les amants se conduisent en maris au bout de quelques années : une multitude de maris commencent par se conduire en amants, à leurs risques et périls.

Valentine se réveilla dans la gare de Dijon, toute honteuse d'avoir dormi et un peu tremblante : pensez donc ! Mais elle aimait Gontran de toutes les forces de son âme : il était l'univers entier pour elle, et elle s'appuyait encore sur son épaule avec le plus tendre abandon.

Il me semble qu'on n'admire pas assez le courage des femmes. Sentez-vous tout ce qu'il y a de noble confiance dans une petite fille de vingt ans, qui laisse sa famille, sa maison et son pays natal, pour s'en aller toute seule avec un inconnu, au-devant des destins les plus mystérieux, des dangers les moins définis, des expériences les plus terribles? Elles y songent à peine : leur grande préoccupation est de savoir si on les aimera, si elles sont dignes de plaire, si leurs paroles et leurs façons ne pèchent ni par froideur ni par familiarité trop grande, et si le petit chapeau de voyage leur va bien.

Quand vous voyez passer une mariée du matin, ne cherchez pas à lire sur son front les destinées qui l'attendent : regardez le visage du mari. Cette jeune femme n'a rien d'arrêté, sauf la forme extérieure : tout le dedans est une cire molle que le mari va pétrir à son gré, soit en Minerve, soit en Vénus. Si vous voulez encore, c'est un livre de papier blanc; le mari s'est chargé de l'écrire. Qu'il réfléchisse un bon quart d'heure avant d'y mettre le premier mot. Le premier mot est décisif, il entraîne tout après lui, comme le titre d'un livre.

Évidemment, Mlle Barbot était de ces natures vives qui font beaucoup de chemin en peu de temps. Pour la mener très-loin dans le bien ou dans le mal, il ne fallait pas grand effort. Certaines femmes sont douées d'une si heureuse inertie qu'elles ne franchiront jamais aucune barrière si on ne les soulève à bras tendu. D'autres prennent leur vol; il suffit de leur montrer la route.

On devinait qu'elle avait l'âme caressante, et, pourtant en vingt-deux années elle n'avait aimé personne. Gontran se sentait tout enveloppé par elle, quoiqu'elle ne le touchât que des yeux. Il se dit plus d'une fois avant la gare de Paris : Quelle adorable maîtresse elle aurait faite! Bah! nous verrons plus tard. La vie est longue. Dans huit ou dix ans. En attendant, c'est déjà fort joli de l'avoir pour femme.

Par un mot, je ne sais lequel, un mot sans importance, et certaine intonation de voix, elle lui rappela la plus invraisemblable des aventures qu'il avait eues. Un soir, huit ans plus tôt, dans un salon très-froid, où l'on jouait le whist, il avait été le partner d'une charmante petite comtesse. Vingt ans d'âge et six mois de mariage; le mari en mission depuis quatre ou cinq jours, mais jeune et beau garçon. Gontran avait causé dix minutes en tout dans un repos du jeu : pendant le thé, il s'était amusé à tirer l'horoscope de la petite femme, et à lui montrer dans sa main droite cette ligne que Desbarolles appelle ingénieusement le coup de canif. Une femme du monde n'entend jamais une prophétie de ce genre sans se scandaliser un peu. Eh bien! par un concours de circonstances romanesques, en plein Paris, la prédiction s'était vérifiée au profit de Gontran lui-même et dans un délai si court qu'en vérité je n'ose préciser l'heure. *La double méprise* de Mérimée avait eu sa seconde édition! Ce souvenir assez inopportun rembrunit Gontran pour quelques minutes. Non! Valentine ne ressemblait ni de près ni de loin à cette comtesse-là! Cependant le regard... et ces lèvres si friandes! Gontran se mit à parler raison et à débiter un chapelet de maximes que les sept sages de la Grèce auraient contre-signées sans discussion.

Le voyage s'accomplit jusqu'au bout dans une intimité tranquille et douce. Il était nuit quand ils tombèrent au milieu de ce vaste éblouissement de Paris. Une voiture vint les prendre; un bel appartement les attendait : Gontran s'était occupé de tout. Balzac a disserté le plus savamment du monde sur le nombre de chambres qu'une famille heureuse doit consacrer au sommeil. Valentine n'en savait pas si long; elle se rappelait seulement que son père et sa mère, dans leurs plus grandes prospérités, n'en avaient jamais habité qu'une. Mais Gontran sut prouver à sa femme, par des raisons d'une exquise délicatesse, qu'il avait trop d'amour et de respect pour lui donner le spectacle de son abrutissement par le sommeil. Il la quitta vers deux heures du matin, plus heureux et plus amoureux qu'il ne croyait pouvoir le devenir à son âge, mais fidèle au devis de mariage classique qu'il s'était lui-même imposé.

Valentine pleura longtemps; mais qui peut analyser les pleurs d'une nouvelle épousée? Il y avait de tout dans ces adorables larmes, comme dans une goutte de l'océan : de l'étonnement, du bonheur, de l'amour, un peu d'anxiété et un amer regret de se retrouver seule. Elle se demandait si quelque chose en elle avait déplu; comment le maître de sa vie avait pu la quitter si tôt, après tant de baisers et de douces paroles. Elle regretta un instant de s'être fourvoyée, avec son petit cœur bourgeois, dans un monde où l'étiquette gouverne et tyrannise l'amour même. C'était Mme de Haut-Mont qui, la première, avait proclamé devant elle la dignité du sommeil à part et l'inconvenance des bourgeois, qui dorment en tas.

Un instant la pauvre petite fut tentée de rappeler son mari ou d'aller le rejoindre; mais elle ne l'osa point : elle craignit de déplaire et de paraître mal-apprise. Qui sait si ce naïf coup de tête n'aurait pas désarmé toutes les résolutions de Gontran, brisé la glace qu'il avait faite, et changé du tout au tout l'avenir de ce ménage? Les plus graves événements de la vie tiennent souvent à des fils si déliés.

Par malheur, elle avait pour le comte de Mably un amour doublé de respect. Elle voyait en lui un homme d'une autre caste, d'un sang plus épuré, d'une pâte plus fine : la rose pâle de la Grande-Balme! Et la pauvre petite ne savait pas que toutes les distances du monde se rapprochent dans un baiser.

Elle s'endormit à la fin, et lorsqu'elle ouvrit les

yeux, vers dix heures, elle aperçut Gontran agenouillé à la tête du lit, en contemplation devant elle.

Elle jeta les bras, ses beaux bras nus, autour du cou de son mari ; mais elle les retira aussitôt avec un cri de surprise.

« Sainte Vierge ! cria-t-elle, vous êtes glacé ! »

En effet, Gontran, qui rentrait à peine, avait rapporté dans la chambre une enveloppe de froid. Il avoua qu'il était sorti dès le matin pour reprendre possession du pavé de Paris. Valentine sentit au fond du cœur une pointe de jalousie. Elle pensa que ce Paris devait exercer une terrible fascination sur le cœur des hommes, pour qu'un marié de la veille courût au boulevard en sautant hors du lit.

Mais tous les jeunes gens, les Parisiens surtout, comprendront cette fantaisie. Gontran était grand buveur d'air, grand faiseur d'enjambées, grand donneur de coups de coude, de coups d'œil et de coups de chapeau, amateur passionné de cette physionomie vivante et mouvante qui distingue Paris des autres villes. Chaque quartier, chaque heure du jour, chaque groupe de gens l'intéressait par je ne sais quel air de connaissance, quel charme du souvenir et de l'habitude. La foule est fatigante à voir pour les yeux d'un étranger ; elle repose le regard et l'esprit d'un Parisien véritable ; il s'y trempe comme dans un bain et se sent mieux. Que de fois, au sortir d'une partie de jeu ou de débauche, Gontran avait éprouvé le besoin de marcher deux heures en plein peuple avant de rentrer chez lui !

Ce matin-là c'était une autre affaire : il fallait à

son cœur un peu de recueillement : il voulait se tâter, s'interroger lui-même, remettre en ordre ses idées éparses comme un tas de papiers sur lesquels le vent a soufflé. Or une chambre d'hôtel est peut-être le lieu du monde le moins propre à la méditation : on n'y est jamais soi parce qu'on n'y est pas chez soi. Gontran était chez lui dans la rue. Le nez rouge d'un porteur d'eau, le geste d'un cocher qui se bat les épaules, la musette suspendue au cou d'un cheval de fiacre, le paquet plié sur le bras d'un tailleur matinal, cent autres objets également connus et familiers, formaient à son esprit un milieu plus sympathique que l'air banal et froid, pour ne pas dire hostile, d'un appartement garni. A l'hôtel, il eût craint de ramasser par mégarde les idées de l'Anglais ou du Belge qui avait passé là avant lui.

Il sortit donc et gagna le boulevard sans y songer : la pente de l'habitude ! Pourquoi le boulevard plutôt que la rue de Rivoli ? Il n'y avait personne à rencontrer ni d'un côté ni de l'autre. A neuf heures du matin, par un joli temps de gelée, on ne voit sur le trottoir que les gens de bureau, de boutique ou d'atelier, que le besoin chasse du lit. Cependant le jeune homme était heureux : c'était Paris qu'il retrouvait après l'avoir quitté sans esprit de retour ; il y reparaissait en vrai triomphateur, au lendemain d'une victoire qui valait bien son prix, quoiqu'elle n'eût pas été remportée sur les Russes. Selon toute apparence, il allait être le *lion* de la saison prochaine. Le tapage de sa vie passée, son départ honorable, son retour miraculeux, sa fortune refaite, sa conversion au mariage, enfin la beauté de sa femme, tout devait attirer vers lui l'attention publique et semer sur sa route les sourires les plus bienveillants. Dans cette agréable pensée, il allait droit devant lui, le nez au vent, le cœur dilaté par la joie, et si plein qu'il aurait débordé en confidences à la rencontre d'un indifférent, d'un ancien ennemi, d'un créancier soldé.

Toutefois il éprouvait par moments une sensation difficile à définir : elle n'était ni pénible ni agréable, mais nouvelle au point de l'étonner et de l'arrêter court. Je craindrais d'appuyer trop fort en disant que sa nouvelle chaîne lui semblait incommode ou pesante. Lorsqu'il pensait à Valentine, c'était avec l'amour et la reconnaissance qu'une femme jeune, belle, amoureuse et parfaite de tous points inspire à son mari de la veille. Les derniers événements de sa vie, bien loin de lui laisser aucun regret, avaient dépassé toutes ses espérances. Il n'avait pas un souvenir dans l'âme qui ne pût se traduire en hymne d'allégresse. Mais lorsque par hasard, sans intention reprochable, son esprit faisait un pas hors du cercle des idées conjugales, il y était ramené par une force tranquille et douce. C'était comme une chaîne qu'il aurait eue au pied, légère, mais solide, enveloppée du velours le plus moelleux, mais forgée dans l'acier le plus résistant. Il ne sentait pas le froid du métal, mais le simple contact du velours lui paralysait un peu la jambe. A chaque instant, par un effet de l'habitude, il pensait, rêvait, agissait en garçon ; mais toujours un secret avertissement le ramenait au souvenir de la réalité. En passant sous les fenêtres d'un de ses bons amis, place Vendôme, il se rappela que vingt fois il avait éveillé Odoacre de Bourgalys pour monter à cheval et déjeuner au bois de Boulogne. Aussitôt une férule invisible lui donna sur les doigts : un homme marié déjeune avec sa femme. Vers le haut de la rue de la Paix, il rencontra bec à bec une jolie petite Anglaise, et machinalement il croisa le regard avec elle, comme un maître d'escrime engage le fer avec un élève. Vite, un remords de conscience lui rappela qu'il n'avait plus le droit de lorgner les femmes dans la rue. Mille riens du même genre lui enfoncèrent à petits coups, jusqu'au fin fond du cerveau, le sentiment de son nouvel état.

Par cela même que le célibataire est un homme incomplet, il n'a que la moitié des obligations, des contraintes, des soucis, des terreurs qui incombent à l'homme marié. Le comte de Mably découvrit avec étonnement, dans cette promenade d'une heure, cent vérités vieilles comme le monde, mais qui ne s'étaient pas encore présentées à son esprit. Celle qui lui revenait le plus souvent peut se traduire ainsi : « Je suis deux ! Quoi que je fasse, où que je me transporte, il y a une autre personne qui porte mon nom, qui est la doublure ou la moitié de mon être; sa santé, son bonheur, sa conduite, me regardent personnellement; ses actions, ses moindres démarches, ses pensées les plus fugitives, sont pour moi des affaires graves; rien de ce qui la touche ne saurait, en aucun cas, me devenir indifférent. *Dia-*

volo! c'est bien gentil de se marier, surtout quand on a eu comme moi la main heureuse ; mais dire qu'on sera marié vingt-quatre heures par jour jusqu'au dernier jour de la vie ! »

Il avait eu pourtant des liaisons : mais les plus despotiques n'avaient jamais accaparé le quart de ses journées. Une femme du monde n'enchaîne son amant que pendant les heures rapides où elle-même a pu rompre sa chaîne. La Brindisi et ses pareilles se contentent des instants qu'on veut bien leur donner ; on leur rendrait mauvais service en vivant toujours auprès d'elles. Ah! que le mariage est une autre affaire !

« Ainsi donc, pensait Gontran, il faudra que j'accompagne ma femme dans toutes ses sorties, ou que je laisse mon nom courir les rues sans gardien. Toutes les fois qu'il lui plaira de rester au logis, il faudra que je lui tienne compagnie ; sinon, gare à l'ennui et à toutes ses conséquences ! »

Il y avait, dans ces raisonnements, quelques atomes de jalousie, mais surtout un sens très-vif de la responsabilité conjugale. Gontran voulait que sa femme fût heureuse ; il se jurait à lui-même de plier devant ses caprices, de pardonner ses enfantillages, d'éviter avec soin tout ce qui pourrait rompre l'accord des âmes. Il ne faut qu'un seul mot pour empoisonner deux existences. Les inimitiés de ménage sont aussi terribles que les haines à bord, et par la même cause. Le ferment concentré longtemps dans un étroit espace fait une explosion qui brise tout. Singulières réflexions au lendemain d'un mariage d'amour! Mais l'homme est ainsi fait : il y a au fond de nos cœurs une fibre contrariante qui réagit incessamment contre la sensation actuelle. Plus vous êtes heureux, plus la fibre maligne s'acharne à vous tirer des larmes; et le jour où vous conduisez le deuil de votre meilleur ami, elle vous chatouille en dedans pour vous faire éclater de rire.

Gontran n'eut pas de peine à prendre le dessus, et toutes ses idées étaient couleur de soleil quand il remonta chez sa femme. Sa femme! Il s'exerçait dans l'escalier à moduler ce joli mot, qui remplit si agréablement la bouche.

Cette journée et les suivantes furent remplies par les affaires, et simplement échantillonnées par l'amour. Le beau petit ménage avait ses trois millions en portefeuille; mais, d'ailleurs, il était sans feu ni lieu. Il fallait tout créer, la maison, l'écurie, et ce fonds de toilette qui sied à une comtesse de Mably. Valentine à l'hôtel, avec ses petites robes de la Balme, avait l'air d'un Raphaël sans cadre. Gontran lui expliqua ce qu'ils auraient à faire avant de se présenter dans le monde, et madame frémit d'épouvante; il lui semblait tout à fait impossible d'arranger tant de choses en deux mois d'hiver.

Le comte possédait son Paris sur le bout du doigt; il savait que l'argent y fait en quelques jours l'ouvrage de plusieurs années. Du reste, il avait résolu d'éviter les miracles et de ne pas faire son nid à coup d'argent. « Conserver les bonnes valeurs que M. Fafiaux avait acquises, et qui rapportaient environ 150,000 francs de rente; se priver d'un hôtel, attendu que les immeubles étaient en hausse; louer tout bonnement un joli premier étage avec écuries et remises; on n'en trouvait encore de fort honorables au prix de douze à quinze mille francs par an; commander un mobilier à la fois simple, confortable et noble, mais sans dorure et sans luxe bourgeois; pour 50,000 francs, on sortirait d'affaire. Les voitures vingt mille, et trente l'écurie; cent mille francs tout ronds pour les toilettes, les dentelles, les fourrures et quelques diamants : car Mme de Mably ne pouvait décemment aller au bal en jeune fille. Grâce à l'expérience de Gontran et à sa modération toute neuve, les frais d'installation ne dépasseraient guère le chiffre de deux cent mille francs, et l'on vivrait en joie avec 140,000 francs de rente.

Valentine n'avait étudié que l'arithmétique du couvent; elle était devant les gros chiffres comme un enfant de la plaine en présence d'une montagne. L'idée de dépenser 140,000 francs par an lui sembla aussi monstrueuse que celle de manger un éléphant en papillote. « Quel bonheur! nous éblouirons tout Paris et nous ferons des économies! »

— Si nous faisons des économies, dit Gontran, Paris sera encore plus étonné qu'ébloui. »

Pour commencer, elle voulut à toute force racheter l'hôtel de la rue Saint-Dominique. Gontran eut beau lui dire qu'il était trop cher et trop grand, qu'il y faudrait trop de mobilier et trop de livrées; que le nettoyage seul coûterait gros, car les créanciers et les Auvergnats l'avaient sali de fond en comble, sous prétexte de vendre et d'acheter les meubles. Elle répondit obstinément que c'était l'hôtel des Mably, que Gontran y était né, qu'elle voulait dormir sous le toit héréditaire, et tout ce que peut dire en pareille occurrence une élève du Sacré-Cœur. Le comte protesta au nom de la sagesse, mais je le demande à toutes mes lectrices, pouvait-il tenir tête à sa femme dans une question de sentiment?

On écrivit à Vaucelin, qui prit les ordres du marquis, et l'affaire se conclut à la satisfaction générale. Seulement, lorsqu'on eut payé un million pour l'hôtel, cent mille francs pour les réparations et le mobilier, cent mille pour les diamants seuls, cinquante mille pour les chevaux et les voitures, et cinquante autres pour frais divers, les papiers de couleur que M. Fafiaux avait collectionnés toute sa vie, ne représentaient plus que 85,000 francs de rente.

« Nous nous payons à nous-mêmes plus de cinquante mille francs de loyer, dit Gontran.

— Nous économiserons sur autre chose, répondit Valentine. »

L'installation était complète à la fin d'avril : l'hôtel remis à neuf fut inauguré par une fête plus brillante que réellement économique. Ne fallait-il pas rendre au monde les sandwiches et les truffes que l'on avait reçues? Pendant trois mois et plus que ce nid grandiose avait été en proie aux peintres et aux tapissiers, les deux époux avaient fait leurs visites et pris pied dans la meilleure compagnie. Partout ils furent reçus à bras ouverts, et toute la gloire de ce succès ne revint pas à Gontran. Valentine fut touvée jolie, élégante, et pas trop provinciale. Le bonheur illuminait sa charmante figure; l'amour rayonnait autour d'elle et lui donnait plus d'éclat qu'un boisseau de diamants. Or le monde aime les heureux; il admire avec une bienveillante curiosité la jeunesse d'un cœur neuf et ces gracieuses illusions qu'il a perdues. Mme de Haut-Mont ne fut pas la seule qui traita ces tourtereaux en enfants gâtés. Depuis les hauts sommets de l'aristocratie austère où trônait Éliane de Lanrose, jusqu'aux régions moyennes, demi-bourgeoises, où l'on voyait tourbillonner la petite comtesse Adhémar, ce fut à qui aurait le beau petit ménage. L'état-major des jupes plates et des gants trop longs invita Mme de Mably à ses conférences, ses ventes, ses loteries, ses sermons, ses raouts solennels, ses soirées de tapisserie, ses parties fines de haute dévotion et de charité transcendantale. Le clan des crinolines l'attira vers ses bals, ses courses, ses soupers, ses parties de spectacle ou de jeu, ses cavalcades et ses patinades; car les premiers zigzags du patin élégant datent de 1855.

L'abondance et la diversité des plaisirs parisiens plongea la jeune femme dans une ivresse salutaire ou du moins très-favorable aux arrière-projets de Gontran. Il savait par expérience que les plaisirs les plus tapageurs sont de grands innocents, quoi qu'on dise. La musique des orchestres, le tourbillon de la valse à deux temps, l'éclat des belles représentations dramatiques, les compliments, les frôlements et mille autres dangers que les Faflaux redoutent par habitude ou par bêtise, affermissent la vertu de cent femmes, pour une ou deux que le monde aura mises à mal. Le grand feu des candélabres et des lustres bronze plus de cœurs qu'il n'en enflamme, le contact de deux cents hommes durcit la peau des mains sous les gants : la répétition incessante des mêmes fadeurs ne tarde guère à blaser l'oreille la plus chatouilleuse. Le danger n'est pas là, il est dans la rêverie solitaire, dans la lecture des poëtes langoureux, dans la promenade au bord des lacs, dans le son des cloches rustiques et le gémissement des orgues, dans le duo qu'on chante à la brune devant un piano respectable et patriarcal. C'est le régime des émollients qui détrempe le moral des femmes : le tapage, la cohue, le plaisir vif et turbulent, l'exhibition de soi, sont autant de toniques qui le ragaillardissent.

Le duvet de la pêche y périt, j'en conviens ; mais le duvet de la pêche n'est pas une cuirasse ; l'histoire ne dit pas qu'il ait jamais protégé une seule pêche contre la dent des gourmets. Une femme de bien, après deux ou trois ans de plaisirs dans le monde, a perdu ce je ne sais quoi qu'on pourrait appeler les grâces de la faiblesse : elle a pris de l'aplomb, du sang-froid, un certain air viril ; elle ne rougit plus à tout propos ; elle ne tressaille plus jusque dans la moelle lorsqu'un maladroit lui pousse le pied ou lui effleure le genou ; elle gouverne ses sensations, raisonne ses sentiments et traverse cavalièrement les toiles d'araignée où les petits anges au myosotis bleu se prennent comme des mouches.

Gontran n'avait pas songé une minute à se cloîtrer avec sa femme : trop prudent pour la mettre au régime de l'amour rabâché, il savait que la plus riche imagination d'homme s'épuise en peu de temps à force de moduler des variations sur un thème unique. La femme ne se fatigue jamais de l'amour qu'elle inspire, mais elle s'y habitue ; semblable à ces buveurs d'opium qui deviendraient insensibles à leur poison favori s'ils n'augmentaient incessamment la dose.

Ce qui donna longtemps un bonheur sans mélange à ces charmants petits Mably, c'est l'art avec lequel Gontran ménageait, tempérait, atténuait les expressions de son amour. L'Arabe du désert, par une longue habitude de la sobriété, arrive à faire son festin d'une poignée de dattes : Valentine avait du bonheur pour toute une journée, lorsque Gontran l'avait régalé d'une parole et d'une caresse.

Un seul coup d'œil de son mari dans la mêlée d'un bal, une simple pression du bras à la sortie des Italiens l'enivrait des joies les plus pures et doublait les palpitations de son cœur. Le comte, en garçon d'esprit, s'excusait presque des moindres libertés qu'il prenait avec elle. Il semblait dire que si le mariage autorise toutes les tendresses d'un mari, le respect et la chevalerie protestent quelquefois dans les âmes délicates ; que la nature est une grossière, et qu'on rendrait plus dignement hommage à cet être supérieur qui s'appelle la femme, si l'on pouvait l'aimer toute une vie sans lui baiser le bout des doigts. Par cet aimable artifice, non-seulement il donnait à ses moindres attentions une importance voisine de la solennité, mais il habituait Valentine à prendre une opinion quasi religieuse de sa petite personne et à tenir pour sacrilége le premier qui implorerait une parcelle de son amour.

Ces précautions prises, il lança la petite femme au plus fort du tourbillon. Entre les deux fractions du monde aristocratique qui le sollicitaient obligeamment, son choix fut bientôt fait. Il résolut de vivre en bon accord et en grande politesse avec les uns et les autres, mais de ne fréquenter que les salons les plus vivants. Les scrupules de couvent, qui végétaient encore dans l'esprit de Valentine, furent arrachés en trois semaines par l'autorité toute-puissante de l'homme aimé. Elle apprit que le monde est un arbitre infaillible en conduite et que tous les plaisirs qu'il approuve sont permis. Elle contracta l'habitude de montrer ses épaules sans pruderie provinciale et de se décolleter franchement au degré prescrit par la mode. Ai-je besoin de vous dire qu'elle savait danser à merveille, malgré l'affirmation contraire du respectable M. Fafiaux? Il n'y a pas de couvent si bien surveillé que les petites filles n'y valsent entre elles, dès que la religieuse a tourné le dos. Mais Valentine, comme son amie Félicité et beaucoup d'autres innocentes, s'était juré cent fois qu'un seul homme lui prendrait la taille et qu'elle ne danserait qu'avec son mari. Gontran la délivra de ces naïvetés et de ces mièvreries. Il lui prouva l'indifférence absolue de ce rapprochement public et banal. Quel crime y a-t-il donc à laisser prendre sa ceinture par un monsieur généralement laid et désagréable qui vous marche sur les pieds?

Après la vie du soldat en campagne, il n'y a peut-être rien de plus fatigant ici-bas que le train d'une femme du monde à Paris. Valentine, à l'hôtel Meurice, n'avait ni maison à tenir, ni dîners à commander, ni fêtes à organiser, ni domestique nombreux à gouverner : en un mot, son plaisir était sa seule affaire et pourtant, si elle eût été moins forte, ce travail l'aurait mise sur les dents en quelques mois. Elle se levait à midi, déjeunait à la hâte avec Gontran, se faisait habiller, descendait à deux heures, trouvait son coupé attelé et courait chez la couturière, la modiste, la confectionneuse, le cordonnier, et le fameux Sizigambi, tailleur pour dames. A quatre heures elle rentrait tout essoufflée, non pour prendre un instant de repos, mais pour rejoindre Gontran qui avait passé son temps chez le carrossier, le marchand de chevaux, le tapissier, ou parmi les ouvriers de la rue Saint-Dominique. On se ruait alors en visites et les présentations allaient leur train jusqu'à six heures du soir. Quelquefois, par fortune, on dînait à l'hôtel ; mais, cinq jours au moins sur sept, il fallait s'habiller sur nouveaux frais, dîner en ville, refaire une toilette, et paraître dans un ou deux bals. Si l'on interrompait un jour les courses par la ville, on allait au bois de Boulogne ; si l'on dînait chez soi, on passait la soirée à l'Opéra ou aux Italiens, suivant le jour.

Les travaux d'installation ne prenaient pas en tout

plus de deux heures sur un temps si bien rempli. Valentine se trouva beaucoup plus affairée lorsqu'elle fut chez elle et qu'elle dut rendre au monde l'équivalent de ce qu'elle en recevait. Elle eut un jour de réception et donna un dîner par semaine. Sa maison devint sans peine une des plus agréables du faubourg, étant une des plus jeunes : on fumait au jardin, et l'on riait un peu partout. Odoacre de Bourgalys, après deux visites et un dîner, déclara que la comtesse était un bon petit garçon : il présenta tout son club à la file.

Mme de Mably acquit en peu de temps le talent si précieux et si rare de mettre les gens à l'aise sans leur jeter les rênes sur le cou. La nature avait beaucoup fait pour elle ; car, malgré les nombreuses lacunes de son éducation, elle sut causer et plaire. La duchesse de Haut-Mont disait un soir à son frère :

« Cette petite m'étonne. Elle occupe fort bien quatre hommes à elle seule, tandis que votre bru, si brillante et si Parisienne, n'en retient pas la moitié d'un ! »

On avait vu d'emblée qu'elle parait ses toilettes, qu'elle avait la tournure noble et la démarche élégante. On ne tarda point à reconnaître en elle ce goût d'ajustement, cet instinct d'innovation que j'appellerais volontiers l'élégance active. Une femme riche et jolie qui s'abandonne comme une poupée aux improvisations de la couturière est élégante tant qu'on veut, mais dans le sens passif : elle effacera peut-être une fois par hasard celle qui met de l'imagination et de l'esprit dans sa toilette ; mais eût-elle plus de succès, elle a moins de mérite à coup sûr ; elle peut faire fureur, elle ne fera jamais école. Valentine donna le ton, presque dès son début. Elle prit dans le monde extra-diplomatique et anti-officiel une influence aussi prépondérante et aussi légitime que la princesse de M... ou la marquise de G... dans les régions opposées. Chacune des petites villes qui composent le grand Paris voit éclore au retour de l'hiver une royauté de salon, brillante et courte. La comtesse de Mably régna deux hivers de suite sur le faubourg Saint-Germain.

Parmi les nouveautés qu'elle mit à la mode, je ne cite que pour mémoire et non pour lui en faire un mérite, ces chevelures d'un kilogramme qui sont encore de mise aujourd'hui. Elle avait naturellement des cheveux d'une longueur et d'une épaisseur admirables : elle les porta dans le monde, ne pouvant les mettre en poche : cent autres osèrent bientôt en avoir autant qu'elle. Les femmes les plus élégantes s'étaient réduites longtemps au luxe d'une humble queue ou d'une natte sans prétention ; mais dès qu'elle eut fait voir au peuple des salons jusqu'où pouvait aller la prodigalité de la nature, personne ne craignit plus de paraître invraisemblable et ridicule en amoncelant sur une seule tête la récolte de sept ou huit. Chacun sait quels heureux développements le commerce des chevelures a pris en dix années. Il s'est fait des fortunes, il s'est gagné des millions dont le premier centime n'existerait pas sans la mode introduite par la comtesse de Mably.

L'histoire de l'industrie moderne, sous peine d'omission grave, devra consacrer un chapitre aux influences du caprice sur le travail. Un jour, en partant pour les eaux, une Parisienne invente une toilette fort élégante, ma foi ! où il n'entrait pas un centimètre de ruban. La mode s'en empare ; on trouve neuf et charmant de laisser le ruban aux femmes de chambre. Vous seriez étonné si je vous disais combien de faillites cette fantaisie de jolie femme a fait enregistrer dans la seule ville de Saint-Étienne !

Valentine avait dit à son mari qu'une pension de deux cents francs par mois lui suffirait amplement pour ses toilettes. Je vous laisse à penser si Gontran avait ri de cette foi naïve qui sentait un peu trop le couvent.

« Les deux cents francs sont accordés, répondit-il, et je m'engage à ne pas vous gronder bien fort si vous n'en dépensez que deux mille.

— Par an ?

— Par mois.

— Vous me croyez donc femme à vous ruiner ?

— Non, cher ange : je vous crois femme, voilà tout.

— Est-ce que dans votre monde il y a des personnes si dénuées de raison ?

— Dans notre monde, chère enfant, comme dans tous les mondes de Paris, il y a des femmes qui sont réduites à ne payer que les intérêts de leur dépense, tant le capital en est effrayant ! »

Pour conjurer un danger qui à ses yeux était le

dernier mot de l'horrible, la comtesse se mit en frais d'imagination. Elle inventa une conception aussi neuve que hardie et qui a changé en moins de dix ans la face du monde.

Les toilettes de bal étaient alors quelque chose de riche et de sévère : une robe de satin, de moire ou de taffetas, garnie de trois volants de dentelle. L'étoffe coûtait cher, mais elle durait longtemps. Une femme élégante portait la même robe à cinq ou six bals, et elle en tirait parti après l'avoir quittée. Les dentelles faisant partie du fonds de toilette étaient de vrais immeubles par destination.

Valentine alla trouver une grande couturière et lui fit une commande si bizarre que l'artiste faillit tomber à la renverse. Il s'agissait de bâcler une robe de rien, faite de tarlatane, de tulle, de petite blonde sans valeur, de pacotilles diverses dont la plus précieuse ne valait pas vingt sous le mètre. On y fourra un peu de soie pour soutenir les bouillonnés, on cacha même quelques bouts de dentelle dans les coins ; mais simple affaire de forme, histoire de montrer qu'on avait de tout ça !

Cette nouveauté invraisemblable effraya après coup Valentine : l'enfant eut peur de son audace. Elle ne se décida point à montrer cette robe chez les autres ; elle attendit son bal d'inauguration, pensant avec finesse : « Si mon expérience n'obtient aucun succès, j'aurai du moins le mérite de m'être effacée par modestie, en maîtresse de maison. »

Gontran lui-même ne la vit qu'au dernier moment, dix minutes avant l'arrivée des premières voitures. Il poussa un cri d'admiration. Ce n'était pas une toilette, mais un rêve, une féerie. La beauté de Valentine transparaissait plus radieuse à travers ce voile fantastique, cette neige fouettée, ce nuage intelligent, d'une provocation irrésistible et d'une chasteté irréprochable. Les déesses de la mythologie n'étaient ni plus brillantes ni plus décentes lorsqu'elles s'habillaient d'une vapeur légère pour descendre au milieu des bergers. L'enthousiasme du comte se doubla de stupéfaction lorsqu'il apprit de Valentine elle-même que ce luxe divin était le dernier mot du bon marché sur la terre et que les matériaux d'un tel chef-d'œuvre ne valaient pas plus de cinquante francs. Quel miracle ! Il n'en fallait pas deux de cette force pour réconcilier le dix-neuvième siècle avec la simplicité de l'âge d'or.

Le monde confirma par un concert unanime le jugement de M. de Mably. Les hommes épuisèrent toutes les formules de l'éloge ; les dames firent mieux : elles demandèrent à l'envi le nom de la couturière, avec un vif regret de n'avoir pas été averties plus tôt. Les plus belles toilettes, auprès de celle-là, semblaient découpées dans le zinc avec des cisailles de fer. Tout était froid, roide, compassé, dur aux yeux, ingrat, criard, atroce ! Et ces pauvres volants de dentelles alignées ! Quelle figure ils faisaient au bas des robes, sur trois rangs, comme les soldats dans la vieille tactique ! L'ancienne mode fut condamnée sans appel ; elle ne s'est jamais relevée de ce coup-là.

Il est certain que les bals sont mille fois plus

beaux depuis cette réforme et que chaque danseuse, prise à part, est un morceau plus friand. Mais l'emploi de la tarlatane et des tulles à bon marché n'a pas précisément réalisé le rêve de la jolie comtesse : ce n'est pas un jeu d'enfant que de marier le luxe à l'économie. Valentine s'aperçut, au bout de quelques mois, que si la moire antique est plus chère que le tulle, une robe d'air tissu lorsqu'elle sort des mains de l'artiste coûte à peu près le même prix que les anciennes robes de fer battu. Or elle dure beaucoup moins ou, pour parler plus juste, il n'en reste rien à la fin du premier bal. C'est pourquoi la pension de deux mille francs par mois qui avait effrayé la petite pensionnaire lui parut insuffisante avec le temps. Une reine du monde qui veut garder son rang ne dépense pas moins de vingt louis par soirée. Bienheureux les maris assez riches pour payer la gloire de leurs femmes !

Quelques ménages ingénieux compensent l'énormité des dépenses extérieures par une stricte économie au dedans; mais les Mably n'avaient pas cette ressource. Lorsqu'on se donne un hôtel d'un million, ce n'est pas pour y manger du pain noir. Cette première mise entraîne logiquement un train considérable. Gontran avait rangé ses goûts, ses mœurs et son esprit aux lois de la sagesse ; il se répétait au moins sept fois par jour : « Tu t'es ruiné comme un idiot, mais tu en avais le droit, ne faisant tort qu'à toi-même; aujourd'hui, tu es tuteur de cette adorable enfant; c'est son bien que tu gouvernes, et tu ne serais plus un fou, mais un scélérat si tu la mettais sur la paille. »

Il porta donc une sévère économie dans toutes les choses de la maison. Le domestique fut aussi modeste que possible : le strict nécessaire. Un maître d'hôtel, un valet de chambre, un valet de pied, un cocher et un palefrenier, la femme de chambre de madame, un chef et un aide de cuisine, un concierge et un jardinier. Les bourgeois comme nous s'aviseront peut être qu'on peut vivre à moins : mais l'hôtel avait un beau jardin ; pouvait-on laisser les plates-bandes en friche? Lorsqu'on est seul chez soi, il faut, bon gré mal gré, payer un concierge à soi tout seul. Gontran fit preuve d'une modération exemplaire, car il prit un cocher français pour la première fois de sa vie, et il se refusa un *tigre* magnifique, pas plus haut que la botte et râblé comme un jeune dogue. Tout son club reconnut à ces réformes que le comte s'était sérieusement amendé. Les gages de ses gens, débattus par lui-même, formaient à peine un total de huit mille francs par année. Le maître d'hôtel, un vrai sage, se contentait de dix-huit cents francs, comme le dernier des expéditionnaires ; il est vrai que tout l'argent de la maison lui passait par les mains, et que ses doigts pouvaient en retenir quelque chose.

Gontran savait à fond presque toutes les choses de la vie ; il n'était pas de ces gentilshommes nigauds qui croiraient déroger en s'occupant de leurs affaires. Il avait eu jadis un intendant à la vieille mode, et il comptait, à cent mille écus près, ce que cette fantaisie rétrospective lui avait coûté. Pour rien au monde il n'en eût pris un autre, et il disait lui-même en plaisantant : « On n'a pas besoin d'une locomotive pour traîner un cabriolet à l'abîme, c'est assez d'un cheval. » Il aurait bien voulu se passer du cheval, c'est-à-dire du maître d'hôtel. Mais en bonne justice, pouvait-il s'enterrer dans les détails de cuisine? Valentine n'eût pas craint de descendre aux dernières minuties; elle avait rêvé de tout temps la gloire utile et modeste des maîtresses de maison. On avait dit devant elle (ce qui est vrai) qu'une femme du monde peut tout surveiller et tout conduire sous son toit, sans dépenser à ce devoir plus de trois heures par semaine. Mais il faut un apprentissage, et la pauvre petite était sortie bien neuve de son couvent.

Après un an de mariage, Gontran voulut se rendre compte de ce qu'il avait dépensé. Il se fit envoyer toutes les notes et consacra une matinée entière aux travaux mélancoliques de l'addition. Le résultat ne lui plut guère. Sans parler du capital qu'on avait employé sciemment aux grosses dépenses, il fallait écorner un nouveau titre de rente. Les dépenses de l'année excédaient visiblement le revenu. Le jeune et sage mari fit part de ses découvertes à Valentine, qui poussa un petit cri.

« Comment! dit-elle, malgré toutes nos économies, nous nous sommes endettés de trente mille francs!

— Sans compter les centimes.

— Il y a donc encore des économies que nous n'avons pas faites?

— Pas trop; nous avons tenu notre rang; rien de plus.

— C'est étrange de penser que parce qu'on s'appelle le comte et la comtesse de Mably, parce qu'on a reçu du ciel un avantage assez marqué sur les autres hommes, on sera condamné à dépenser plus qu'eux !

— Cher ange, il y a des bourgeois qui dépensent en six semaines ce que nous avons dépensé dans un an.

— Comment font-ils, alors?

— Ils regagnent l'argent à mesure qu'ils le dépensent : ils travaillent.

— Mais vous, vous ne pouvez pas travailler, c'est impossible; vos ancêtres vous le défendent; vous n'en avez pas le droit.

— Le droit ? si! ce qui manque surtout, c'est le goût et l'habitude de la chose. J'avoue pourtant que je serais mal vu et légèrement déclassé si je passais mon temps à la Bourse comme Adhémar et quelques autres. Ainsi, cher ange, la petite couronne qui est brodée au coin de vos mouchoirs a le double avantage de nous imposer la dépense et de nous interdire le gain. »

III

LES ADHÉMAR

Le monde et ses plaisirs éloignèrent un peu les Mably de la sévère Éliane ; mais, par compensation, le jeune ménage rencontrait à chaque pas le comte et la comtesse Adhémar.

Adhémar était un de ces hommes qui n'ont jamais fait le mal, et qui n'en valent pas mieux. On a écrit plus d'un livre pour prouver que le sentiment de l'honneur peut rester vivant au fond du cœur d'un forçat; on pourrait vous prouver aussi facilement qu'il existe, à cent lieues du bagne, à mille piques au-dessus du niveau des prisons, plus d'un coquin achevé, complet, raffiné, quoique irréprochable.

L'héritier présomptif du marquis de Lanrose n'avait jamais renié les traditions politiques de la famille. Même dans ses rapports avec le pouvoir il portait assez haut sa cocarde et disait entre deux

courbettes : « Vous savez, je suis un courtisan de
« malheur. » Cette façon d'agir et de parler n'avait
pas nui à sa fortune. Les gouvernements, quels
qu'ils soient, mettent une certaine coquetterie à
obliger l'ennemi vaincu. Demandez une faveur à un
ministre, et prenez soin d'ajouter vous-même : « Mes
droits sont nuls, je suis votre adversaire, vous êtes
le plus fort ; pour m'accorder ce que je sollicite sans
espoir et par simple acquit de conscience, il faudrait
que vous fussiez le plus grand fou du monde ou le
plus sublime des héros ! » La recette est presque
infaillible. Adhémar en usait dès 1847 avec un succès lucratif.

Je vous ai dit qu'il s'était enrichi dans les affaires
sans prendre un centime à personne. En 1855 il
avait six ou sept millions, non pas nets et liquides,
mais engagés prudemment. Hé bien ! dans cet avoir
énorme, le roi Minos lui-même n'aurait pas découvert un sou mal acquis. Cependant on ferait injure
à tous les honnêtes gens de l'univers en lui donnant
le titre d'honnête homme. Il n'avait pas volé, je l'a-
voue, mais ce n'était point par vertu ; c'est parce
qu'il avait trouvé l'occasion de s'enrichir autrement.
Il respectait le code pour éviter la prison ; il respectait même la morale pour éviter la déconsidération,
soignant sa renommée comme un capital délicat que
la moindre action blâmable eût fait baisser de trente
pour cent. Il rendait des services, pour s'attacher
tel ou tel homme, ou simplement pour faire montre
de son crédit, ou même pour acheter à beaux de-
niers comptants une réputation de bienfaisance.

Mais il était au fond le plus cynique des égoïstes, il ne croyait qu'à sa force, n'aimait que lui-même, n'estimait que son argent. Avec cela, réservé comme un diplomate et sérieux comme un doctrinaire, parlant bien, haut sur cravate, enduisant ses moindres idées d'une sorte d'empois parlementaire et domptant les soubresauts de sa nature arlequine par un continuel effort de volonté. Odoacre de Bourgalys le comparait au cardinal Dubois et disait : « C'est le seul homme de notre époque qui appelle invinciblement les coups de pied au derrière. » Du reste il était brave, avec une peur horrible de la souffrance et de la mort. Tout dans cet homme était affaire de spéculation, sans excepter le courage.

Je vous ai dit l'histoire de son mariage et les oscillations inexpliquées qui l'avaient tour à tour éloigné et rapproché de son père. Mais le marquis lui-même, tout en souffrant de ne pas se sentir aimé et de ne pouvoir aimer ce fils étrange, n'avait pas le droit de dire qu'il fût un mauvais fils. Éliane le trouvait poli, respectueux et même attentif. Son beau-père, M. Gilot, le tenait en haute estime, mais l'estime de M. Gilot ne prouvait pas grand'chose ; sa belle-mère l'adorait jusqu'à l'imprudence : on en avait causé. Sa femme ne lui demandait rien qu'il n'accordât sur l'heure. Il n'y avait plus d'amour entre eux ; Yolande savait même qu'il s'était donné une maîtresse ; mais elle se contentait de lui faire payer cette peccadille en bon argent. Le ménage était cité au nombre des meilleurs dans ce monde intermédiaire où noblesse et finance se donnent la main. Lorsque le petit comte aux yeux perçants, au nez pointu, au museau de furet, entrait dans un salon avec la belle Yolande, un murmure flatteur s'élevait sur sa route : les badauds de la galerie se montraient le gentilhomme capable, actif, puissant, mêlé à toutes les grandes affaires et moins entiché de son blason que fanatique du progrès; on admirait aussi les épaules et les diamants de la comtesse Yolande.

Je regrette que le mot viveur n'ait pas de féminin dans la langue française, car il faudra plus de vingt lignes pour définir Yolande et ce type de femme assez nouveau, grâce à Dieu, mais déjà trop commun chez nous. La comtesse Adhémar était dans l'âge de la crise, mais ce qu'on appelle spécialement vertu chez les femmes ne courait en elle aucun danger. Le cœur était sourd et muet, le sang calme, endormi du sommeil définitif par un de ces accidents qui frappent trop souvent les jeunes mères à Paris. Mais tous les autres péchés capitaux semblaient s'être partagé l'héritage du défunt.

Yolande aimait la table, et même le bon vin, s'il est permis de tout dire. Elle ne s'en cachait pas, elle s'en vantait presque : elle contait à ses amies de la même école le souper qu'elle avait fait la veille et les verres de Xérès qu'elle avait pris chez le pâtissier, en revenant du bois de Boulogne. L'embonpoint de poularde où elle était parvenue faisait comprendre qu'elle ne haïssait point les douceurs du repos : elle digérait ses bons soupers dans son bon lit, jusqu'au moment de prendre le harnais et de courir aux visites. Je vous ai dit qu'elle était joueuse, et joueuse hardie, sans pitié pour l'argent d'autrui, et toujours prête à risquer le sien. Ce que je n'ai pas dit, ce que je désespère de dire assez éloquemment, c'est la rage de vanité, la fureur de coquetterie, la monomanie de luxe et d'ostentation qui sévissait dans cette aimable petite tête. Tous les instants qu'elle n'employait pas à bien vivre, elle les consacrait à se montrer, à se mettre en étalage, à quêter des regards, à tourner sur son pivot comme un miroir aux alouettes. Le miroir n'aime pas les alouettes; il sait qu'on ne lui en donnera pas à manger, et pourtant il tourne, tourne, tourne à perdre la tête : ainsi faisait Yolande au milieu de cinquante hommes qui, d'ailleurs, lui étaient aussi indifférents que son propre mari.

Elle touchait deux pensions pour sa toilette : l'une, avouée, venait du comte, l'autre, moins avouable, était donnée sous main par son vénérable coquin de père. Elle gagnait au jeu, comme tous les joueurs qu ne manquent ni d'aplomb ni de ressources; sa corbeille lui fournissait un joli fonds de diamants et de dentelles, et malgré tout, elle trouvait moyen de s'endetter comme une fille; et lorsqu'elle avait accumulé cent mille francs de dettes, elle employait toutes les ressources de l'*autre monde* pour soutirer la somme à son mari. Elle s'inquiétait peu de savoir si cette dépense ajoutée à tant d'autres n'excéderait pas en fin d'année les revenus de la maison; les affaires de son mari n'étaient pas les siennes. A lui de gagner l'argent ou de le prendre, à la Gilot, dans les poches d'autrui : elle n'était ici-bas que pour jouir de la vie, et elle en jouissait de toutes les façons, sauf une, buvant, mangeant, dormant, achetant, s'habillant, se donnant en spectacle, usant ses nerfs, tuant ses chevaux, fatiguant ses valets et jetant l'or par toutes les fenêtres, depuis la cave jusqu'au grenier.

Il lui fallait une loge à l'Opéra, une loge aux Italiens, et des meilleures encore, et l'une et l'autre à l'année, quoiqu'elle passât quatre ou cinq mois d'été hors de Paris. Elle ne comprenait pas qu'on allât voir un drame ou un vaudeville sans s'étaler dans une avant-scène. Parlait-on d'une pièce nouvelle, elle mettait en campagne tous ses cavaliers et tous ses amis ; coûte que coûte, elle voulait y être vue, car de voir et d'entendre la pièce, il n'en était pas question. Les visites se succédaient dans sa loge, on parlait haut, on riait, on se faisait rappeler à l'ordre par les bonnes gens du public, et l'on mangeait toutes sortes de choses dans des boîtes de carton glacé.

Par ces jolies manœuvres, Yolande s'était classée dans le monde spécial que les chroniqueurs appellent tout Paris ; les journaux imprimaient son nom en toutes lettres en célébrant son élégance et sa beauté. Elle soupait dans les restaurants à la mode après le spectacle ; elle y dînait aussi très-volontiers, et souvent, dans son hôtel, au moment de se mettre à table, elle disait au comte Adhémar : Le dîner ne vaut rien, allons-nous-en au café Anglais ! Adhémar grondait quelquefois, mais il cédait toujours. Non qu'il fût amoureux de sa femme, mais il s'ennuyait à la maison ; il était de ces Parisiens remuants qui ne sont chez eux que dans les lieux publics. Ajoutez qu'il avait d'excellentes raisons pour faire le bon enfant en ménage. Yolande devait hériter tôt ou tard d'une fortune énorme : il comptait faire main basse sur les millions de M. Gilot, en dépit du contrat qui l'obligeait à emploi. Cette femme qui portait son nom, qui lui avait donné un fils, était devenue pour lui une sorte de camarade. Elle le plaisantait sur ses bonnes fortunes ; il lui contait des histoires grasses, des cancans de club, des scandales de coulisses. L'éducation de certaines femmes se complète trop souvent par ces indiscrétions conjugales. Les amies, les amis, les jeunes parents, le coiffeur même, ce personnage amphibie qui a un pied dans le vrai monde et l'autre Dieu sait où, viennent broder à leur tour sur le canevas donné par le mari.

« Mais pour moi, ce que je considère particulièrement, c'est que, par le moyen de ces visites spirituelles, on est instruite de cent choses qu'il faut savoir de nécessité et qui sont de l'essence d'un bel esprit. On apprend par là chaque jour les petites nouvelles galantes, les jolis commerces de prose et de vers. On sait à point nommé : un tel a composé la plus jolie pièce du monde sur un tel sujet ; une telle a fait des paroles sur tel air ; celui-ci a fait un madrigal sur une jouissance ; celui-là a composé des stances sur une infidélité ; monsieur un tel écrivait hier au soir un sixain sur mademoiselle une telle, dont elle lui a envoyé la réponse ce matin sur les huit heures ; un tel auteur a fait un tel dessin ; celui-là en est à la troisième partie de son roman; cet autre met ses ouvrages sous la presse. C'est là ce qui vous fait valoir dans les compagnies : et si l'on ignore ces choses, je ne donnerais pas un clou de tout l'esprit qu'on peut avoir. »

C'est une fille de bourgeois qui parle ainsi dans *les Précieuses* de Molière. Hélas! que ces petits ridicules nous semblent respectables, presque touchants, si nous les comparons à ceux d'aujourd'hui! La comtesse Adhémar se souciait fort peu des livres qu'on pouvait écrire : elle ne lisait pas deux volumes par an! Les madrigaux, les stances, les sixains étaient viande trop creuse pour son cher petit estomac : du reste on n'en fait plus guère dans le monde élégant; et qui diable s'éveille à huit heures du matin pour envoyer des vers ou pour en recevoir? En revanche, Yolande était instruite de cent choses sur lesquelles une femme de bien devrait énergiquement fermer les yeux; elle apprenait chaque jour les grosses nouvelles scandaleuses de la galanterie moderne, tous les vilains commerces qui consistent à échanger l'or en rouleaux contre une heure de plaisir brutal. Elle savait à point nommé que le petit baron avait donné cinquante billets de banque à Mlle Nini et que Mlle Margot avait reçu un cheval pur sang dans un œuf de Pâques; que le gros marquis s'était ignominieusement enivré avec trois créatures sur le turf de Chantilly; que le jeune vicomte, après s'être *enfilé* de soixante mille francs dans une partie de lansquenet, avait fait banqueroute et laissé afficher son nom sur la glace du Club! elle savait que Karcher, le carrossier, avait fait reprendre son landau sous la remise de Mlle Frisette; que la grande Bianca devait cent mille francs à sa lingère pour une fourniture de draps brodés; que les boursiers Choppe et Monflanquin s'étaient battus à coups de poings sous le péristyle; que Mlle Lobélia avait volé dans le secrétaire du petit Rodolphe les lettres de la princesse Schapska.

Tous les jours que Dieu fit, elle allait au bois de Boulogne : aussi reconnaissait-elle de loin les chevaux, les voitures, les livrées de ces demoiselles. Elle possédait leurs noms, elle avait entendu raconter leur histoire, elle savait le fort et le faible de leur beauté. On l'eût embarrassée en lui demandant à brûle-pourpoint : Comment s'appelait la première femme d'Henri IV? Mais elle savait toujours si Bichette et Rata étaient bien dans leurs affaires, et depuis combien de temps Antonine avait ses chevaux bais. Sur ces sujets d'un intérêt puissant et d'une délicatesse exquise, elle aurait pu passer un baccalauréat.

Or il est difficile de voir sans être vue. Les aimables objets de sa curiosité la lorgnaient à leur tour et s'enquéraient de ses faits et gestes. Elle voyait fleurir les syllabes de son nom sur les lèvres de femmes peintes; on l'aurait saluée pour un rien, tant on la connaissait, tant on l'avait rencontrée roue à roue dans les chemins étroits! Je dois dire qu'elle était populaire dans ce monde spécial. On la trouvait élégante, on la savait *bon garçon;* une de ces demoiselles dit un jour, en parlant d'elle : « Moi, j'aime bien la comtesse de Lanrose, parce qu'elle ne nous a jamais fait tort d'un homme, et nous lui avons pris Adhémar! »

Malgré tous ces succès, Yolande n'était pas déclassée; les plus honnêtes femmes pouvaient la voir. Le ton de son langage prêtait à la critique, elle était trop amusante, et elle ne choisissait pas tous ses mots avec un soin scrupuleux. Mais sa conduite n'avait jamais donné prise à la médisance, et les femmes sans reproche ne sont pas en assez grand nombre dans le monde, pour qu'on puisse admettre les unes et rejeter les autres. Du reste, sa maison, largement ouverte, était une des plus confortables et des plus gaies de Paris. Il faut des raisons terriblement graves pour proscrire une femme jolie, titrée, riche, et qui reçoit bien.

Gontran la connaissait fort peu de La Balme; il n'avait pas pu la juger dans un temps où elle était anéantie par la solitude et l'ennui. Une truite sur la paille a l'air plus morne et plus endormi qu'une tanche : c'est en pleine eau, dans le tourbillon des cascades, qu'on admire sa souplesse et son agilité. Il retrouva tous les Lanrose à Paris; l'hôtel du quai d'Orsay et la maison de la rue de Ponthieu lui ouvrirent amicalement leurs portes; mais la froideur d'Éliane faisait pour ainsi dire contre-poids à la cordialité du marquis. Adhémar et sa femme, réunis dans leur élément, rivalisèrent de bon accueil : impossible de résister aux poignées de main du comte et aux embrassades de sa femme. Comme, après tout, ces gens-là étaient de bonne maison, Gontran ne se roidit pas trop contre leurs caresses. Il se savait destiné à les voir toute la vie chez Mme de Haut-Mont et en mille autres lieux ; il accepta donc leurs dîners, trouva la table bonne et l'intérieur gai. Valentine s'effaroucha d'abord un peu des vivacités de Yolande, mais on se fait à tout, même à ce ton cavalier qui gâte les plus jolies femmes.

Yolande fut ravie de prendre en main cette jeunesse et de la gouverner à travers Paris. Les femmes, ne pouvant se marier tous les jours, se consolent en mariant les autres, en faisant leurs trousseaux, en choisissant leurs corbeilles, en les menant partout, en leur donnant à goûter la première fleur de toutes choses. Conduire à l'Opéra une enfant qui ne l'a jamais vu, c'est se donner à soi-même la contre-épreuve d'un plaisir neuf. Marchander cent mille francs de diamants avec une petite amie qui n'y entend rien, c'est jouir des diamants avec elle et plus qu'elle.

Il s'établit bientôt, entre ces deux personnes, une familiarité vive et frétillante, qui avait toutes les apparences de l'amitié. Il n'y manquait que le fond, la sympathie des cœurs et la conformité des idées ; mais du cœur et des idées, Yolande n'en avait pas à dépenser pour un sou.

Cependant, un jour que Valentine hésitait à se donner une chinoiserie de mille écus, Yolande s'introduisit assez avant dans la confidence de son amie... « Prenez-moi ce magot, il est d'une laideur adorable, et votre mari ne vous grondera pas pour si peu.

— Je ne crains pas d'être grondée par Gontran, répondit la jeune femme. C'est moi qui me reprocherais une dépense inutile.

— Inutile? Comment? j'appelle utile ce qui me plaît.

— C'est que vous êtes plus riche que nous.

— Qui est-ce qui n'est pas riche?

— Mais moi, par exemple. J'ai dépassé ma pension.

— Qu'il vous la double!

— Et comment, si notre dépense est déjà plus forte que nos revenus?

— Dites-lui d'augmenter vos revenus.

— On peut donc?

— C'est l'enfance de l'art, ma chère. Il suffit de... je ne sais pas ce qu'on fait, mais Adhémar ne fait pas autre chose depuis notre mariage. Rentrons à la maison, il nous expliquera ça. »

Valentine se fit tirer l'oreille; car, enfin, son mari ne l'avait pas autorisée à consulter Adhémar. Cependant, elle avait si bien pris l'habitude de se laisser conduire par Yolande, qu'elle alla déposer son bilan rue de Ponthieu.

Adhémar était dans son cabinet, assiégé par une douzaine de gens d'affaires, d'importuns et de solliciteurs qui faisaient antichambre. Yolande et Valentine entrèrent sans façon, par une porte de côté, juste au moment où le seigneur des millions renvoyait un commis d'agent de change. Il courut à la rencontre de ces dames, leur donna des fauteuils, et se plaça correctement sur le siége où, tout à l'heure, il se dandinait à cheval.

Sa femme lui apprit que Valentine avait besoin de conseils ; aussitôt il tira un cordon vert qui pendait au milieu du cabinet, sur sa tête. On vit entrer un domestique grave, presque un huissier de ministère.

« Jean, dit-il, combien en avez-vous encore dans l'antichambre ?

— Au moins douze, monsieur le comte.

— Quelle espèce de gens ?

— Un peu de tout, mais pas grand'chose de bien.

— Dites-leur que j'ai demandé mes chevaux et mettez-les à la porte. »

Valentine se récria. Elle ne voulait pas qu'on renvoyât personne pour elle. Ces pauvres gens attendaient depuis longtemps ; le comte ne recevait les inconnus, les fournisseurs et les mendiants qu'une fois par semaine ; elle insista pour se retirer.

« Eh bien, dit Adhémar, je vais les expédier jusqu'au dernier pour l'amour de vous. Mais vous n'êtes pas de trop ; restez, je vous en prie. Vous avez voulu voir l'homme d'affaires dans son cabinet ; vous assisterez au travail. »

On fit entrer un vieillard de pauvre mine, mais pétillant d'intelligence et de vivacité. Adhémar le laissa debout, leva son petit nez insolent et lui dit :

« Vous êtes un inventeur ?

— Oui, monsieur.

— Pouvez-vous me conter votre affaire en deux mots ?

— C'est pour les rails, monsieur ; une économie de vingt pour cent. Mais il me faudrait bien un quart d'heure ! »

En même temps l'homme tirait de sa poche une sorte de dossier. Adhémar l'interrompit :

« Pouvez-vous me laisser ça ?

— J'aimerais mieux le montrer à monsieur, s'il était possible.

— Vous n'avez donc pas de confiance en moi ?

— Pardon, monsieur, mais mon brevet n'est pas encore pris, et...

— Bonsoir, bonsoir ! la confiance est le nerf des affaires. A un autre ! »

Il sonna. Le vieillard hésita une minute et dit :

« J'espère, monsieur, que je ne vous ai pas froissé ?

— On froisse le chiffon, jamais l'acier, mon brave homme. Si la confiance vous vient en route, vous m'écrirez de chez vous.

— C'est que si j'avais seulement cent francs, je pourrais prendre...

— Un brevet ?... Vous ne feriez pas mal. Allez-vous-en chez Rothschild et demandez-lui vos cent francs. Il lui est rentré de l'argent ce matin ; je suis presque sûr qu'il les a. »

L'homme ne comprit pas la plaisanterie, salua d'un air embarrassé et sortit.

« Cependant, dit Valentine, si l'invention était bonne ?

— Belle dame, il n'y a plus de bonnes inventions : on vient de servir la dernière. Tout est trouvé ; tant pis pour ceux qui sont venus trop tard ! »

Jean fit entrer un garçon de vingt-cinq ans, assez

pauvrement vêtu, mais propre et de bonne mine.

« C'est une place que vous demandez ? » dit Adhémar.

La figure du solliciteur peignit une admiration naïve, et le comte en fut presque flatté. Il se tourna vers Mme de Mably et lui dit à demi-voix :

« Vous voyez, madame, dans nos états, il faut être physionomiste ou ne pas s'en mêler. Eh bien, jeune homme, vers quelles régions élevées l'ambition vous porte-t-elle ?

— Monsieur, je voudrais entrer comme expéditionnaire dans les bureaux de la compagnie de..... J'ai pensé qu'en adressant ma requête au plus influent des administrateurs.....

— Passons ! on ne flatte que les sots. Vos titres ?

— Bachelier ès lettres et ès sciences.

— Qu'est-ce que ça me fait ? Vos titres à l'emploi que vous sollicitez ?

— J'ai une mère à soutenir et nous n'avons que douze cents francs de rente pour deux.

— Peste ! c'est mieux que rien. Mais faites-moi le plaisir de me dire pourquoi vous m'avez donné la préférence sur les autres membres du conseil d'administration ?

— Je vous l'ai dit, monsieur, votre influence connue, votre réputation de bonté...

— Ce n'est pas vrai. Je suis bon pour mes amis, et pas pour tout le monde.

— Monsieur, vous pouvez demander des renseignements sur moi.

— J'ai autre chose à faire.

— Monsieur, je suis certain que vous n'avez qu'un mot à dire pour me faire nommer. Il vous en coûterait si peu de chose !

— Il m'en coûterait plus que vous ne croyez. Jeune homme, chacun de nous a dans sa poche une certaine somme de crédit à dépenser. Si je donne au premier venu, que me restera-t-il pour les autres ? Tous les jours de la vie, mes amis me recommandent celui-ci ou celui-là. Supposez que demain un personnage important, une jolie femme, que sais-je ? vienne me demander une place de quinze cents francs dans les bureaux ; voulez-vous que je réponde : « Impossible, madame : j'ai disposé de la « place en faveur de M. Arthur ou... Comment vous appelez-vous ? »

Tandis que le patient, de plus en plus interdit, s'apprêtait à cet effort, toujours un peu pénible, qui consiste à se nommer soi-même, Valentine lui coupa la parole et dit :

« Monsieur de Lanrose, s'il ne faut qu'une recommandation de femme passable pour enlever l'affaire, je vous prie de donner cette place à monsieur. Si vous me répondez non, après ce que vous lui avez dit, c'est une injure que vous me faites. Autant me déclarer en face que je suis un monstre de laideur.

— Ah ! je suis pris au mot ! Allons, monsieur, remerciez madame et laissez-moi votre nom et votre adresse. »

Le jeune homme se confondit ; il tomba presque aux pieds de Valentine. Mais lorsqu'il revint à Lanrose il lui dit :

« Ma mère et moi, monsieur, nous bénirons votre nom ; croyez à ma plus profonde reconnaissance ! »

Adhémar l'interrompit sèchement :

« Qu'est-ce que vous voulez que j'en fasse ? A un autre ! »

Le suivant fut un créancier très-humble, un chaudronnier, je crois, qui avait réparé quelque chose pour les cuisines. Adhémar le foudroya de son mépris, c'est le mot. L'homme fut renvoyé au maître d'hôtel, qui, d'ailleurs, l'avait déjà renvoyé sans argent. Ce n'était pas que le comte de Lanrose eût un demi-pas à faire pour payer une note de cent vingt-cinq francs. Il avait des liasses de billets sous la main, dans ce tiroir à droite, tout près du revolver chargé. Mais il trouvait une sorte de plaisir insolent à ne pas payer ses dettes. La cruauté facile qui consiste à renvoyer sans argent un pauvre diable de créancier le rendait plus gentilhomme à ses propres yeux, peut-être même, hélas ! aux yeux des autres. Il s'amusait à voir ces figures déconfites, il riait à l'idée de dominer, d'abaisser, d'aplatir un homme qui avait le droit de l'appeler chez le juge de paix. Il savait qu'on n'en ferait rien, qu'on respecterait son nom, qu'on ne risquerait pas de perdre sa pratique. D'ailleurs ce chaudronnier était un Caliban, un homme de six pieds, large en proportion, et le petit Adhémar aimait à piétiner sur la grandeur et sur la force. Le colosse se retira tout penaud et salua M. Jean, qui lui avait vendu un tour de faveur assez inutile. On fit entrer un bonhomme tout rond, tout riant et tout rouge, excellente figure de bourgeois rustique. Adhémar ne devina point ce qui pouvait manquer à une créature si florissante. Il laissa donc parler le solliciteur, qui lui dit :

« Monsieur le comte ne peut pas me reconnaître, n'ayant jamais vu que papa, qui est mort depuis sept ans. Je suis Delrue, le fils de Jérôme Delrue, qui a servi comme valet de pied chez M. le marquis, père de monsieur.

— Eh bien ! Est-ce que vous voulez vous mettre à mon service ? Je vous avertis que ma maison est au grand complet. Ainsi, mon brave...

— Faites excuse, monsieur le comte. J'ai un peu de bien, par les économies de mon père et la dot de ma femme ; nous tenons la plus belle boutique de Béthune, et si monsieur est amateur de vrai genièvre, je lui ferai goûter quelque chose dont M. le préfet d'Arras se lèche les doigts. »

Un gros rire cordial prolongé en point d'orgue continua la phrase. Le comte fit un geste d'impatience et lui dit :

« Je ne suppose pas que vous soyez venu de Béthune à Paris pour m'offrir votre genièvre. Allez au fait, mon garçon : le temps est une denrée qui vaut cher dans ce pays-ci.

— Pour lors, je vais parler à monsieur le comte comme à mon père. Il s'agit de charbon.

— A la bonne heure ! la chose en vaut la peine.

— J'avais un peu d'argent de reste : j'ai fait un sondage avec mes deux voisins. Ça nous coûte aujourd'hui une pièce de quinze mille francs, mais nous ne les regrettons pas : le charbon est trouvé.

— Et vous voulez mettre l'affaire en actions, pour tirer votre épingle du jeu au plus vite? Tous les mêmes, ces gaillards-là !

— Pardonnez, nous aimons mieux exploiter à nos risques.

— Demandez une concession.

— C'est fait ; la pétition, les plans, tout est expédié, enregistré, publié, affiché, renvoyé par la préfecture au ministère de l'intérieur. Voilà où nous sommes engrabugés depuis tantôt deux ans, parce que, voyez-vous, le conseil supérieur des mines a tant d'affaires à examiner avant la nôtre, que personne ne peut dire quand nous arriverons devant le conseil d'État. Un petit mot de recommandation nous désensorcellerait peut-être; et j'ai pensé qu'un homme puissant, comme monsieur le comte...

— Mais je ne dis pas non. Combien de kilomètres carrés?

— Douze.

— Étendue raisonnable. Vous avez les ressources nécessaires pour ouvrir plusieurs puits?

— Au moins pour trois ou quatre.

— Et quelle part me ferez-vous si je mets mon influence à votre service? »

L'homme de Béthume ouvrit ses yeux tout ronds. Adhémard insista :

« Je vous demande dans quelle proportion vous pensez m'associer à vos gains !

— Mon Dieu ! monsieur le comte, nous n'avions pas parlé de ça entre nous. Nous sommes de pauvres bourgeois, et vous êtes si riche !

— Et dans quel intérêt m'appliquerais-je à combler la distance qui est entre moi et vous ?

— Par grandeur d'âme, monsieur le comte ; pour obliger trois pères de famille.

— Moi aussi, je suis père de famille. Des familles ! la France n'est peuplée que de ça ! Voulez vous que je perde mon temps à les protéger toutes ?

— Toutes ? Non. Mais mon père ayant servi vingt ans dans la maison de monsieur le comte... j'espérais. .

— L'a-t-on payé, votre père ?

— Et très-généreusement, monsieur le...

— Alors pourquoi voulez-vous que je vous serve gratis ? C'est le fait d'un esclave, mon cher, et l'esclavage est aboli. Retournez à Béthune, entendez-vous avec vos associés, et revenez ici quand vous aurez une offre sérieuse à me faire. Pas de réplique ; allez. Bien des choses à votre famille ! »

Il se tourna vers Mme de Mably et lut dans ses beaux yeux que ce cynisme l'avait étonnée.

« Vous n'y comprenez rien, lui dit-il. C'est l'application d'une théorie politique assez haute. Quelques amis et moi, nous avons organisé la résistance contre l'avidité envahissante de ces petits bourgeois. Les protéger gratis, ce serait leur offrir des bâtons pour nous battre. Ah ! mais non. »

Jean fit encore entrer sept ou huit hommes, et Valentine remarqua, dans sa finesse et sa droiture, qu'avec les uns Adhémar exagérait son crédit, tandis qu'il le dépréciait absolument devant les autres. La femme d'un mécanicien qu'il avait placé vint lui dire en pleurant que son mari s'était querellé, après boire, et qu'il avait eu maille à partir avec les sergents de ville. Il répondit du ton le plus altier :

« Non-seulement je ne m'abaisserai pas au point de demander une faveur au gouvernement, mais, dans votre intérêt, ma bonne femme, je vous exhorte à taire la bienveillance que j'ai pour vous. Les haines politiques se satisfont sur les plus humbles têtes, quand elles n'osent pas frapper haut. »

Le dernier de ces visiteurs était un homme de cinquante ans, coloré comme un bronze antique, pétulant comme un singe et provençal comme la bouillabaisse. Le geste, l'accent, l'emphase, les locutions pittoresques, une imperceptible odeur d'ail, une incroyable volubilité de langue et un grand fonds d'esprit naturel, tout concourait à faire de ce personnage le type achevé du marin marseillais.

« Monsieur, mesdames, dit-il, je mets ma tête à couper que vous direz comme les *otros* et que vous me prendrez pour un fou. Pas moins vrai que je porte cent millions dans mes poches, à partager avec le premier homme capable qui me tapera dans la *maing*. Rothschild n'en a pas voulu ; c'est un âne ! Péreire m'a fermé la porte au nez ; c'est un aztèque ! On m'a parlé de monsu Lanrose ; j'ai dit : Voyons Lanrose, et je le vois. Bonjour, Lanrose ! Selon ce que vous allez faire, j'aurai bonne ou mauvaise opinion de vous. Riez, mesdames ! c'est votre droit. Le rire n'a rien d'inconvenant quand il nous montre des dents blanches. J'aime le sexe ; c'est un goût naturel dont rien n'a pu me corriger, pas même la possession de deux cent cinquante houris noires comme des topes, qui mangeaient du bœuf cru, et me coûtaient les yeux de la tête.

— Dans quel pays, mon garçon?

— Lanrose, je suis trop vieux pour être le garçon d'un blanc-bec pur et simple. Appelez-moi capitaine Castafigue, c'est mon nom, ou prince du Guibou, c'est mon titre. Quant à ma principauté, je ne peux pas la porter sur moi, vu qu'elle a cent lieues de circuit bien comptées, mais en voici quelques petits échantillons de poche, histoire de vous montrer que l'on n'est pas un chevalier d'industrie. »

Il prit une chaise qu'Adhémar ne lui avait pas offerte, la mit entre le bureau d'Adhémar et les fauteuils des deux dames, et tira d'une large poche quelques cornets de papier gris.

Les deux dames s'apprêtaient à rire, et Adhémar lorgnait Valentine du coin de l'œil. Ce regard disait clairement : « Vous voyez qu'on n'a pas tort de laisser la porte ouverte un jour par semaine. On y gagne de voir quelques originaux. »

— Attention! dit le Marseillais. Je commence comme les prestidigitateurs : voici des noix muscades. Premier échantillon de la principauté de Guibou, royaume du Humbé, entre le 25° et le 15° degré de longitude, par le 10° et le 30° de latitude. Flairez, mada...es! l'odeur n'en coûte rien, et si vous êtes contentes de la marchandise, faites-en part à mesdemoiselles vos cuisinières. Est-ce bien vu?

— Oui, capitaine.

— Nous allons donc aller de plus fort en plus fort.

Ceci vous représente les plumes d'autruche, denrée plus abondante qu'appréciée dans le royaume de Humbé. On en donne deux douzaines pour un madras de quinze sous. Je m'aperçois que ces dames n'ont pas de cette monnaie sur elles, mais je leur fais crédit. Prenez, mesdames, les plumes sont à vous! Ne me remerciez pas, tout l'honneur est pour elles. Elles vont obtenir, par ma protection, une place digne d'envie!

— Capitaine, dit Adhémar, ces dames ne peuvent pas accepter un présent de cette valeur. Savez-vous que c'est plus de cent francs que vous leur donnez là, et madame n'a guère que cinq cent mille francs de rente.

— Pauvre jeune femme! gardez toujours, gardez; ne fût-ce que pour amuser le petit! Quant à vous, cher Lanrose, voici une poudre sans conséquence que vous accepterez pour l'amour de moi. Cela se sème sur le papier, par petites pincées, comme ceci, et c'est la poudre d'or de ma principauté de Guibou. Que si je suis un fou, vous voyez, mon bien bon, que ma folie n'est pas dangereuse. Gardez! gardez! il n'y en a qu'une once. »

Adhémar examinait attentivement cette poudre, très-différente du mica pulvérisé dont les Européens poudrent leurs lettres. Elle brillait un peu moins, pesait infiniment plus, et présentait de temps à autre certaines petites granulations.

« Capitaine, dit le comte, est-ce que les habitants de votre principauté vous en donnent beaucoup pour un foulard?

— Ils me la donnent pour rien, mon cher, attendu que je suis leur prince ! »

Le Marseillais se tourna enfin vers Mme de Mably, et lui présenta un cornet beaucoup moins gros que les autres.

« Ceci, dit-il, belle dame, est de la marchandise numéro un. Ouvrez vous-même, je vous prie. Ça ne peut être manié que par des mains délicates comme les vôtres. »

Valentine hésita une minute; mais l'honnête figure du charlatan la rassura bientôt, elle ouvrit le papier, et versa sur le gant de sa main gauche une vingtaine de diamants bruts, un peu jaunes, et dont le plus pesant n'allait pas au carat. Adhémar et Yolande examinèrent ces cailloux et les reconnurent pour bons. Jamais le Marseillais ne consentit à les reprendre.

— Mon cher capitaine, dit le comte, je m'explique pourquoi les grands financiers de Paris ne vous ont pas fait plus d'accueil. Vous avez des façons si peu usitées à la Bourse ! Nous autres gens positifs, nous commençons par nous mettre en garde contre celui qui nous donne : ma parole d'honneur, je m'en défie autant et plus que de celui qui me demande. Maintenant que vous nous avez comblés de vos présents, j'aurai toujours l'œil sur vos mains !

— Regardez-les, mon bon, » dit Castafigue.

Il avait bien senti l'impertinence, mais il dédaignait de la relever. Il montra avec une ostentation comique deux mains larges comme des écopes de première grandeur. On devinait au premier coup d'œil que le comte Adhémar, dans ces mains-là, n'aurait pas pesé un gramme. Le capitaine poursuivit, sans quitter son sourire honnête et bienveillant :

« Je suis bien aise de voir que vous vous méfiez de moi. Cela prouve que vous ne me prenez plus pour un fou. Avez-vous le temps d'écouter mon petit bout d'histoire ?

— Si cela ne doit pas durer trop longtemps.

— Cinq minutes, pas plus. Si riche que l'on soit, mon cher comte, on peut toujours risquer cinq minutes pour gagner cinquante millions. »

Adhémar s'intéressait malgré lui aux rêves de ce singulier personnage. Il demanda à Valentine la permission de l'écouter jusqu'au bout.

« Je vous en supplie, répondit-elle ; il me semble que je joue mon rôle dans une féerie. Racontez, capitaine, et prenez tout le temps qu'il vous faudra.

— Pour abréger, dit-il, je passe le naufrage. C'était en cinquante ; je commandais le *Belzunce*, à MM. La Terrade et Costaing, de Marseille. Nous faisions bonne route pour France avec un chargement de coton et d'arachides, sans compter l'indigo, le thé et autres calembredaines. Le Cap était doublé, le navire presque neuf filait comme un ange, et je me croyais déjà devant ma demi-tasse au café Bodoul, lorsqu'un matin je m'éveille tout seul et nu comme un ver, sauf le respect que je dois à ces dames, et couché plat comme porc sur le sable d'Afrique. Je suppose que le navire avait touché sur un banc de corail et qu'il s'était ouvert en deux sans requérir d'autres explications. La mer avait tout pris et tout gardé, sauf votre serviteur et quelques barriques vides. J'avais faim, j'avais soif, j'étais rompu de fatigue et grillé comme un rouget par le soleil du Capricorne.

Non-seulement les auberges manquaient à l'horizon, mais on n'y voyait pas un brin d'herbe : le sable pur à l'infini, et tire-toi de là si tu peux ! Je marchai deux jours et deux nuits à l'aventure, d'abord, le long de la côte, ensuite vers l'intérieur des terres, sans souliers, sans chapeau, le ventre de plus en plus vide, mais soutenu par la religion. J'invoquais Notre Dame de la Garde et je lui disais : Sainte Vierge, c'est dans l'intérêt de votre réputation que je vous demande un simple petit miracle. Si vous me laissez mourir dans ce désert de sable, après m'avoir sauvé des flots, on dira à Marseille et dans tous les ports du monde que vous manquez de suite dans le raisonnement ! Ma prière fut exaucée. J'aperçus un bois de palmiers et je tombai entre les mains de cinq ou six grands nègres qui me pendirent sur-le-champ. On dit que le premier mouvement est toujours bon. En Europe, peut-être. Heureusement, un de mes moricauds se ravisa lorsque ma langue était encore à moitié dans ma bouche. Il dénoua la corde et me porta, avec l'aide de ses camarades, jusqu'à la hutte du puissant roi.

— Qui, séduit aussitôt par votre bonne grâce, s'empressa de vous offrir sa fille avec la moitié de ses États ?

— Pas encore, mon cher. Il me fit fouetter jusqu'au sang, me mit les fers aux pieds, c'est-à-dire me lia les deux jambes avec une tresse de palmier, et m'employa six mois de suite à des travaux qui vous auraient tué en vingt-quatre heures ; sans compter la ration de coups de fouet.

— Pourquoi ? Dans quel but ? Par quel sentiment de haine ?

— Vous êtes superbe, vous ! Est-ce qu'on sait ? Est-ce qu'il le savait lui-même ? Est-ce que ces gaillards-là ont les idées de la même couleur que nous ? Ils se prennent de haine ou d'amitié, comme le vent les pousse. Ils vous donnent une province ou une raclée par caprice, comme je donne à mon chien un os ou un coup de pied, selon que je suis gai ou maussade ! Toujours est-il qu'au bout de mes six mois j'avais trouvé moyen d'apprendre un peu la langue et d'étudier les mœurs du pays. La première phrase que je risquai dans le patois des Chôta (c'est le nom que ces intéressants animaux se donnent à eux-mêmes), ma première phrase, dis-je, fit tomber mes gardiens à la renverse. Ils crièrent au miracle, et le bruit de l'événement arriva jusqu'au roi Mamaligo. Il voulut me revoir, et, grâce à quelques petits services que j'eus le bonheur de lui rendre, je m'en fis bientôt un ami.

— Quels services un pauvre prisonnier peut-il rendre à un roi sauvage ?

— Mais quand je n'aurais fait que lui passer le sabre à gauche ! Il le portait à droite, le malheureux ! ce qui gênait ses mouvements lorsqu'il lui prenait fantaisie de couper une tête ! Le Humbé est un pays très-riche, mais prodigieusement arriéré. Ah! si l'on connaissait l'intérieur de l'Afrique! Prenez la première carte venue : vous verrez le Humbé inscrit comme désert. Mamaligo règne sur trois millions d'hommes! Voilà comme on écrit la géographie! Le roi du Humbé est propriétaire du sol et des habitants, en vertu d'une constitution tout à fait primitive. Il prend tout ce qui lui convient, la récolte de celui-ci, la femme de celui-là, les oreilles de tel autre. Peuple jeune, peuple naïf, peuple patriarcal! Le roi est un homme de progrès, il rêve la transformation de son royaume; les principaux produits de l'industrie européenne ont pénétré jusqu'à lui. Lorsque j'ai fait sa connaissance, il n'avait pas encore de maison, mais il avait deux montres anglaises, un peu malades, il est vrai, car le monarque, dans un accès de bonté paternelle, leur avait donné du millet à manger. Il a des armes de Saint-Étienne, de Liége et de Châtellerault, mais avant moi il chargeait si généreusement ses fusils qu'ils éclataient l'un après l'autre. Il portait des lunettes, douze paires de lunettes suspendues dans le plus bel ordre autour de son cou. Je lui ai enseigné petit à petit la véritable destination des choses, et, grâce au ciel, il ne fume plus son tabac dans cet appareil pharmaceutique qui ressemble de loin à un narghilé.

— Très-joli, capitaine! Mais où ces bonnes gens vont-ils prendre les marchandises européennes?

— Où, monsieur? C'est le plus incroyable de l'affaire! Ils font près de trois cents lieues, par caravane, pour vendre leurs troupeaux d'esclaves, leur poudre d'or, leur gomme, leur poivre, leurs plumes et leur ivoire aux habitants d'Angola. Ils rapportent, par les mêmes chemins, nos marchandises d'Europe, qu'ils ont payées deux cents fois leur valeur, et qu'ils tiennent de cinquième ou sixième main, lorsqu'ils pourraient, en deux journées de marche, arriver à la mer et traiter directement avec les navires ! Mais tout est si bien organisé dans cette Afrique de malheur que la nature elle-même semble avoir perdu la boussole. Les Chota ont un fleuve, mesdames, un fleuve quatre fois plus large que la Seine, et leur fleuve ne va pas à la mer !

— Un fleuve sans embouchure ! Ah ! Castafigue !

— Comme le Rhin, mon bon Lanrose ! Avec cette différence qu'on a fait des canaux dans les sables où le Rhin se perd, tandis que le canal qui doit me rapporter cent millions est encore à faire. Comprenez-vous, maintenant où je veux en venir ? J'ai trouvé dans l'Afrique, avant le Cap, entre la Guinée inférieure et le pays des Hottentots, un royaume dix fois grand comme la France, et dont je suis en seconde ligne le maître absolu. Il est peuplé de trois millions de nègres accoutumés à marcher au doigt et à l'œil. Il produit à gogo tout ce que l'Afrique peut produire. Les échantillons que je vous ai montrés ne sont rien : j'ai là-bas en magasin pour dix millions de marchandises.

— Pourquoi ne les avez-vous pas apportées ?

— Parce qu'il m'a fallu courir à cent cinquante lieues de ma principauté pour trouver un comptoir où trois navires s'arrêtent chaque année, tandis qu'un simple canal de quatorze lieues de long amènerait les navires chez moi, à la porte des magasins où j'ai entassé quatre ans de suite des trésors inutiles. Est-ce clair, monsieur de Lanrose ? Si je rêve, pincez-moi le bras ; n'ayez pas peur de me réveiller en sursaut ! Voulez-vous voir la carte du pays ? Elle est à mon hôtel ; je vous l'apporterai ce soir, dessinée de ma main et nette comme tripette !

— Mais, en supposant même que tous vos détails fussent exacts, il faudrait des milliards pour achever ce fleuve interrompu.

— Qué ! des milliards ? Pas seulement quatre millions, mon cher ! Je fournis la main d'œuvre : la Providence en créant le nègre n'a pas voulu sans doute qu'il vécût les bras croisés. Donnez-moi seulement les outils et les machines. Que dis-je ? Avancez-les moi ! Ce n'est qu'un prêt sur gage, puisque je vous donne en nantissement dix millions de marchandises. Je termine mon fleuve, je fais un port à Lohé, qui est la capitale provisoire de ma principauté du Guibou ; nous installons d'emblée un service de bateaux à vapeur. Le Humbé n'est pas au diable : tout au plus 1500 lieues de Gibraltar. Mais faisons vite, et pas de bruit, si nous ne voulons pas que les Anglais nous dament le pion ! Ils ont le Cap au sud et Sainte-Hélène au large ; ils entendent les affaires, ils savent risquer l'argent à propos, ces insulaires que *j'ésècre.* »

Ce récit un peu long, mais curieux au total, frappa le comte Adhémar par un air de vraisemblance relative ; il savait que la vraisemblance absolue n'existe pas en Afrique. Mais avant de nouer plus ample connaissance avec le capitaine et d'examiner sérieusement la question du Humbé, il tenta une petite épreuve qui lui avait réussi neuf fois sur dix. Il ouvrit le tiroir de droite, prit une liasse de billets retenus ensemble par un caoutchouc, les feuilleta ostensiblement d'un air dédaigneux, et dit au bon Castafigue.

« J'espère, capitaine, que nous allons nous voir souvent, et que votre affaire deviendra un peu la mienne. En attendant, comme la principauté du Guibou n'est pas dans la banlieue, je suppose que vos revenus sont souvent en retard. La vie de Paris coûte cher, et quelques billets de mille francs vous seraient peut-être utiles ? »

Castafigue haussa les épaules, lâcha un de ces jolis petits jurons qui fleurissent sous le soleil du Midi, plongea la main dans sa poche, et fit voir une poignée d'or et de billets de banque. « En voulez-vous ? dit-il. Je n'en emprunte pas, j'en prête. »

Si le prince du Guibou avait été assez faible ou assez gêné pour accepter les offres du comte, Adhémar eût remis son argent dans le tiroir et rejeté cette grande spéculation qui fut décisive pour sa fortune, comme vous le verrez dans la suite. Rassuré par un refus, il tendit la main au capitaine et prit rendez-vous avec lui pour le soir. Castafigue promit de lui apporter ses cartes, ses plans, ses papiers et même ses lettres de créance ! Car il s'était chargé de conclure un traité d'alliance entre le roi de Chôta et le grand chef des Français. Le plus dur n'avait pas été de gagner Mamaligo à notre alliance, mais de lui apprendre à signer son nom tant bien que mal.

Le capitaine prit congé des deux femmes avec courtoisie et de son futur associé avec un salut cordial. « Et maintenant, dit Adhémar, je me livre pieds et poings liés à la belle comtesse de Mably.

— Faut-il que je parle debout comme tous ces braves gens ?

— Vous en avez le droit, madame, mais n'en abusez pas, je vous prie. Je serais obligé de vous écouter à genoux.

— Mieux vaut alors rester comme nous sommes. Il s'agit... je ne sais comment dire... Mme de Lanrose vous expliquerait cela mieux que moi. »

Yolande résuma l'affaire en deux mots; il comprit avant le deuxième.

« Ce qui m'étonne, dit-il, c'est que vous ayez attendu si longtemps pour échanger vos valeurs. Votre fortune est représentée par des papiers très-recommandables, des titres de rente trois pour cent et des obligations de chemin de fer; mais...

— Comment savez-vous cela ?

— Mon Dieu ! rien de plus simple. Il y a des gens qui signent aux contrats sans les lire; moi, je signe après avoir lu.

— C'est juste. Vous savez donc mieux que moi ce que je possède, car tous ces mots de titres, d'actions, de rentes, d'obligations, sont encore du latin pour moi.

« Effeuillez lentement cette ignorance heureuse ! »

Le vers n'est pas de moi ; mais on a lu son Musset. Je disais donc, madame, que vos petits papiers sont irréprochables en eux-mêmes. Vous n'avez rien à craindre, ni banqueroutes ni réductions, ni retards de vingt-quatre heures dans le service des intérêts. Mais ça ne vous donne pas de quoi vivre, parce que ça rapporte au maximum cinq pour cent. On a fait de grands frais dans la lune de miel : on s'est payé une maison princière et l'on se trouve aujourd'hui avec soixante ou quatre-vingt mille francs de rente pour tout potage. Est-ce vrai ?

— Il nous en reste un peu plus, pas beaucoup.

— C'est encore une jolie fortune pour des parfumeurs en retraite : mais, pour les vrais Mably, c'est à peine le pain quotidien. La vie de Paris s'est terriblement compliquée depuis quelque temps. Savez-vous ce que je dépense, avec la gracieuse collaboration de madame !

— Trois ou quatre cent mille...?

— Vous pouvez mettre le demi-million.

— C'est possible, interrompit Yolande ; mais vous encouragez la danse, et M. de Mably n'en est pas encore là.

— Mais, reprit Valentine, quelle fortune faut-il avoir pour dépenser un demi-million par an sans se ruiner ?

— A cinq pour cent, il faudrait dix millions ; nous ne les avons pas, il s'en faut d'un bon tiers. Et pourtant, au lieu de me ruiner, belle innocente, je m'arrondis. Ah! c'est que mon argent n'est pas placé par M. Faflaux. Mes capitaux me rapportent quinze.

— En autres termes, poursuivit Yolande, si votre fortune était à lui, elle rendrait environ deux cent cinquante mille francs de rente, sans compter l'hôtel Mably.

— Pardon, chère. Ne laissez pas croire à madame qu'on peut tripler ses revenus par un simple déplacement de capital. Si mon argent rend quinze, c'est parce que je travaille comme les nègres de mon nouvel ami Castafigue. Gontran ne pourrait plus se mettre à piocher jour et nuit. Vous me direz que si votre fortune était dans le même sac que la mienne, elle profiterait des mêmes occasions sans m'imposer aucun surcroît de travail. Je l'avoue.

— Et moi, dit Valentine, je suis sûre que mon mari vous confierait ses intérêts avec joie.

— Je le crois bien! Il ne serait pas dégoûté! Mais je lui dirais non, comme je l'ai dit à plus de deux cents autres. C'est la manie des gens qui ne sont pas dans les affaires de porter leur argent aux financiers célèbres pour qu'ils lui fassent faire des petits. Du haut en bas de la société, depuis ma chère tante la duchesse de Haut-Mont, jusqu'à M. Jean, mon premier valet de chambre, tout le monde me poursuit l'argent à la main. Et je refuse carrément, sans acception de personne. « Prenez, me disent-ils, nous avons toute confiance en vous! » Mais moi je n'ai pas confiance en eux, ce qui change la thèse. Je sais bien qu'en cas de succès, ils empocheront tous de gros revenus sans se plaindre. Mais que, par maladresse ou par mésaventure, leur capital attrape un accroc! il n'y aura pas assez de

pierres dans ce grand Paris dépavé pour lapider
M. de Lanrose! Non, non, non! Je ne dis pas que
si j'attaque un jour une affaire de cent millions je
me priverai du concours des actionnaires. Il faut
s'associer pour entreprendre ce qu'on ne saurait
faire à soi tout seul. Mais dans ce cas-là même, je
dirais à mes meilleurs amis : « Je ne vous connais
pas; je ne vous conseille rien; faites vos versements
si le cœur vous en dit; les bureaux sont ouverts de
dix à quatre : passez à la caisse. » Pour le moment,
grâce à Dieu, je n'ai pas encore de bureaux ; je ne
suis ni banquier ni directeur, ni fondateur d'entreprise. Je m'occupe d'argent en amateur, ou, si vous
l'aimez mieux, en artiste, et la devise des artistes
est liberté! »

Lorsqu'il eut péroré tout son soûl, Valentine lui
dit avec un sourire plein de finesse :

« Il y a des artistes galants. »

Aussitôt il changea de note : « Pardon, dit-il, pardon, chère madame. Si vous avez cru que je refu-
sais de vous rendre un bon office, c'est que je me
suis mal expliqué. Je me laisse emporter au torrent
de ma parole; c'est un vice héréditaire. On n'est jamais impunément le fils d'un grand orateur. Ce qui
vous semble un défaut dans la conversation, serait
peut-être une qualité à la tribune. Je reviens à vos
affaires et vous allez comprendre que je ne refuse
aucunement le plaisir et l'honneur de vous servir.
Si la prudence m'interdit d'associer vos intérêts aux
nôtres, l'amitié me commande d'indiquer à Mably
un certain nombre de papiers presque aussi solides

que les siens et qui rapportent ou rapporteront prochainement le double. Je dis presque aussi solides; le *presque* est pour vous avertir, non pour vous effrayer. Il est évident que si la Turquie, par exemple, était un pays aussi robuste et aussi riche que la France, un certificat d'emprunt turc serait coté aussi cher qu'un titre de notre grand-livre. Il plane un certain risque sur toutes les valeurs qui donnent plus de cinq pour cent, mais ce risque peut se répartir sur un assez grand nombre d'affaires pour que les bénéfices généraux compensent magnifiquement quelques accidents peu probables. » Valentine ouvrait les yeux à deux battants, comme s'il eût fallu élargir toutes les portes de l'esprit pour y faire entrer ces grandes phrases. Yolande, qui entendait le jargon des affaires, lui traduisit le discours d'Adhémar.

« Envoyez-nous votre mari; on lui indiquera le moyen de doubler ses revenus sans compromettre le capital, et vous aurez bientôt 160,000 fr. de rente. C'est plus que vous n'en aviez avant d'acheter l'hôtel de Mably. Vous serez donc logés magnifiquement pour rien, ce qui, de nos jours, est un phénomène assez rare. »

Mably n'hésita pas à suivre ces avis lorsqu'il en eut connaissance. Il avait foi, comme tout Paris, dans l'infaillible jugement du comte Adhémar. Il échangea ses bonnes valeurs contre de médiocres, mais les médiocres, grâce à Dieu, ne font pas banqueroute tous les jours. Adhémar le tint au courant des variations qui pouvaient l'intéresser; il le poussa tantôt à vendre, tantôt à racheter, le tout discrètement et avec une remarquable prudence. A ce prix, les Mably tinrent leur rang dans le monde, et Valentine put céder à ce plaisir coûteux qui entraînait toutes les amies d'Yolande.

Gontran finit par s'attacher lui-même à cet original d'Adhémar. Certes, le fils du grand Laurose ne sentait pas son gentilhomme d'une lieue ; on pouvait même en certains cas, trouver sa faconde inopportune et son charlatanisme compromettant ; mais qu'il est difficile de voir avec indifférence l'homme qui tient notre fortune entre ses mains ! L'intimité se serra de jour en jour entre les deux ménages : on les rencontrait partout ensemble, sauf dans quelques maisons du faubourg austère, où le mari de Mlle Gilot n'était pas invité.

IV

ODOACRE

La duchesse de Haut-Mont ne donnait ni dîners ni soirées ; elle devait même encore à Valentine ce fameux bal promis avant le mariage, sous la candidature de Lambert. Mais on trouvait chez elle, tous les soirs de l'année, une très-spirituelle et très-gracieuse hospitalité. Son hôtel de la rue Cassette, où l'on n'arrivait pas commodément en voiture, était aimé et recherché pour un mérite trop rare aujourd'hui : on y causait.

Dans vingt ans, il faudra savoir l'archéologie pour comprendre ce que nos pères entendaient par ces mots : un salon. Presque tous nos contemporains, s'ils étaient consultés, diraient : C'est une grande pièce décorée de blanc et d'or et meublée avec luxe; la maîtresse de la maison s'y tient un jour par semaine pour recevoir ses visites ; les convives y a-t tendent que le dîner soit servi et reviennent ensuite y prendre le café à neuf heures ; le thé à onze ; on y donne quelquefois jusqu'à deux bals par an.

Les salons d'autrefois étaient tout autre chose ; mais à quoi bon les dépeindre ? On risquerait d'éveiller des regrets inutiles, car tout est bien fini ; notre siècle affairé ne verra plus rien de pareil. L'éducation qui tend à changer toutes les femmes en poupées, le triomphe du convenu, la proscription à peu près universelle de l'esprit et de la gaieté, la pruderie de celles-ci, le cigare de ceux-là, les attractions presque irrésistibles de l'extra-monde, mais surtout la destruction des fortunes oisives, la tyrannie du besoin, du travail, des affaires, le prix du temps centuplé par une loi que personne n'a faite et que personne ne défera : voilà les causes principales d'une décadence vraiment regrettable, quoiqu'elle soit rachetée par mille progrès.

Que ne donnerait-on pas pour ressusciter une de ces réunions délicieuses où vingt personnes des deux sexes, riches, désœuvrées mais non pas ennuyées, instruites, intelligentes, spirituelles pour la plupart, assorties par la condition, l'habitude, la sympathie, se retrouvaient naturellement ensemble et jouaient à ce jeu délicat entre tous : l'échange des idées ! L'année entière n'était là qu'une longue et facile conversation, reprise chaque jour au point où on l'avait laissée la veille. Un salon était comme une oasis privilégiée, un coin abrité au milieu du champ de bataille de la vie. Les plus gros événements du dehors n'y retentissaient guère que pour alimenter et varier le discours. On y tenait peu de compte de la fortune, de la naissance et de tous les avantages accidentels : pour réussir en cet heureux pays, il ne fallait ni titres, ni cordons, ni millions : il suffisait d'être aimable. Salons ! heureux salons ! nous les regrettons tous, depuis les plus brillants et les plus nobles jusqu'aux plus simples et aux plus familiers ; salons de grands seigneurs, salons de parvenus intelligents, salons d'artistes ! Mais s'ils rouvraient par miracle, je n'y mettrais pas les pieds, et vous qui les pleurez avec moi, vous ne les fréquenteriez peut-être pas davantage. Est-ce qu'on a le temps de causer aujourd'hui ? On plaide, on prêche, on enseigne, on discute, on débat des intérêts, on propage des vérités ; on ne s'amuse pas à danser le menuet sur des pointes d'aiguilles, à nuancer agréablement la phrase, à creuser le sens d'un mot, à renvoyer la réplique comme un volant, à faire assaut d'esprit avec un adversaire courtois, à déployer une vivacité constamment réglée, une pétulance toujours sage et de bon goût, et à gagner pour toute récompense le sourire bienveillant de quelques femmes d'esprit.

Mme de Haut-Mont ne réunissait pas seulement des amis de son âge ; vous savez qu'elle aimait la jeunesse, et la jeunesse le lui rendait bien. On rencontrait chez elle jusqu'aux plus écervelés du faubourg. Ils n'y passaient pas leur vie, mais ils venaient avec plaisir chaque fois qu'ils n'étaient pas trop violemment attirés vers l'autre monde.

Dirai-je qu'on faisait le voyage de la rue Cassette pour le chaste plaisir de bavarder avec la duchesse ?

Je crois que les jolies femmes dont elle savait s'entourer fortifiaient un peu le courant magnétique. On n'a jamais prouvé que la petite fée eût béni de ses mains un mariage illégal, mais l'amour était le fond de toutes les conversations qui se tenaient chez elle ; vous y pouviez tout dire avec des formes, et l'on y dépensait autant de périphrases qu'on y prenait de glaces et de gâteaux. Or, l'amour est un dieu qu'on n'invoque jamais en vain. Dès qu'il entend son nom dans une compagnie, il y vole à tire-d'ailes. De là le grand succès et l'éternelle jeunesse de ce salon meublé comme un magasin d'antiquités.

Éliane y venait peu : « Ma belle-sœur est trop jeune pour moi, » disait-elle. Yolande préférait les bals et les réunions tapageuses. Ses dix-sept jupes étaient mal à l'aise dans l'escalier étroit du joli petit hôtel. Quelquefois, cependant, lorsque tous les théâtres du monde élégant s'étaient donné le mot pour faire relâche, elle s'immolait à la famille, en consacrant une heure à sa tante. Dans cette joyeuse maison, qu'elle appelait méchamment l'hospice des petits ménages, elle trouvait moyen de s'improviser une cour et de faire deux ou trois jalouses : mais elle attirait plus d'hommes par sa toilette et sa beauté qu'elle n'en retenait par son esprit. Tout son brillant consistait dans un parlage intarissable, un rire haut, insolent, presque brutal, une énumération de personnes, de plaisirs, de dépenses, et quelques noirceurs débitées à tort et à travers. Valentine y réussit mieux, et par de tout autres moyens. Ses grâces simples, sa naïveté, une lueur de demi-innocence qui se répandait autour d'elle, enfin, quelques heureuses reparties la mirent en peu de temps sur un bon pied. Son mari l'amenait rue Cassette, il y restait même jusqu'à minuit, dans les premiers temps, pour se faire une idée de la maison et savoir le jeu qu'on y jouait avec les femmes. Lorsqu'il se fut assuré que personne ne dépassait les bornes du marivaudage pur, il prit un peu de champ et s'esquiva pour une heure ou deux dans la direction du cercle.

Parmi les jeunes gens que le caprice, la curiosité ou une liaison passagère amenait chez Mme de Haut-Mont, un seul déplut formellement à la comtesse de Mably. C'était l'enfant terrible du faubourg, ce grand noble gamin connu de tout Paris et populaire jusqu'à Belleville, sous le nom d'Odoacre de Bourgalys.

Il sortait de tutelle depuis trois ans à peine et il menait bon train sa santé de vingt-quatre ans. La nature avait tout fait pour lui; il était grand, solide, carré des épaules, brun comme un jeune Maure : un pur sang, riche et généreux. Par son père, il n'était pas titré, du moins en France. Les Bourgalys, qui datent de 1200, n'ont jamais été que seigneurs de Bourgalys; mais l'un d'eux accompagna Louis d'Anjou dans les Siciles et fut prince de Calvimonti. Le domaine, vaste et magnifique, est situé dans les Abruzzes. Il appartint jusqu'en 1763 à la branche italienne de la maison de Bourgalys et revint alors par extinction au seul mâle de la famille, qui était le bisaïeul d'Odoacre. Mais le nouveau propriétaire se trouva trop vieux pour changer de nom, et ses descendants, l'un après l'autre, ont touché les fermages de leur principauté sans en vouloir endosser le titre. Ces revenus s'élèvent à 45 000 écus napolitains, qui font presque 200 000 francs de rente. La terre de Bourgalys, dans le Pas-de-Calais, est louée 25 000 fr. à un planteur de betteraves.

En 1855, il n'y avait pas à Paris un meilleur cavalier que ce fou d'Odoacre. Il gagnait plus de steeple-chases avec un mauvais cheval que les autres gentlemen riders avec un bon. Ce talent, son grand air, sa générosité et le bruit de quelques illustres folies l'avaient fait adorer non-seulement des dames, mais du peuple des rues : pour succéder à M. de Beaufort et régner sur les Halles, il n'aurait eu qu'à vouloir. Lorsqu'il passait en phaéton sur les boulevards excentriques, lorsqu'il montrait ses gants à l'avant-scène d'un petit théâtre, les braves gens en blouse se poussaient le coude et disaient : « C'est Bourgalys. » Quelquefois un *voyou* des troisièmes galeries criait pendant l'entr'acte : « Vive Bourgalys! »

Un jour de courses à la Marche, le vicomte Lescot, célèbre par ses chutes, demeura tout aplati sous son cheval. Cinq ou six sportsmen en casquette y coururent suivis de cent autres. Mais le premier arrivé rassura tout le monde en criant : « Y a pas de mal! C'est pas Bourgalys! »

Vous auriez tort de croire qu'il eût gagné cette faveur par des courbettes ou des flatteries. La multitude estime peu l'homme qui se prosterne à ses pieds; elle fait plus grand cas d'un gaillard qui la rudoie de temps à autre. Odoacre, au théâtre, affichait le plus singulier mépris du qu'en dira-t-on. Il s'y montrait avec toutes sortes de personnes, se brouillait et se raccommodait publiquement avec elles, embrassant Marinette ou corrigeant Antonia. Le public acceptait de bonne amitié ces petits intermèdes; toutes les fantaisies de Bourgalys étaient ratifiées par une sorte de petit suffrage universel. On se rappelle encore sur les ruines du boulevard du Temple la fameuse soirée où il défia un parterre tout entier. C'était au petit théâtre des Hannetons-Comiques; une demoiselle de sa connaissance la plus intime débutait dans je ne sais quelle revue et chantait faux à faire grincer les dents du pompier de service. Le public la siffla; Odoacre se leva dans son avant-scène et dit à haute voix :

« Je vous préviens, portiers que vous êtes, que je m'intéresse à cette enfant-là : le premier qui la siffle aura le sifflet coupé : voici ma carte ! »

En même temps il vidait son carnet sur la salle. La foule applaudit à tout rompre. Ses cartes furent ramassées, mais par des fanatiques qui les montrent encore avec orgueil.

On devine pourtant qu'il se fit bon nombre d'affaires. Il était à sa treizième à l'âge de vingt-quatre ans, et il avait été blessé dans toutes, sans exception. Avec cela, toujours prêt à recommencer, sous le prétexte le plus futile. Lorsqu'il avait passé trois mois sans recevoir un coup d'épée, il s'ennuyait partout : la nostalgie du terrain ! c'est dans un de ces jours de désœuvrement mélancolique qu'il provoqua si follement le baron de Felrath. Ces messieurs dînaient côte à côte dans le même restaurant, sans se connaître ; le baron commanda des rognons à la brochette. A ce mot, Bourgalys se lève et dit au garçon qui le servait :

« Portez-moi mon couvert à l'autre bout de la salle, je ne veux pas dîner auprès d'un homme qui ne sait pas vivre. »

M. de Felrath se fâcha avec calme, comme un bon Danois qu'il était : il demanda à ce voisin susceptible s'il avait eu l'intention de l'insulter. — « Prenez-le comme il vous plaira, » répondit Odoacre.

Les cartes furent échangées ; les témoins des deux adversaires s'épuisèrent vainement en efforts de conciliation ; sur le terrain, et jusque sur son lit, Odoacre maintint qu'on ne savait pas vivre lorsque l'on commandait à sept heures du soir un plat de déjeuner.

Ses querelles n'auraient mérité qu'un médiocre intérêt si elles avaient toujours été aussi absurdes. Mais on en citait d'autres où perçait un sentiment chevaleresque qui devient de jour en jour plus rare parmi nous. Par exemple, l'aventure des Champs-Élysées. Odoacre fumait son cigare en marchant lorsqu'il entend derrière lui deux autres promeneurs qui parlaient d'un de ses intimes. Un mot injurieux lui fait monter le sang à la tête ; il se retourne et dit à celui qui avait encore la bouche ouverte :

« Monsieur, vous venez de calomnier un homme que j'aime ; c'est m'offenser plus gravement que si vous aviez mal parlé de moi ; j'espère donc que vous ne refuserez pas de me rendre raison. »

Ce beau trait lui valut trois pouces de fer dans l'épaule, mais l'estime et l'amitié que la jeunesse avait pour lui s'en accrurent.

Il était, du commun consentement, le chef de sa génération, mais ce n'était pas tout ; les hommes faits lui parlaient au club comme à un homme de leur âge, tandis que tel garçon de vingt-huit à trente ans se voyait encore traité en adolescent. Il avait une cour de jolis petits bonshommes qui singeaient ses manières et répétaient ses mots. L'école de Gontran avait été presque classique ; l'école d'Odoacre poussa l'excentricité jusqu'aux dernières limites. C'est elle qui arbora en plein Paris les costumes de coutil blanc, les chapeaux de Panama, les cols cassés, les gilets trop ouverts qui étalent tout le plastron de la chemise, et cent autres nouveautés qui ont déjà vieilli.

Odoacre fut le premier qui, aux courses de Satory, porta sa carte d'entrée en cocarde. Ses imitateurs trop fidèles conservèrent la cocarde jusqu'au soir, jusqu'au lendemain et même jusqu'au dimanche d'après ; car le propre de l'imitation est d'exagérer les beautés du modèle. Odoacre s'engoua de certaines chansons de la rue, qui devinrent, grâce à lui, les marseillaises familières de tout le peuple français. Il lança une danseuse de bals publics qui ramenait sa jupe d'une certaine façon : la créature fit fortune et le mouvement de jupe fit école. Il inventa des cantatrices que les portiers ne laissaient pas entrer dans leur cour, de peur de scandaliser les locataires; et il les conduisit comme par la main jusque dans les salons les plus sévères de Paris. Tout ce qu'il décidait avait force de loi; ses moindres jugements étaient colportés de bouche en bouche. Les beaux petits messieurs étaient si fiers de crier dans la rue : « Je quitte Bourgalys, et Bourgalys m'a dit!... »

Malgré tous ses enfantillages, ce jeune homme était un de ceux qui doivent aller loin, et on le savait. Le marquis de Lanrose disait de lui : « C'est un gamin qui jettera la blouse un jour ou l'autre, et vous verrez qu'il portait là-dessous un habit de ministre ou d'ambassadeur. » Il parlait facilement, avec un aplomb remarquable, et ses idées s'enchaînaient sans effort. Il savait même écrire, et l'on en vit la preuve dans une lettre fort piquante qu'il publia en réponse à un article de petit journal. Personne ne pouvait dire où il s'était instruit, car on l'avait vu plus souvent chez Mabille qu'à la Bibliothèque; et pourtant il savait toujours à point nommé tout ce qu'il avait besoin de savoir. Dans un monde où la ruine est à l'ordre du jour, il dépensait comme tout le monde, jouait aussi gros jeu que personne, et ne s'endettait pas d'un sou : donc il savait les chiffres, et de tous ses talents l'arithmétique du gaspillage était peut-être le plus original. Enfin il possédait la qualité qui manque à tous les futurs ministres dans les romans de Balzac : il était parfaitement honorable. La conscience publique se révolte à l'idée que M. de Marsay, ancien collaborateur du galérien Ferragus, ou Rastignac, que Mme de Nucingen avait mis dans ses meubles, ait présidé plus tard le conseil des ministres. Un homme n'est possible, dans un pays comme le nôtre, que s'il a les mains propres.

Odoacre, au demeurant, ne songeait pas encore à ce qu'il pourrait être. Il ne rêvait aucun avancement; ses amis seuls avaient de l'ambition pour lui. La politique l'attirait médiocrement; il préférait la danse. On lui reprochait même, dans les hôtels sérieux, de n'être pas assez de son parti. L'amour des plaisirs vifs et la légèreté de la jeunesse lui donnaient à son insu un avantage que la prudence et l'esprit de conduite n'assurent pas toujours aux habiles : il n'était compromis d'aucun côté.

« Laissez-moi donc la paix! disait-il un beau soir à je ne sais quel puritain de la rue Bellechasse. Je vais où l'on s'amuse, vous me trouverez partout où il y aura de jolies femmes. Jusqu'à l'âge de trente ans, je n'aurai qu'un drapeau, le jupon! »

Il aurait pu formuler sa profession de foi en termes plus choisis, mais il appartenait à cette jeune école qui usurpe en plein monde les priviléges des enfants gâtés. Vous en verrez beaucoup des meilleures familles qui font tout ce qui leur plaît et disent, sans chercher les mots, ce qui leur passe par la tête. Le théâtre, le turf et les soupers avancent rapidement le jour où tous les Parisiens parleront la même langue, du faubourg Saint-Antoine au faubourg Saint-Germain. Les femmes les plus délicates, celles qui descendent en droite ligne de l'hôtel de Rambouillet, n'en sont plus à supprimer dans les mots une syllabe choquante. Il s'agit bien de syllabes aujourd'hui! C'est un vocabulaire entier, toute une grammaire française, ou soi-disant telle, qui se déplace de bas en haut et arrive jusqu'aux oreilles les plus superbes et aux lèvres les plus dédaigneuses. Les frères et les maris vont butinant le long des ruisseaux de la ville le plus pur miel de tous les argots; ils rapportent dans leurs hôtels cette récolte enivrante, et ils en parfument les oreilles de leurs femmes et de leurs sœurs. Odoacre avait mauvais ton, mais ses façons de parler ne choquaient pas tout le monde. Souvent même il plaisait à quelque jolie femme par la saveur étrange de son discours. Il était amusant, il parlait à volonté le patois des coulisses, la langue pittoresque des prisons et le javanais des demoiselles. Yolande de Lanrose faisait de bonnes parties avec lui. Lorsque vous les voyiez s'isoler dans la foule d'un grand bal et se parler à l'oreille derrière un éventail de Watteau, vous pouviez dire à coup sûr que le gars ne faisait pas sa cour à la dame. Odoacre lui avait mis le marché à la main, elle avait répondu non, en garçon, et il ne pensait plus à mal avec elle. Mais on riait ensemble, on disait des *bêtises*, on se contait des histoires qui devaient paraître bien nouvelles aux élégants bergers de l'éventail.

Ce brave Bourgalys traitait en camarades plusieurs femmes de condition. Il avait commencé par leur faire sa cour; les unes avaient eu quelques bontés pour lui, d'autres s'étaient excusées sans colère farouche. On n'a pas toujours le cœur libre, que voulez-vous? Lui, bon enfant, ne perdait pas son temps devant les places fortes. A quoi bon? La vie est si courte! Il disait en riant : « Je ne suis pas un berger d'Arcadie; je suis un homme à prendre ou à laisser. » On le prenait ainsi quelquefois, par curiosité, par entraînement, par dépit, pour se venger d'un infidèle. Il eut de fort jolis succès, par la simple raison qu'il en avait eu d'autres. La femme est ainsi faite : elle suit le monde. Parmi les moutons de Panurge, Rabelais ne dit pas combien on comptait de brebis.

Il était beau danseur et il dansait encore à vingt-quatre ans, ce qui devient assez rare. Nos jeunes gens commencent à dix-sept et prennent leur retraite lorsqu'ils ont tiré à la conscription. Alors ils se trouvent vieux, ils jouent, ils vont au buffet, ils content des histoires comme Odoacre en contait à Yolande. A trente ans la tarentule revient et les pique au talon. Ils se remettent à la valse et conduisent le cotillon jusqu'à cette figure qui se termine devant le maire et le curé. Odoacre ne songeait pas encore au mariage, mais il n'avait pas clos sa première jeunesse. Il dansait, avec plaisir et avec grâce : un peu trop de furie française; mais la furie est si bien placée dans une valse à deux temps! Il est avéré que la valse en elle-même ne tourne plus la tête des femmes; mais nous sommes dans un siècle où, sur quatorze sottises, on en fait treize par vanité. On aimait à danser avec M. de Bourgalys parce qu'il valsait bien, parce qu'il était lui, et parce que sa danseuse était toujours en vue.

Valentine l'avait trouvé assez aimable lorsqu'il fit sa première visite à l'hôtel de Mably. Il se tenait. Elle valsa avec lui dans le monde et rendit justice à ses talents; mais lorsqu'il la crut assez son amie pour la traiter cavalièrement, elle le prit en horreur. C'était chez la duchesse de Haut-Mont qu'il s'était mis à l'aise avec elle : la liberté était dans l'air de la maison.

Si la jeune femme avait eu l'aplomb d'Yolande, elle pouvait arrêter d'un mot les impertinences amoureuses de ce grand fou. Il suffisait de les prendre franchement pour ce qu'elles étaient, des plaisanteries un peu trop vives de ton. Mais Valentine était bien jeune; son mari n'avait défait qu'à moitié l'éducation du couvent; elle eut le tort ou le malheur de se scandaliser. Son trouble fut trop évident au premier mot d'amour qu'Odoacre lui dit à l'oreille; elle rougit comme une communiante égarée dans une promenade de lycéens. Dirai-je que cette timidité, assez rare dans le monde, encouragea d'abord M. de Bourgalys? Non, mais elle l'amusa; il prit plus d'intérêt au jeu, il trouva neuf et plaisant d'effaroucher une âme candide chez la folâtre Haut-Mont.

Durant toute une année, il fit à Valentine une cour très-décousue, mais d'autant plus fatigante pour elle. Un soir, devant Mably et vingt autres personnes, il lui dit qu'il voulait être son cavalier servant, à la mode du temps passé. Aussitôt fait que dit : il se mit à jouer son rôle avec une verve si comique, une telle fantaisie d'improvisation que l'assemblée entière éclata de rire, et Gontran tout le premier. Il fallut qu'elle entrât dans l'esprit de la comédie, sous peine de passer pour sotte et malapprise, elle fit donc un effort, et, soutenue par la présence de son mari, elle tira son épingle du jeu. Dès ce moment tout fut permis à M. de Bourgalys; il put dire en public un million de choses qu'on n'eût jamais souffertes dans le particulier. S'il glissait de temps en temps un mot sérieux entre deux extravagances, qui donc pouvait le prendre sur le fait? Il se mit à cheval sur la barrière qui sépare la fiction de la vérité, l'amour joué de l'amour sincère; il ne dit pas un mot qui ne pût être interprété dans les deux sens, et cette gymnastique spirituelle lui procura de douces récréations.

Pour M. de Mably, pour l'univers entier, il était un garçon sans conséquence. On savait toutes ses aventures, on le suivait dans Paris, heure par heure, mieux que s'il eût porté un grelot au cou. Compromettant comme il l'était, il ne pouvait réussir qu'auprès des femmes décidées, que le scandale amuse et qui ont jeté leur chignon même par-dessus les moulins. Personne donc excepté Valentine, ne se mit en défiance contre lui. Il la suivit partout impunément; n'était-il pas de son monde? Il la rencontra au théâtre avec la plus désespérante régularité : quoi de plus simple? Depuis longtemps il avait inventé une sorte d'inspection quotidienne dans tous les théâtres de Paris.

Si le jeu ne se continua pas plus d'un an, c'est qu'il tourna au sérieux par un concours de circonstances assez prévues. On devine qu'un jeune homme de cet âge devait tomber un jour ou l'autre dans ses propres filets. Il devint amoureux comme un beau diable, et le coup fut si bien appliqué qu'il le sentit d'emblée au fin fond de son cœur. Impossible de douter; défense de se faire des illusions et de fermer les yeux sur sa propre sottise! il était pris, bien pris.

Cette lumière le consterna, car il était galant homme et le meilleur ami de Gontran. Il empoigna son amour à deux mains, comme une bête dangereuse, et s'appliqua loyalement à lui tordre le cou. Mais la bête avait la vie dure. Il résolut un grand voyage dans le nord de l'Europe, et je crois qu'en effet il poussa jusqu'à Montmorency. Ne vous moquez pas trop; pendant plus de huit jours il fut à plaindre : il n'y a pas de condition plus sotte et plus misérable au monde que d'aimer la femme d'un ami.

Peut-être n'eût-il jamais capitulé avec sa conscience, mais Gontran lui fournit un trop beau prétexte. Un soir, au cercle, on parla mariage, et M. de Mably, qui ét *; de charmante humeur, exposa sa théorie tout au long. Remarquez qu'un mari n'a jamais la sottise et la brutalité de publier les secrets de son alcôve : la seule idée d'une telle profanation révolte le bon goût. Mais quel est le mari qui dans un cercle, après le spectacle, ou au fumoir, après le dîner, n'expose pas une théorie? Jeunes gens, c'est le moment d'ouvrir l'oreille! Écoutez la théorie du joyeux orateur. Elle ne vous sera d'aucune utilité dans votre ménage, mais elle pourra vous servir dans le sien.

Odoacre n'eut pas grand mal à se persuader que Valentine était incomprise, opprimée, pis encore, enfermée dans l'ignorance de toute chose comme dans un cachot moral. Mably devint un bourreau méphistophélique, coupable d'avoir aveuglé cette âme charmante, pour qu'elle ne vît jamais les rayons de l'amour. Voilà donc le secret de ces pudeurs, de ces timidités, des ces bonds de gazelle! Mais c'était une infamie que de tromper ainsi la confiance d'un jeune cœur, d'épaissir les ombres de la nuit autour d'une pauvre enfant qui demandait le soleil : Bourgalys à la rescousse! Le sang des chevaliers français se mit à bouillonner chez le brave garçon. Nous sommes des oiseaux d'un étrange nature, très-preux et très-sophistes en même temps. Avant de faire une mauvaise action, nous avons besoin de nous prouver qu'elle est héroïque.

Le 20 avril 1856, entre deux et trois heures, Valentine monta l'escalier de sa modiste pour choisir des chapeaux d'été. Mlle Angélina l'introduisit dans un petit boudoir coquet, où elle avait disait-elle, plusieurs échantillons totalement inédits. Une porte se ferma derrière la comtesse, une autre s'ouvrit devant elle; Mlle Angélina disparut, et un grand échantillon de la perversité humaine, Odoacre de Bourgalys, s'agenouilla sur le tapis.

La modiste qui avait prêté les mains à ce guet-apens de l'amour était une ancienne amie d'Odoacre et de toute la jeunesse parisienne. La fantaisie du commerce honnête lui était entrée dans l'esprit ; quelques viveurs de condition l'avaient installée ; comment aurait-elle pu refuser un service à de si généreux bienfaiteurs ?

Mme de Mably poussa un brave petit cri d'honnête femme insultée. Une personne sans énergie aurait commencé par s'évanouir ; ce fut par là qu'elle finit. Son premier mouvement avait été de souffleter Odoacre.

Odoacre sonna, remit la comtesse aux mains de la modiste et sortit. Ce fou qui n'avait pas eu peur de tendre un pareil piége à une femme de bien, retrouva toute la délicatesse de son honneur devant Valentine pâmée. Pour rien au monde il n'eût voulu la voir seulement déganter par Mlle Angélina. On peut solliciter les faveurs les moins permises ; mais voler à une femme évanouie les secrets de sa beauté, c'est une bassesse.

Lorsque Valentine reprit connaissance, elle repoussa la créature qui la soignait, refusa d'entendre un seul mot d'explication ou d'excuse, se rajusta machinalement, traversa les ateliers avec un geste d'horreur qui semblait écarter les murailles à droite et à gauche, et se trouva assise au fond de sa voiture sans savoir comment elle avait descendu l'escalier.

Son valet de pied lui demanda où elle voulait être menée : elle demeura un instant ébahie devant une question si simple, puis elle répondit : « A l'hôtel ! » sans bien entendre ce qu'elle disait. Mais au moment de passer le pont Royal, elle s'éveilla de sa torpeur et frémit à l'idée de rentrer chez elle. Elle changea ses ordres et la voiture se dirigea vers le bois de Boulogne par le quai et les Champs-Élysées. C'était un calèche découverte, fort élégante et d'un dessin nouveau que M. de Mably avait donné lui-même au carossier. La jeune femme était donc en spectacle : impossible de verser une larme sans mettre Paris dans la confidence de ses ennuis. Pour la première fois, elle remarqua qu'elle n'avait pas un coin sur la terre où pleurer à son aise. Aucune femme n'était assez son amie pour qu'elle lui portât un secret si monstrueux. Le dirait-elle à Gontran ? Question délicate, imprévue, pleine de doute et d'angoisse. Elle s'évertuait à résoudre ce problème en plein air, au milieu des regards curieux, en rendant le salut de ses amies, en répondant de la tête au coup de chapeau des cavaliers.

Si elle avait été l'amante de son mari, elle n'aurait pu se tenir de lui tout raconter dans le premier moment. Sage ou non, c'est le mouvement naturel, instinctif d'une femme offensée. Mais, malgré seize mois de mariage, la fusion des deux âmes en une seule n'était pas chose faite; chacun des époux avait encore des sentiments ou des idées qui n'appartenaient point à l'autre : en un mot, Valentine était restée assez indépendante au fond pour que l'obligation de penser ou d'agir par elle-même la surprît sans la renverser. Elle put donc envisager avec une liberté d'esprit relative les suites de la confidence faite au mari ; elle se demanda s'il ne valait pas mieux cacher quelque chose à Gontran que de le mettre en face d'un danger certain. La détestable manœuvre de M. de Bourgalys n'était connue que de trois personnes également intéressées à garder le secret : Odoacre, bien qu'un peu fou, ne se vanterait ni de son équipée, ni de sa défaite ; la complice jouait trop gros jeu si elle en ouvrait la bouche ; l'histoire de cette funeste minute pouvait donc rester enfouie à jamais. Un seul mot à Gontran, tout éclatait, et personne ne pouvait dire où s'arrêteraient les interprétations du monde!

Valentine fit alors un retour sur elle-même ; elle passa la revue de ses moindres actions depuis le mariage ; elle se demanda si rien dans sa conduite avait pu excuser la folie de Bourgalys. Tout bien considéré, elle se trouva plus blanche que la neige : quelle est la femme qui ne se rend pas le même témoignage ? Mais elle résolut de s'amender en bien des choses, de retrancher sur sa toilette, de brider sa coquetterie, d'éteindre un peu ses yeux, de mettre une sourdine à ce beau rire un peu provoquant, tant il était joyeux et clair ! Elle pensa qu'elle inspirerait plus de respect aux jeunes écervelés de son monde, si elle se donnait l'air majestueux d'une Éliane de Lanrose. Une comparaison se fit dans sa petite tête entre les forteresses imposantes dont on n'approche qu'avec respect et ces jolis villages, de physionomie ouverte et avenante, où les promeneurs accourent sans façon, le cigare à la bouche et la canne à la main.

Dans une si salutaire pensée, elle essaya des mines, des airs de tête, des regards froids et presque solennels. Mais, au milieu de ces enfantillages, elle sentait brusquement, à propos de rien, le déchirement âpre et cruel d'une blessure qui se rouvre. « Un homme m'a manqué de respect ! On m'a fait une déclaration ! Il ne faudrait qu'un mot, une étourderie, un bavardage de club, une confidence après boire, pour faire de moi une femme compromise ! »

Alors la tête lui tournait ; elle voyait briller une insolente curiosité dans les yeux des passants ; il lui semblait que la marquise de Pontéjoux s'était renfoncée à dessein dans sa berline antédiluvienne pour n'avoir point à la saluer. Elle rencontra une ancienne femme de son monde qui était tombée de chute en chute au dernier étage du vice. Je ne sais quel vertige lui fit croire que cette créature lui avait souri. Elle en vint à se demander si le guet-apens de la modiste n'avait pas été comploté dans quelque sabbat par toutes les sorcières de Paris.

Au bout d'une heure ou deux, la fraîcheur du grand air rendit un peu de sérénité à son âme. Elle se ressouvint d'une discussion qu'elle avait entendue trois mois auparavant chez la duchesse de Haut-Mont. On parlait d'une jeune femme qui avait trouvé une lettre dans le coin de son mouchoir après une figure de cotillon. Presque tous les hommes s'accordèrent à lui donner tort : elle avait livré la lettre à son mari. Valentine rencontra plusieurs raisonnements qui s'étaient logés alors à son insu dans les tiroirs les plus secrets de son cerveau ; mais elle ne put se rappeler si Gontran était là ni quelle opinion il avait exprimée. La duchesse pensait qu'une femme doit savoir se défendre elle-même. Mais la duchesse avait été si peu mariée ! Et, suivant la chronique, elle s'était si peu défendue ! Un jeune homme avait soutenu le plus étrange paradoxe : « C'est commettre une trahison que de raconter au mari les déclarations qu'on a reçues. L'homme qui offre son cœur à une femme mariée lui donne une preuve de confiance ; il lui livre son repos, son honneur, et jusqu'à un certain point, sa vie. Elle a le droit de lui répondre qu'elle ne l'aime pas, mais elle commet une indignité en trahissant l'aveu dont elle est dépositaire. L'amour est une religion comme une autre ; le secret de ses confessions doit être respecté. » Cette théorie se représenta à l'esprit de Valentine avec une étrange netteté, comme une vieille tapisserie oubliée au fond d'un garde-meuble et dont les couleurs effacées renaîtraient à l'instant par un miracle de la chimie. Mais elle crut aussi se rappeler que l'auteur de cette tirade pouvait bien être M. de Bourgalys.

Tout à coup, sans transition logique, elle pensa au couvent où sa jeunesse avait été si longtemps cloîtrée. Qu'il était loin ! Que de mal elle avait à retrouver en elle la petite pensionnaire du Sacré-Cœur ! Quel changement radical s'était opéré, sinon dans ses idées (les enfants n'ont pas d'idées en propre), du moins dans ses habitudes d'esprit et de conduite ! Toutes les pratiques de son enfance étaient tombées en désuétude ; elle ne faisait plus rien de ce qu'elle avait appris à faire pieusement tous les jours ; il semblait qu'un nouveau sang, tout mondain, eût péentré par transfusion dans ses veines. Et tandis qu'elle se sentait brûlée par les émotions violentes, la vie était toujours aussi douce, aussi régulière, aussi innocente là-bas. Que penserait-on d'elle? comment serait-elle jugée par les élèves et les maîtresses, si l'on pouvait savoir et comprendre à quel risque elle avait exposé sa vertu? Les petites terreurs du couvent lui revenaient ainsi de temps à autre. Tous ceux qui ont passé leur jeunesse sous une certaine intimidation ne se défont jamais complétement de la crainte : si vous lisez chez vous, à cinquante ans, un livre défendu au collége, le bruit d'une porte qui s'ouvre vous donnera peut-être un léger tressaillement; c'est que l'idée du pion et la peur du pensum flottent encore confusément dans l'atmosphère de ce livre. Interrogez dix vieillards, vous en trouverez au moins un que la férule poursuit quelquefois dans ses rêves. Valentine, en seize mois de mariage, avait frissonné bien des fois au souvenir de sœur Gonzague, une sous-maîtresse acariâtre, aux mains sèches, aux sourcils rapprochés, la bête noire du couvent. Le libre arbitre peut gouverner nos actions; il n'étendra jamais son empire jusque sur nos idées. Elles s'imposent à nous, elles nous viennent on ne sait d'où, à leur moment; nous ne nous les donnons pas à nous-mêmes. Valentine pensa malgré elle à la voix de sœur Gonzague, et ce souvenir l'envahit avec la force et la réalité d'une perception, elle entendit le nasillement à travers le bruit des voitures.

Vers six heures du soir, elle se sentit assez raffermie pour retourner chez elle et paraître devant

Mably. Sa résolution était prise : elle ne dirait rien. « Si la faute était mienne, je devrais m'en accuser; aucune loi ne m'oblige à confesser les péchés d'autrui. Ce jeune homme a très-mal agi, mais je ne suis en rien sa complice. Son injure ne m'a pas atteinte; d'ailleurs, je l'ai puni. Mais si Gontran vient à savoir par d'autres le piége qu'on m'a tendu? Il sera toujours temps de lui dire comment j'ai défendu son bien. A l'hôtel! »

Elle fut bientôt rue Bellechasse, et le cocher cria la porte, et la porte s'ouvrit à deux battants avec une lenteur pleine de majesté. Et les chevaux, après avoir décrit dans le sable un cercle magnifique, s'arrêtèrent avec précision sous la marquise de fer, peinte à larges raies, comme un coutil. Et le valet de pied ouvrit la portière, et Valentine gravit d'un pas résolu les six marches qui menaient au péristyle. Et devant le péristyle elle rencontra le valet de chambre qui lui dit :

« L'oncle de Mme la comtesse est arrivé; il a pris possession de son appartement.

— Mon oncle? Quel oncle?

— M. Faflaux, madame. Il m'a ordonné de l'avertir dès que Mme la comtesse serait de retour.

— C'est inutile; j'y vais. Monsieur est-il rentré?

— Pas encore, madame la comtesse. »

En deux bonds elle atteignit le deuxième étage; mais au moment de frapper chez M. Faflaux, elle s'arrêta pour reprendre haleine ou plutôt pour ralentir les battements de son cœur. Cette visite qu'elle avait si longtemps implorée, qu'elle eût reçue la veille encore avec un élan de joie, lui faisait peur. M. Faflaux avait été, je ne dirai pas le croquemitaine de sa jeunesse, mais, pour parler avec respect, sa conscience vivante, et une conscience totalement dépourvue d'élasticité. La jeune femme redevint petite fille : elle eut peur. Elle se décida pourtant.

« Entrez! » cria M. Faflaux, d'un ton de voix qui n'était guère engageant.

Elle entra, et la queue de sa robe la suivit à distance respectueuse.

M. Faflaux se leva, coiffé d'une petite calotte noire. Il déposa sur la cheminée un petit livre un peu luisant, son bréviaire, je suppose, et, au lieu de tendre les bras à sa nièce, il croisa les mains d'un air de componction, comme pour appeler la clémence du ciel sur les iniquités de sa famille. Valentine le voyait, et pourtant elle le cherchait encore : ses beaux yeux parcouraient la chambre avec une inquiétude vague, comme pour y découvrir la suite de son oncle : ce petit homme ratatiné ne lui faisait pas l'effet d'être M. Faflaux tout entier; il en manquait un bon quart. Presque tous les jeunes gens ont éprouvé ce phénomène d'optique en retrouvant, après une absence assez longue, les personnes ou les choses de leur connaissance première. L'objet n'a pas changé, mais le regard qui le mesure s'est pour ainsi dire élargi.

Cette impression toute physique n'affaiblit point la terreur qu'elle éprouvait : au contraire. Plus un gnome est petit, plus il fait peur. Elle balbutia timidement la phrase inévitable :

« Mon cher oncle, quelle aimable surprise! »

Le cher oncle toussa, décroisa ses mains et lâcha les premiers mots de l'exorde qu'il avait préparé :

« Ainsi donc, voilà comme je vous retrouve après seize mois de mariage! La fille de ma sœur, l'élève de ma tendresse, l'âme que j'ai pris soin de pétrir à toutes les vertus chrétiennes, s'est égarée en si peu de temps jusqu'au bord d'un tel précipice!

— Mais, mon oncle!...

— A quoi vous ont servi les pieux enseignements de la sainte maison où vous avez coulé les jours de votre enfance? Terre ingrate! qu'as-tu fait du bon grain qui t'avait été confié?

— De grâce! expliquez-moi...

— J'ai vécu trop longtemps! L'humble vieillard qui a consacré le meilleur de sa vie à votre éducation et à votre fortune; celui qui vous prodiguait plusieurs fois par semaine des minutes précieuses qui étaient le bien des pauvres, devait-il à la fin, pour prix d'un dévouement si sincère et si pur, assister au spectacle de votre dégradation?

— Ah! mon oncle! le mot est trop dur. Accusez-moi de légèreté, appelez-moi coquette, si bon vous semble, mais...

— Il s'agit vraiment bien de coquetterie! Tous les déportements des coquettes les plus éhontées ne sont que des jeux innocents auprès de votre conduite. La Madeleine avait été coquette et même vraisemblablement quelque chose de plus, mais elle n'est jamais tombée aussi bas que vous, ma nièce!

— Où donc suis-je tombée, s'il vous plaît?

— Je sais tout, malheureuse !

— C'est impossible ! Comment ? par qui ?

— Par nos correspondants, qui ne mentent jamais.

— Mais depuis quand ? ma tête s'y perd !

— Depuis dimanche.

— Dimanche ? Nous rêvons ! Qu'avais-je fait ? qu'ai-je fait ?

— Demande-moi plutôt ce que tu n'as pas fait ! Enfant dénaturée, tu n'as pas fait tes Pâques ! »

Elle poussa un cri de soulagement ; la joie éclaira ses beaux yeux, tout son être se détendit, et elle se laissa aller sur une chaise en disant :

« Ce n'était que cela !

— Que cela ! repartit M. Fafiaux. Que cela ! le plus mortel des péchés ! un scandale public ! une rupture éclatante avec l'Église ! Apostate !

— Oui, j'ai eu tort ; je vous demande pardon, je réparerai, je m'accuserai, je ferai tout ce qu'il vous plaira. Ordonnez, grondez-moi, imposez-moi des pénitences. Ah ! mon bon oncle ! que je suis heureuse ! »

M. Fafiaux se demanda si elle n'était pas devenue folle. Une telle perversité ! Cependant, il semblait que tous les bons sentiments ne fussent pas morts en elle. Ne venait-elle pas de s'accuser sincèrement ? Il pensa qu'en frappant un grand coup, il ferait pencher la balance, déciderait la conversion et rendrait à la vertu cette pauvre égarée. Il s'avança vers elle d'un air farouche, la regarda au fond des yeux, enfla sa voix grêle et lui dit :

« Vous êtes bien heureuse de pouvoir être heureuse au sein de l'impénitence ! »

Elle trouva l'oncle si plaisant dans sa grimace qu'elle faillit éclater de rire. Elle se retint pourtant, mais par un effort trop brusque. Les sentiments d'un cœur jeune et vigoureux sont comme les chevaux de race : il ne faut pas les arrêter par secousse ni les faire tourner trop court. Le rire de Valentine fut si bien comprimé qu'elle fondit en larmes. Ce fut un heureux accident : il y avait plus de trois heures que ses joues brûlantes demandaient un peu de pluie.

Elle pleura tant et si fort, et avec un tel éclat, que l'oncle Fafiaux s'attendrit à la fin.

« Bien ! très-bien ! lui dit-il en larmoyant un peu lui-même. Ton cœur n'était pas endurci, puisque la modeste éloquence d'un pauvre pécheur comme moi en fait jaillir ces fontaines de pénitence ! Nous sauverons ton âme, car tu as la contrition parfaite, celle qui prend sa source dans le regret sincère d'avoir quitté le bon chemin. Je m'y connais ; laisse-moi faire ! »

La jeune femme pleura longtemps encore, et, au milieu des sanglots, elle expliqua avec une vraie douleur la petite apostasie où elle s'était laissé entraîner. La foi n'était pas morte en elle, mais seulement étourdie par le tapage et les dissipations du monde. Elle croyait encore tout ce qu'on lui avait appris à croire ; ni son mari, ni aucun autre n'avait semé le doute dans son âme ; elle priait toujours matin et soir, lorsqu'elle en trouvait le temps et que les mille riens d'une vie un peu fiévreuse ne lui faisaient pas oublier ce devoir. La plupart des femmes du monde en sont là, et beaucoup d'hommes aussi. On ne se brouille pas avec le ciel, on le néglige, et cet oubli même est encore une preuve de confiance dans la toute bonté de Dieu. A la première déception, à la plus légère douleur, au moindre choc de la destinée, on se hâte de faire sa paix avec la justice céleste. Toutes les émotions un peu fortes ramènent dans le giron de l'Église cette multitude d'égarés sans parti pris, qui, comme Valentine, sont coupables de promenade et non de désertion.

Elle revint de bonne foi, par une réaction subite et violente, à tout ce qu'elle avait adoré dans son enfance. Les terreurs de ce jour affreux l'avaient brisée; elle éprouvait un invincible besoin de repos, de consolation et d'appui; la religion lui offrait pour ainsi dire tout ce qui manquait à son âme. Elle se jeta dans les bras de son oncle, et se sentit dans les bras de Dieu.

M. Fafiaux profita de ces heureuses dispositions pour lui arracher mille promesses. Elle adopta les yeux fermés un plan de vie nouveau pour elle, mais d'ailleurs parfaitement correct.

Le vieillard exigea que, sans rompre avec personne, elle se détachât peu à peu des compagnies bruyantes, qu'elle vît moins souvent ce monde intermédiaire où les Adhémar l'avaient entraînée, qu'elle se renfermât dans des rapports de stricte politesse avec Mme de Haut-Mont; qu'elle se mît à cultiver l'amitié de quelques personnes sérieuses, respectées, aussi considérables par leurs vertus que par leur naissance, et assises au haut bout de l'aristocratie. Il posa quelques jalons et traça lui-même à sa nièce une route médiocrement fleurie, mais large et droite. Les bals et les spectacles ne furent pas interdits; on se contenta d'en régler l'usage avec autant d'économie que de prudence. Toutes ces prescriptions, par une heureuse rencontre, favorisaient le plus pressant désir de Valentine : éviter M. de Bourgalys! Elle put donc y souscrire avec un empressement de bon aloi. Dans l'état de son esprit, elle aurait accepté six mois de couvent, et M. Faflaux ne la cloîtrait, en somme, que dans le luxe honnête et le bonheur permis.

V

CONVERSION

Il n'avait guère été parlé de Gontran lorsqu'il rentra chez lui et fit savoir son retour à madame. L'oncle craignait un peu l'influence de ce sceptique; mais Valentine assura que jamais son mari ne la détournerait du bien. Elle obtint que M. Faflaux ne se conduisît pas en oncle farouche avec le beau neveu qu'il avait si peu choisi. Les trois personnages se réunirent entre sept et huit heures autour de la même table, et si le comte ne se jeta pas au cou du bonhomme, si la plus franche cordialité ne régna point dans cette fête, l'oncle ne fut pas trop prêcheur et le neveu pas trop impertinent.

M. Faflaux demeura huit jours à Paris, et il reprit pleine et entière possession de sa nièce. Il s'éveillait chaque matin à des heures invraisemblables pour lui montrer les chapelles et les couvents. Valentine étendit, grâce à M. Faflaux, le cercle de ses relations. Elle noua connaissance avec une multitude de bons Pères parmi lesquels elle découvrit deux ou trois hommes vraiment distingués. Elle apprit l'existence d'un monde tout nouveau, tout particulier et profondément distinct de l'Église proprement dite; car M. Faflaux ne savait pas le nom d'un seul curé de Paris. Il parlait du clergé séculier comme d'un élément inférieur, bon pour catéchiser le menu peuple; son estime la plus haute et son amitié la plus tendre étaient pour les communautés. Il fit admirer à sa nièce la prospérité miraculeuse de tous les ordres réguliers; il lui montra les plus beaux noms de la noblesse française inscrits sur des prie-Dieu dans les chapelles des couvents; il la fit affilier à certaines congrégations où les plus grandes dames figuraient avec elle.

La jolie néophyte apprit que, grâce à l'institution des tiers ordres, elle pouvait prononcer des vœux quasi-monastiques sans cesser d'être la femme de son mari. Elle se laissa prendre et enrégimenter en bonne et haute compagnie. Elle signa des papiers, reçut des brevets, copia des prières spéciales que le commun des martyrs n'avait jamais galvaudées. On la gratifia de médailles secrètes, d'anneaux mystiques, d'insignes apparents ou cachés dont quelques-uns pouvaient se déguiser en bijoux et se porter même au bal. En un mot, elle entra dans une franc-maçonnerie où M. Faflaux, par l'éclat de sa modestie, avait conquis un rang très-élevé. Ces nouveautés la séduisirent comme elles avaient séduit beaucoup de femmes avant elle : c'était pour ainsi dire un élément romanesque qui éthérait à ses yeux les plaisirs de la dévotion. Ajoutez qu'elle ne pouvait guère rester indifférente aux attentions dont elle était comblée. Non-seulement on admirait en elle la nièce de haut et puissant bonhomme M. Fafiaux, mais toutes ses vanités furent chatouillées tour à tour par des mains délicates : on eut des attentions particulières pour sa noblesse, son esprit, sa sensibilité exquise, sa beauté. Aucun de ses mérites ne passa inaperçu ; on souligna respectueusement toutes les qualités que Dieu avait mises en elle. Autrefois, lorsqu'elle se confessait au vieux chanoine Parisot, séculier, le bonhomme avait l'air de prendre les péchés de la petite fille et de les jeter dans un panier ; aujourd'hui, le religieux qui recevait sa confession semblait recueillir dévotement les légères imperfections d'une âme exquise, et les offrir à Dieu sur un plat de vermeil.

Cette heureuse conversion fut une fête dans un certain monde. La parabole de la brebis perdue et retrouvée est trop simple dans l'Évangile : nous avons perfectionné tout cela. Quand la brebis est retrouvée, on la choie, on l'embrasse, on lui sert des gâteaux de farine et de miel, on lui attache des rubans autour du cou pour qu'elle soit plus jolie, on la conduit à la plus claire fontaine du pâturage pour qu'elle se mire dans sa grâce. Éliane de Laprose fut une des plus empressées à féliciter Valentine ; elle lui fit plusieurs visites dans la bienheureuse semaine, mais elle ne la trouva point, et M. Fafiaux étouffa ses cartes de visite. Les rancunes de la Grande-Balme tenaient toujours au cœur du vieillard.

Il exprimait quelquefois devant sa nièce la haine qu'il nourrissait contre tous ces gens-là ; il exigea que Valentine les vît aussi rarement que possible, et jamais dans l'intimité. Selon lui, les vertus d'Éliane n'étaient qu'hypocrisie ; elle devait faillir un jour ou l'autre ; il la suivait des yeux, et il se promettait d'insulter à sa chute dès qu'il en aurait les preuves en main. Quant aux Adhémar, il ne leur pardonnait pas davantage, mais il avait sur eux d'autres idées. Il disait que la Providence les frapperait un jour ou l'autre dans ce qu'ils avaient de plus cher : leur argent. Lorsqu'il apprit que Valentine leur avait demandé certains conseils, il s'enquit avec anxiété de tous les détails de l'affaire. Son âme ne fut en repos que lorsqu'on lui eut montré le coffre-fort où Gontran gardait ses valeurs. « Jamais, quoi qu'il arrive, ne permets à ton mari de leur confier numéraire ou titres ! Qu'il se renseigne auprès d'eux si tel est son bon plaisir, mais qu'il ne se dessaisisse pas d'un centime : autant vaudrait embarquer ta fortune sur un navire qui fait eau de tous côtés. » L'échange de ses bons papiers solides contre les valeurs de spéculation lui avait été moins pénible que la confiance témoignée par sa nièce à ce maudit agioteur.

Le comte de Mably n'intervint pas dans les rapports de Valentine avec son oncle. Il devina quel jeu le vieillard était venu jouer à Paris ; mais à quoi bon se mettre à la traverse ? Au fond du cœur il n'était pas fâché de ce rapprochement avec le seul parent de sa femme. Les heureux sont en butte à la malignité du monde; leurs actions les plus innocentes donnent prise à l'envie : on les mord où l'on peut, et rien n'est plus facile à mal interpréter qu'une dissension de famille. Gontran n'était pas de ces timides que le moindre caquet empêche de dormir; cependant il n'aurait pas voulu se faire calomnier dans tout Paris, par une coterie nombreuse et puissante. On l'accusait déjà dans plusieurs coins d'avoir envahi par surprise le cœur de Mlle Barbot, de compromettre sa fortune, d'ébranler sa foi, d'écarter d'elle un oncle vénérable qui composait toute sa famille : criailleries injustes, absurdes, si vous voulez, mais d'autant plus agaçantes qu'elles restaient prudemment anonymes. La voix qui les avait émises n'était nulle part, et l'écho retentissait partout. Or il est aussi difficile de fermer la bouche à un écho que de lui couper les oreilles. Gontran s'avoua donc à lui-même que, sous un certain point de vue, la visite du bonhomme était un événement heureux.

Il n'eut pas besoin de questionner sa femme pour savoir où M. Faflaux la conduisait tous les jours; l'expérience qu'il avait du monde et de son monde lui permit d'assister les yeux fermés à la conversion de Valentine : il laissa faire. Lutter contre le courant qui entraînait sa femme vers le salut aurait été une imprudence gratuite. On eût inscrit son nom sur la liste des persécuteurs, quelque part entre Néron et Dioclétien, et la jolie néophyte eût rêvé les palmes du martyre. Si vous jetez un rocher dans le lit d'un torrent, vous n'arrêtez pas l'eau, vous la faites jaillir en écume. Il n'y a pas de puissance humaine assez forte pour dompter une imagination féminine. Gontran se dit qu'en épousant une élève du Sacré-Cœur il avait contracté l'engagement tacite de lui laisser au moins la liberté de l'âme.

Sans doute il eût préféré la voir loin des sommets de la haute dévotion ; il se fût mieux accommodé d'une femme bourgeoisement pieuse et simplement bienfaisante, comme les Françaises du bon vieux temps. Il trouvait que la dévotion nouvelle, avec ses affiliations, ses conciliabules, ses circulaires confidentielles, ses aumônes sous condition, ses partis, ses journaux, ses élections, avait comme un faux air de complot politique, et il n'eût pas aimé à voir dans sa glace le mari un peu ridicule d'un conspirateur en jupons.

Mais il comptait beaucoup sur le bon sens de Valentine ; la fièvre se guérit toute seule chez les malades robustes et sains. Parmi les jeunes femmes qu'il avait vues quitter le monde et jeter leurs diamants aux orties, on en citait bien peu qui ne fussent revenues au bout de quelques mois ; les êtres faibles et charmants chez qui l'éducation moderne a développé les nerfs au détriment de tout le reste, ont besoin d'excitations continuelles et variées. Elles se livrent avec fureur à chacune des passions qui les possèdent tour à tour, mais la constance n'est pas leur fort ; elles ont hâte de brûler ce qu'elles adoraient hier, et non contentes de le brûler, elles dansont autour du feu de joie et trépignent avec volupté sur les cendres brûlantes. Gontran croyait que ces jolies petites natures, excessives en tout, sont soumises comme les enfants à un certain nombre de maladies inévitables : aujourd'hui la rougeole, et la scarlatine demain. Cela étant, le plus tôt est le mieux ; il faut presque souhaiter qu'elles tombent malades de bonne heure, d'abord parce que le cas est moins grave, ensuite parce qu'il nous tarde de les voir hors de tout danger.

La fièvre inoculée par M. Faflaux fit une explosion si rapide que Gontran put prédire une prompte guérison. Il se trompait. Ce jeune homme savait bien des choses, mais il ne connaissait pas les ressources infinies des habiles qui tenaient sa femme entre leurs mains. Durant plus de deux années, c'est-à-dire depuis le mois d'avril 1856 jusqu'au 13 août 1858, la comtesse de Mably fut morte au monde et consacra toutes ses pensées aux intérêts du ciel. Elle porta dans les manœuvres de la dévotion aristocratique cette ardente activité qu'elle mettait à toutes choses; elle s'éprit d'une idée comme elle se serait éprise de Gontran après le mariage, si Gontran l'avait voulu. A la voir distraite, affairée, indifférente aux plaisirs, insoucieuse de sa maison, presque étrangère à son mari, vous auriez cru que les Titans assiégeaient le ciel pour la seconde fois et qu'elle était seule à défendre la place.

Par une noble condescendance aux habitudes de son mari et aux devoirs de son état, elle continua de paraître dans les salons, mais elle y fit modeste figure. Ses corsages montaient à vue d'œil, et cette admirable beauté se cachait tous les jours davantage, à mesure qu'elle devenait plus complète et plus friande à voir. Elle dansait toujours un peu, mais par acquit de conscience : une cuirasse armée de pointes semblait s'interposer entre elle et ses valseurs ; on se sentait loin d'elle alors même qu'on la serrait de tout près. Elle soupait un peu, pour faire comme tout le monde, mais souvent avec une méfiance visible. Un jeudi soir, par exemple, elle jeta le sandwich qu'elle tenait à la main, et l'on entendit un véritable cri d'effroi. On crut qu'elle s'était brisé une dent ou qu'elle avait senti quelque substance vénéneuse ; non : c'est que minuit venait de sonner, et que le vendredi commençait. Elle voulut un instant renoncer au théâtre ; si elle consentit à retourner de temps à autre à l'Opéra, ce fut sur l'ordre exprès de son directeur, le père Gaumiche. Les pères de la rue Saint-Christophe ordonnaient le théâtre et le bal à leurs pénitentes ; ils demandaient seulement qu'on évitât de s'y plaire, ou que, si l'on y prenait du plaisir on s'empressât de l'offrir à Dieu.

Le comte se résigna facilement à ce nouveau train de vie, moins coûteux et moins fatigant que celui qu'il avait mené d'abord. A son âge et avec son passé, il connaissait toutes les émotions du bal et du spectacle. Il avait conduit autant de cotillons qu'il en faut pour emplir le cœur d'un homme jusqu'aux bords. Il savait sur le bout du doigt toutes les jolies phrases qu'on peut échanger durant les cinq figures d'un quadrille ; il avait épuisé ces voluptés ineffables qui consistent à flairer dans le tourbillon de la valse une boucle de cheveux noirs ou blonds, mais généralement faux. Le théâtre n'avait plus de secrets pour lui ; non-seulement il pouvait prédire à coup sûr le dénoûment de la pièce nouvelle à la moitié du premier acte, mais il avait plus ou moins tutoyé les demoiselles de la comédie ou du ballet ; il connaissait trop leur histoire, leur genre d'esprit, et le mystère de leurs maillots pour que son imagination s'allumât au feu de leurs regards. Il entrait dans cette période qu'on pourrait appeler philosophique : un bon fauteuil de club, un excellent cigare, un whist pas trop silencieux et pas trop cher, ou mieux encore deux heures de conversation entre amis, sur les petits événements de la journée, suffisaient amplement à tous les besoins de son âme. Ajoutez à cela le plaisir d'être beau, de porter un beau nom, de monter un beau cheval, de ne rien devoir à personne et d'avoir une jolie femme à la maison ; vous comprendrez dans quelle béatitude il se plongea, deux années durant, tandis que Valentine s'essoufflait à l'escalade de toutes les vertus. Il permit à sa femme d'aller où elle voulait, de dire, de faire et de penser tout ce qu'elle jugerait convenable. Lorsqu'elle aventurait devant lui quelque proposition hardie, exaltant celui-ci, foulant aux pieds celui-là, exagérant le bien, se faisant plus royaliste que le roi et plus comtesse que son mari n'était comte, il souriait tranquillement et murmurait dans sa moustache : « Il faut bien que jeunesse se passe. » Il eut soin seulement que le maitre d'hôtel ne s'enrôlât dans aucune congrégation trop absorbante car il tenait à bien dîner : il prit même un peu d'embonpoint, soit dit sans reproche, dans le cours de ces deux années.

Valentine s'était élevée par degrés à des dignités considérables : après avoir porté longtemps un scapulaire bleu sous ses corsages, elle avait obtenu le droit d'en porter un rose et blanc. Au lieu de courir elle-même à certaines conférences hebdomadaires, elle tint séance chez elle, et l'on vit jusqu'à douze voitures le lundi matin dans sa cour. Le comte ne s'en plaignit point ; il exigea seulement que le père Gaumiche et tous les moines généralement quelconques fussent écartés de ces réunions : il le dit tout net à sa femme, un jour qu'il avait rencontré un grand monsieur sans bas sur le tapis de son escalier. Valentine obéit sans se plaindre, car elle était restée malgré tout la meilleure petite femme du monde ; elle aimait bien son mari.

Elle l'aurait sans doute aimé autrement et mieux, si elle avait eu le bonheur de lui donner des enfants. La femme qui possède à la maison la plénitude des joies naturelles s'attache de jour en jour à son foyer ; elle échappe par cela seul au danger de s'étourdir dans les agitations inutiles ou de s'enlever sur les ailes de l'extase vers les ravissements maladifs. Contran, de son côté, eût attaché moins d'importance aux riens élégants de son club, si l'hôtel de Mably s'était peuplé de quelques têtes blondes. On ne sait pas par quel charme secret une petite chaise, une poupée sur le tapis, le bruit exaspérant d'un petit tambour sous les fenêtres du salon, retiennent au logis l'homme le plus mondain. La beauté de Valentine aurait subi nécessairement quelques éclipses passagères, mais elle n'en aurait été que plus chère au jeune mari. L'éclat constant, la santé inaltérable, la perfection toujours égale à elle-même engendrent la satiété, puis une sorte de dépit : c'est l'implacable azur du ciel égyptien, le calme infini d'un golfe sans marée, le sourire immobile des statues éginétiques qu'on admire d'abord et qu'on finirait par souffleter si on les avait dans sa chambre.

La femme sans enfants, celle qui semble créée pour l'admiration du monde, celle que les vieux galantins retrouvent à quarante ans telle qu'ils l'ont admirée à vingt-cinq, a moins de charme pour un mari que celle qui a traversé péniblement les fatigues de la grossesse, les douleurs de l'enfantement et les pâles langueurs de la convalescence. L'une est restée ce qu'elle était ; l'autre, en se dédoublant, est devenue chaque fois une femme nouvelle. Ce rajeunissement par la maternité, Gontran l'avait rêvé pour Valentine, et Valentine pour elle-même ; mais à force d'attendre et d'espérer en vain, ils avaient fini par dire comme tant d'autres : « Nous nous suffisons à nous-mêmes et nous ne voulons pas d'enfants. » Sur vingt personnes qui parlent ainsi dans le monde, il y en a dix-neuf qui pleurent en rentrant à la maison.

Malgré la divergence toujours croissante de leurs idées et de leurs goûts, les Mably étaient cités au nombre des bons ménages. Ils se montraient ensemble aussi souvent que les autres époux de leur monde ; on savait que la femme était sage et que le mari n'avait aucune liaison. Dans les congrégations et les œuvres pies, nombre de jeunes femmes accusaient hautement l'intolérance ou l'inconduite de leurs maris : ces doléances apportaient même un élément de variété dans des travaux naturellement un peu monotones. Il est si doux, lorsqu'on a reçu du ciel une âme plus blanche que la neige, de dauber en bonne compagnie sur les iniquités d'autrui ! On s'échauffe pour la pauvre petite vicomtesse Aurélie, à qui son ogre refuse le nécessaire pour combler Mademoiselle on ne sait qui ; on pleure avec la belle Auguste de Chanlieu, qui a été trahie le lendemain de son mariage ; on fulmine de petites excommunications sentimentales contre l'infâme Raoul de Maucouleur, qui a donné à la Brindisi les mêmes diamants qu'à sa femme, on s'acharne sur Anatole, vous savez bien ? ce vil scélérat d'Anatole, marquis de Billefoix, qui a refusé brutalement de confier son fils aux bons Pères ! On sait pourquoi ; on a lu dans son jeu ; cette manœuvre audacieuse est le prélude d'une trahison : l'odieux Billefoix est sur le point d'accepter une place importante. S'il fait ce mauvais coup, sa femme est décidée à se séparer de lui, et toute la congrégation des amies se rangera bravement autour d'elle !

Parler ainsi n'est pas médire : c'est propager l'amour du bien et l'exécration du mal. N'accusez pas ces jolies bouches de mordre à tort et à travers !

Mordre! fi donc! Parlez plus congrûment et dites, si bon vous semble, qu'elles communient du prochain.

Valentine faisait sa partie dans ces petits concerts sans musique. Elle y dépensait avec une prodigalité admirable le trop plein de son fluide nerveux ; mais elle ne payait point son écot. Le comte resta toujours en dehors de la consommation. Aux conférences de l'hôtel de Mably on servait des gâteaux, des confitures, du chocolat, du vin de Bordeaux, du vin de Malaga et du vin de Xérès ; on n'y servit jamais les iniquités de Gontran.

Au club, par un juste retour, Valentine était parfaitement notée. Les clubs sont à Paris des centres d'information incomparables ; on n'y dit pas tout ce que l'on sait, mais on y sait tout. Assemblez régulièrement dans un même lieu quelques centaines de Parisiens, riches, désœuvrés, en général intelligents, quelques-uns très-spirituels, quelques autres fort lettrés, presque tous experts dans la connaissance du monde et la science du plaisir : vous aurez bien du mal à conter devant eux une chose qu'ils ignorent. Tout ce qui s'est passé dans le monde galant depuis la première levée de boucliers de la Fronde jusqu'aux dernières courses de la Marche est inscrit en caractères bien nets dans la mémoire de ce gentleman à cinq cents têtes qu'on appelle un club. Au club donc, on rendait justice à Mme de Mably tout entière, non-seulement à sa beauté, à son esprit, à sa tournure, à sa toilette, et à ses progrès rapides dans l'élégance parisienne, mais surtout à sa vertu.

On la savait irréprochable ; on l'estimait au point de croire qu'elle le serait toujours. On ne disait pas d'elle comme de tant d'autres qu'on sait provisoirement sages : « Elle nous viendra ! » L'hommage était rare et précieux, parce qu'il émanait des hommes les plus compétents dans la matière. Trouvez-moi beaucoup de vertus assez bien démontrées pour que les clubs en mettent la main au feu !

Les intimes de Gontran étaient toujours Odoacre de Bourgalys en première ligne, cinq ou six hommes d'un âge et d'une raison plus mûre, et les deux Lanrose. Il les voyait quelquefois chez eux, souvent au club, très-rarement chez lui. Odoacre n'avait plus remis les pieds rue Saint-Dominique depuis son impardonnable escapade. La conversion de Valentine avait fait assez de bruit pour expliquer la retraite d'un mauvais sujet de cette force. Yolande et Valentine s'étaient insensiblement refroidies ; elles ne se voyaient plus qu'en visites. D'ailleurs Mme de Mably avait si peu de temps à elle que ses premières relations se dénouèrent presque toutes. Elle écarta les hommes eux-mêmes par ce je ne sais quoi de hérissé qui enveloppe les dévotes et les châtaignes ; bonne pâte au dedans, mais qui s'y frotte s'y pique, et lorsqu'on s'y est piqué on n'y revient pas de sitôt. Le noble et bon marquis de Lanrose se tint lui-même à l'écart. Il avait cependant les doigts bien endurcis à la piqûre des châtaignes ! Mais un jour qu'il dînait rue Saint-Dominique sans sa femme, il osa défendre contre Valentine un de ses meilleurs et de ses plus anciens amis. C'était précisément le marquis de Billefoix, ce bouc expiatoire! La jolie comtesse se fâcha, s'oublia, et fit une telle sortie que Gontran alla s'en excuser le lendemain chez le marquis.

« Mon cher enfant, lui répondit M. de Lanrose, je sais avec quelle facilité le miel s'aigrit dans les âmes pieuses. Je n'en suis pas moins religieux pour cela, et je remplirai mes devoirs exactement jusqu'à la fin de ma vie. Mais le monde a marché depuis nous : je m'en aperçois tous les jours. Nous avions notre manière d'aimer Dieu; ce n'est plus la bonne. La tolérance est passée de mode; n'ayez pas peur : on y reviendra. Il semble qu'aujourd'hui le domaine de Dieu soit un champ de bataille; on n'y rencontre que des régiments armés de pied en cap; voilà même qu'on vient chez vous, chez moi, chez tous les braves gens, recruter des amazones. Je ne manquerais pas à la messe du dimanche pour un empire, et je ne suis pas encore assez cassé, Dieu merci! pour m'endormir au sermon. Eh bien! voici plusieurs années que je n'ai entendu prêcher avec douceur et développer bonnement un précepte de morale. Ce n'est que discussions orageuses, déclamations violentes, tirades, menaces, chants de guerre, marseillaises bibliques. Je serais bien étonné si le Dieu de paix et de charité, le Dieu de Fénelon et de saint Vincent de Paul approuvait cette éloquence-là. Enfin, que voulez-vous ? Cela plaît à nos femmes. La mienne est devenue aussi belliqueuse que la vôtre; elle s'adonne à la petite guerre; ces jeux vont bien, du reste, avec leurs nouveaux uniformes : cravates, cannes, gilets, chapeaux ronds et bottes à la Souwarof; il n'y manque que le sabre ! C'est nous qui sommes les timides, les modestes, les tranquilles de la création. Il faut nous consoler entre nous, mon cher, et laisser nos amazones à leurs exercices : vous verra-t-on ce soir au club? »

Ils se retrouvèrent ce soir-là, et le lendemain soir, et presque tous les soirs de la vie, sans compter la rencontre du jour et les promenades du matin. Adhémar était du même club; on avait fini par l'admettre à l'ancienneté, après l'avoir *blackbollé* neuf ou dix fois, pour lui former le caractère. Dans la joie d'un triomphe si désiré et si tardif, il passait ses soirées au club, donnait son adresse au club, ses rendez-vous dans la première salle du club, et il n'écrivait plus que sur le papier du club. Mais comme la monomanie du club ne l'empêchait pas d'être un homme éminemment pratique, il travaillait dix heures par jour à la grande affaire du Humbé. Sous les fanfaronnades du papa Castafigue, il avait bel et bien découvert les éléments d'une spéculation sérieuse, magnifique, infaillible, et grosse de cent millions pour le moins. Les associés ne lui auraient pas manqué, s'il avait jugé bon d'en prendre; mais comme il se sentait les reins assez solides pour réussir à lui tout seul, il trouvait superflu de partager ses bénéfices.

Il fréta d'abord un joli vapeur, le *Lanrose*, qui alla, sous le commandement de Castafigue, mouiller au sud de la baie Saint-Ambroise, à l'endroit même où le grand fleuve du Humbé devait avoir son embouchure. Castafigue portait à son Mamaligo le projet d'un traité sérieux, élaboré au ministère des affaires étrangères. Les plus grands États de l'Europe ne dédaignent pas de traiter, dans l'intérêt de leurs nationaux, avec des monarques tout nus. Aux termes de la convention qui devait être ratifiée au plus tard dans une année, le Humbé acceptait le protectorat de la France ; les citoyens français étaient admis à circuler dans toute l'étendue du royaume, à établir des comptoirs sur le rivage de la mer et au bord du fleuve, à fonder des établissements agricoles dans l'intérieur et à s'y rendre propriétaires. Les mines et gisements à découvrir par les Français appartenaient en propre à leurs inventeurs, sauf une redevance de dix pour cent accordée à Mamaligo sur le produit brut. Après l'échange des ratifications, un résident français devait s'établir à Lohé pour protéger la colonie et terminer selon nos lois tous les litiges des émigrants entre eux. C'était en fait une petite France que M. de Lanrose et le capitaine installaient au cœur du Humbé. On était à peu près sûr que le roi et les principaux du pays renonceraient à leur vie nomade lorsqu'ils verraient à Lohé une ville européenne fournie de toutes les marchandises que les nègres recherchent avidement.

Adhémar se fit céder, par acte authentique, chez un notaire de Paris, quatre-vingt mille hectares qui formaient environ moitié de la principauté du Guibou. Il comptait y tracer des routes ou même un petit chemin de fer, et vendre ces terrains par lots, à la mode d'Amérique. Mais le commerce du sol était le moindre de ses profits. Il partageait d'emblée le trésor de Castafigue et traitait séparément avec le roi, en son propre nom, Castafigue mis à part, pour le monopole de la poudre d'or. Castafigue assurait qu'au taux actuel des échanges, le kilogramme d'or, pris à Lohé, ne reviendrait pas à plus de cinq cents francs. Le roi en récoltait au moins trois mille kilos chaque année par le procédé le plus simple et le plus ingénieux : il se faisait indiquer tous ceux de ses sujets qui avaient des économies, et il leur coupait le cou lui-même pour les mettre à l'abri de cette corruption qu'engendrent les richesses. Adhémar pouvait donc réaliser sur un seul article un bénéfice annuel de sept à huit millions.

On imagine que le retour de Castafigue en sa bonne ville de Lohé suscita un étonnement général. Pas du tout. Il n'y eut d'étonné que Castafigue lui-même, et les quatre marins qui avaient débarqué avec lui. Ils avaient laissé le navire à la garde du second et du reste de l'équipage, ils avaient marché deux nuits et campé tout un jour sous une tente-abri, dans les sables, et quand ils arrivèrent à la ville, la ville n'existait plus. C'était pourtant bien là que le capitaine avait entassé son trésor. Il retrouva ses magasins fort délabrés et sans apparence de portes. La poudre d'or et les diamants n'y brillaient plus que par leur absence ; les autres marchandises étaient passablement avariées ; la plume d'autruche était méconnaissable, la muscade pourrie ; un monceau d'arachides qui représentait plus de 2000 tonneaux avait germé. Le tout ensemble ne valait pas dix centimes; je me trompe : dans un silo caché sous les graines oléagineuses, on trouva de l'ivoire pour 60 000 francs.

Tout autre que le capitaine aurait perdu la tête Le pays semblait désert depuis un siècle ou deux : pas une barque sur le fleuve, pas trace de culture aux environs ! Les Français n'avait apporté que leur tente et un jour de vivres ; seul, Castafigue avait mis une poignée de verroteries dans sa grande poche, comme un Parisien qui va sortir glisse quelques louis dans son gousset. Si je vous racontais qu'il ne jura pas un bon coup, vous refuseriez de me croire ; mais son aplomb ne se démentit point un seul instant. « Mes enfants, dit-il aux quatre hommes, vous êtes dans ma principauté. Il paraît que mon peuple a eu besoin dehors, car ils sont tous sortis sans laisser leur adresse; mon suzerain doit être à sa bastide dans les environs, à deux ou trois cents lieues d'ici mais nous les trouverons tous, et bientôt. La seule chose qui m'embarrasse, c'est la soupe pour ce matin. Mais nous sommes tous de Marseille, et quand on est de Marseille on se débrouille n'importe où. » Une heure après, les cinq gaillards faisaient honneur à un repas de légumes, de poissons et de fruits ; ils buvaient à longs traits l'eau limpide du grand fleuve, et ils chantaient une chanson de l'Alcazar de Marseille, dans l'espoir qu'un vassal du capitaine serait attiré par le bruit. Personne n'accourut, mais au bout d'une heure de marche ils trouvèrent une cabane habitée par des pêcheurs. Castafigue se fit reconnaître en déclarant ses titres et qualités. Le nègre avait entendu parler de lui, mais dans les vieilles, vieilles légendes : il racontait l'histoire du capitaine blanc comme si elle avait daté de plusieurs siècles : ces gens-là n'ont pas la notion du temps ; ils ne connaissent que l'heure présente. On lui offrit un collier de verre et un couteau d'un sou, et il reconnut son maître légitime à ce faste occidental. Il mit sa barque et sa personne au service du prince et offrit de le conduire avec sa suite jusqu'à la nouvelle capitale de Mamaligo.

Les cinq Français et leur guide naviguèrent dix jours consécutifs sur un fleuve magnifique. Ils atteignirent enfin le campement du roi. Mamaligo traînait partout avec lui une famille de cinq ou six cents femmes, une cour, une armée, un peuple d'esclaves, un haras et un troupeau de bœufs. Tout cela déménageait et emménageait en deux heures, sur un geste du maître : on débarquait n'importe où ; on construisait des abris sur la rive et l'on pillait tout aux environs. Lorsqu'il ne restait rien à prendre dans un rayon de cinq à six lieues, la capitale remontait sur ses barques et se transportait plus loin. Le roi n'hésitait pas à déplacer vingt-cinq ou trente mille personnes, par caprice, pour chasser la gazelle ou l'éléphant, pour visiter un voisin, pour changer d'air. Il avait pour amis cinq ou six rois du voisinage, élevés dans les mêmes principes et nourris de la même logique. Ces bons voisins ne savaient jamais en s'abordant s'ils étaient en paix ou en guerre. Souvent ils se prenaient de querelle à la suite d'un repas, mettaient leurs armées en ligne, et se tuaient réciproquement un millier d'hommes pour dessert. Ces mœurs patriarcales se retrouvent dans presque tous les royaumes du continent africain.

Mamaligo poussa des cris de joie et dansa même un pas fantastique en revoyant son ami Castafigue. Lorsqu'il sut qu'un navire européen était mouillé dans ses eaux, qu'on lui apportait des bijoux, des liqueurs, des conserves, des mouchoirs rouges et des colliers bleus par ballots et par tonnes, il entra dans un tel paroxysme de joie, qu'il tua deux courtisans superbes, dont un lui était particulièrement dévoué. Il décida que le jour même son peuple se mettrait en route et descendrait le fleuve jusqu'à Lohé.

Chemin faisant, le capitaine eut l'honneur de partager la table et tous les plaisirs du roi nègre. Il apprit qu'en son absence, la monarchie avait eu des malheurs. On s'était laissé battre en deux ou trois rencontres par les Betjouanas; vingt-cinq villages chôtâ avaient été emmenés et vendus comme esclaves; on craignait une nouvelle invasion du vainqueur. Les Betjouanas avaient des fusils de fabrique anglaise, grands, beaux, pesants, peints en rouge, et d'une telle précision qu'ils mettaient dans un arbre à dix pas. Castafigue promit de relever les affaires chôtâ : il apportait vingt caisses d'armes à feu, égales sinon supérieures à celles de la traite anglaise : carabines rayées! rayées en dehors, il est vrai, mais avec un tel art que la défaite des Betjouanas était sûre. Ces carabines avaient coûté huit francs pièce à Saint-Étienne, et M. de Lanrose, un moyen chef français, ami des Chôtâ, les donnait pour la bagatelle d'une once d'or!

Castafigue profita du moment où son prince avait besoin de lui pour reparler un peu des richesses qu'il avait laissées. Outre les femmes et le bétail, qu'il ne réclamait pas, on lui devait une principauté de cent lieues carrées et tous les nègres qui la meublaient; plus une valeur énorme en or et marchandises. A cette réclamation, Mamaligo fut pris d'une gaieté folle. « Il n'y a pas de mal, dit-il à son ami : c'est moi qui ai fait enfoncer tes portes; c'est moi qui ai tout pris! » Et de rire. Castafigue était plus sérieux.

« Mais alors tu me rendras tout?

— Oui, tout; oui, si tu me donnes des fusils et des marchandises.

— Et tu me payeras mes marchandises et mes fusils?

— Oui, je te donnerai bien des choses.

— Nous ne nous entendons pas! tu m'as volé tout ce que j'avais.

— Volé? Oui, oui.

— C'était à moi?

— A toi? Oui, puisque je te l'avais donné.

— Donc, c'est encore à moi maintenant?

— Non, puisque je te l'ai pris.

— Et pourquoi me l'as-tu pris, quand tu me l'avais donné?

— Tu étais parti, j'avais du chagrin, cela m'a consolé.

— Mais je suis revenu; tu n'as plus besoin de consolation!

— Non, plus du tout.

— Alors, rends-moi ce que tu m'as volé?

— Je veux bien; qu'est-ce que tu me donneras en échange!

— Mais en échange, tête d'âne! je ne te dois rien.

— Si tu ne me dois rien, je ne te devrai rien non plus!

Ce fragment de dialogue, indispensable pour expliquer la suite du récit, a perdu cent pour cent dans la traduction française. La langue des Chôtâ, plus simple que la nôtre, n'admet pas les nuances subtiles. Ce peuple innocent n'a qu'un seul mot pour dire acheter, gagner, recevoir, trouver, prendre et voler. Le verbe *lgof* en chôtâ signifie haïr et tuer : il semble inadmissible à ce naïf dictionnaire qu'on ait un ennemi sans le tuer aussitôt. La crainte et la fuite sont indiquées par un même substantif. Aimer une femme se dit *ohp*, la posséder, *ohp*; l'employer comme esclave aux travaux les plus pénibles, toujours *ohp!*

Le roi ne rendit rien à Castafigue, mais il le suivit à son bord, admira le navire qui marchait sans rames et sans voiles, examina la cargaison en détail, s'enivra, vola une vieille pipe de matelot, et donna huit millions en or, en pierreries et en autres produits, pour une pacotille qui n'avait pas coûté cent mille francs à Marseille. Lorsqu'il sut que ce bâtiment automate n'était pas un animal vivant, mais un produit de l'industrie européenne, une chose qu'on pouvait acheter contre des tonnes d'or, il témoigna la généreuse intention d'aliéner les deux tiers de ses sujets en échange d'un bateau pareil Castafigue promit de lui en fournir un à beaucoup meilleur compte s'il signait le traité chôtâ-français et s'il adhérait aux propositions du moyen chef Adhémar de Lanrose. Il signa tout ce qu'on voulut. Pour cette âme primitive, signer était un savant effort, une gymnastique particulièrement subtile. Il pensait que lorsqu'un homme s'est imposé un tel travail, on aurait mauvaise grâce à lui demander rien de plus.

Castafigue n'avait pas une foi sans limites dans la moralité de son élève, mais il était bien sûr de le tenir par ses besoins et par ses vices. Après s'être fait livrer à bord le prix des marchandises, il prit congé du roi dans l'ex-capitale de Lohé qui commençait à refleurir, et il vit disparaître en moins d'une journée deux caisses d'alcools assortis. A ce train, la cargaison devait aller vite. On pouvait prédire à coup sûr que le deuxième voyage serait aussi lucratif que le premier et que la cour de Humbé payerait tribut à la France jusqu'au jour où le roi, les courtisans, les soldats et le peuple mourraient tous à la fois de combustion spontanée. Plus de doute : le royaume était conquis au progrès.

Mamaligo se fit tracer le canal qui allait jeter son fleuve à la mer. On retrouva aisément l'ancien lit sous les sables qui l'obstruaient. Les peuples du Humbé pouvaient, en deux ou trois ans, avancer la besogne que la drague française mènerait à bonne fin. Le roi fit assembler six mille ouvriers robustes, et leur tint un discours entraînant où le bâton n'était pas oublié. Pour donner aux travaux une impulsion plus active, il supplia le capitaine de lui vendre six matelots français. On eut beaucoup de peine à lui faire comprendre que tout l'or de ses États ne pouvait pas payer la liberté d'un homme. Ne vous moquez pas trop de ce nègre : il n'y a pas si longtemps qu'un pacha de Smyrne, émerveillé du dévouement qui anime les Sœurs de charité, adjurait la supérieure de lui en vendre deux! Castafigue promit que, si tout marchait bien, il reviendrait au bout de quelques mois avec une colonie européenne. Et Mamaligo, dans sa joie, voulait à toute force envoyer un présent au grand chef des Français. C'était la pièce la plus rare et la plus précieuse de son trésor royal, un enfant à deux têtes qu'il avait eu de son épouse favorite, et que son magicien avait bourré d'aromates. Le bonhomme de roi oubliait les soucis du pouvoir au spectacle de ce phénomène; il lui faisait de gros yeux, lui tirait la langue et finissait par se rouler par terre avec la plus cordiale gaieté. Castafigue ne consentit pas à le priver d'un joujou dont il était le père : il accepta seulement deux chevaux assez laids pour le comte Adhémar et une girafe qui vit encore au jardin zoologique de Marseille.

Le *Lanrose* revint sans encombre, et Castafigue, ayant fait argent de tout, apporta quatre millions à l'hôtel de la rue de Ponthieu. Ce résultat palpable fit croire au comte qu'il pouvait exploiter le Humbé à lui seul. Il arma un deuxième navire et fonda un établissement magnifique à l'endroit où son fleuve devait déboucher un jour ou l'autre : vingt maisonnettes de fer, destinées à un pénitencier de la Guyane, avaient été laissées pour compte à l'entrepreneur ; il les acquit au rabais et les fit installer sur la côte. Il en commanda bientôt dix autres qui furent transportées pièce à pièce jusqu'à Lohé. Si petits vapeurs à fond plat, tirant au plus un mètre d'eau, se construisirent pour son compte sur les chantiers de la Ciotat ; cette flottille se démontait à à volonté. Malheureusement elle fut mise à terre dans la saison des grandes pluies ; les chariots à douze bœufs qui étaient venus la prendre s'embourbèrent à moitié chemin ; tout fut pillé par les bons nègres qui ont le fer en haute estime et le droit en médiocre respect.

Adhémar porta seul le poids de ce sinistre, comme il avait seul encaissé les profits. Dès la seconde expédition, il avait complétement désintéressé Castafigue. Le capitaine était toujours prince de Guibou, ami de Mamaligo, et même consul général du Humbé à Paris ; mais sa fortune acquise suffisait à tous ses besoins, son titre et sa position officielle excédaient de beaucoup toutes les ambitions de sa jeunesse, et il était sans enfants. Il ne resta donc dans l'affaire que par amitié pour Lanrose, par patriotisme, et surtout par amour-propre d'auteur. Il retourna deux ou trois fois à Lohé comme capitaine au long cours ; il tira même assez bon parti de ces voyages. Mais lorsqu'il vit le canal en voie d'exécution, deux colonies françaises fondées, l'une à Lohé, l'autre dans la baie, et un agent consulaire installé sur l'emplacement de son ancien trésor, il tira son épingle du jeu le plus honnêtement du monde, vendit au comte Adhémar le reste de la principauté, et consacra ses loisirs à la rédaction d'une grammaire chôtâ, avec dictionnaire.

M. de Lanrose applaudit au désintéressement du brave homme qui le laissait en si bon chemin. Pendant deux mois il dit à qui voulait l'entendre : « Je n'ai besoin ni des talents ni des capitaux de personne; j'arme mes bâtiments, je construis mes magasins, je vends mes lots de terre et mes maisons moi-même; je traite avec un roi, non pas d'égal à égal, mais de bon maître à petit nègre; j'exploite seul un peuple de trois millions d'hommes, et cela sans bouger de Paris. J'ai trente agents dans le Humbé; le pays est un peu malsain depuis mes grandes fouilles, mais je prévois tout, j'ai des remplaçants touts prêts pour ceux qui meurent; le déchet n'est pas énorme : nous comptons sur une perte de vingt pour cent par année. La France est assez riche en petits jeunes gens pour fournir à cette dépense. Moyennant quoi, je gagnerai vingt millions par an pendant dix ans, et le jour où j'aurai deux cents millions en portefeuille, les Rothschild, les Pereire et tous les gros bonnets de la finance auront à compter avec moi.

La perte de ses chaloupes à vapeur et quelques autres mécomptes graves le corrigèrent un peu de cet abus du *moi*. Il apprit que tout son matériel de pelles et de brouettes, quoique arrivé à destination, était considéré comme non avenu. Les nègres avaient repoussé unanimement ces engins si commodes dans leur simplicité : ils s'obstinaient à fouiller la terre avec une sorte de pioche et à charger les déblais sur leur dos dans des couffes de jonc qui ne contenaient presque rien. En même temps la grande usine qui devait construire les bateaux dragueurs envoya un devis de plusieurs millions. Adhémar se prit à penser que l'association avait des côtés admirables ; qu'il était doux assurément de gagner l'argent à soi seul, mais que pour avancer les grosses sommes et pour supporter les pertes graves, un seul homme est moins solide que cinquante ou cent. Le malheur est que personne ne consent à partager les risques sans réclamer une part dans les bénéfices. Mais le comte se dit qu'à tout événement il risquerait bien moins que ses associés et gagnerait bien davantage. En acceptant les capitaux qu'on lui offrait de toutes parts, il rendait service à ses amis, et tout service se paye. Il se résolut donc à faire des heureux. L'affaire du Humbé jouissait d'un tel crédit sur la place, que s'il avait voulu la mettre en actions, son apport eût été pris, haut la main, pour vingt millions et plus. Mais il eut peur des entraves légales et de la surveillance qu'une compagnie organisée exerce sur son gérant. Il aima mieux rester le maître de son entreprise. Il hébergea quelques-uns de ces millions qui couraient après lui, mais sans signer aucun acte de société. A quoi bon? dit-il à Gontran de Mably; vous avez mon reçu ; vous êtes dans l'affaire ; je vous dirai au bout d'un an ce que vous avez gagné, et si vous n'êtes pas content du résultat, on vous rendra vos écus. Suis-je solvable ou non ?

Gontran le remercia en lui serrant les deux mains : il était plein de confiance. On venait d'inaugurer avec un certain éclat un service de paquebots entre Marseille et la côte du Humbé. Le dernier navire avait apporté 900 kilos de poudre d'or et quantité de marchandises précieuses. Un jeune ingénieur de l'École centrale, au service du comte Adhémar, annonçait la découverte d'une mine de houille égale en qualité, sinon supérieure au meilleur charbon de Newcastle. Sur soixante maisons envoyées de Marseille ou construite sur place aux frais de M. de Lanrose, il n'en restait plus une à vendre ou à louer. Ahdémar avait le matin même adjugé la dernière à un émigrant lyonnais appelé Mouton. Gontran ne put s'empêcher de rire en apprenant que ce bonhomme (une deuxième édition de l'oncle Fafiaux) allait vendre aux nègres du Humbé la liqueur du Mont-Thabor, distillée à la Grande-Balme.

Le comte de Mably rencontrait quelquefois Éliane, mais son cœur ne perdait plus le temps à battre pour ou contre elle. Cet amour de jeunesse était bien enterré, puisqu'il n'en restait plus même la rancune.

Un événement sans importance immédiate obligea Valentine à rencontrer souvent la marquise de Lanrose. Chacune de ces deux dames présidait une association de bienfaisance comme on en voit beaucoup au fauboug Saint-Germain. Éliane réunissait chez elle tous les jeudis les patroncsses de son œuvre, comme Valentine les lundis. Dans ces deux conférences, on débattait les pétitions adressées directement aux patronesses ou transmises par le clergé régulier. Les pauvres étaient classés par rang de besoin et surtout par rang de mérite : en première ligne les pratiquants, ensuite, les simples malheureux. Un litre de bouillon, un demi-kilogramme de bœuf et un petit fagot pour six païens qui manquent de tout; l'abondance et presque le luxe au vieux malin célibataire qui se fait remarquer aux offices : le rôle de Tartufe est de tous les temps et de toutes les conditions.

Partout où quelques belles âmes se réunissent pour faire le bien, il se forme une population d'industriels qui les exploitent. La charité sème l'hypocrisie; la simple bienfaisance engendre les faux pauvres, les comédiens de la misère. Après avoir été mille fois dupes, les distributeurs d'aumônes ont imaginé sagement de visiter leurs clients à domicile; les clients de mauvais aloi, pour répondre à cette défiance, ont deux domiciles, dont l'un ne manque de rien et l'autre étale un dénûment affreux. On se goberge dans l'un, on se fait voir dans l'autre.

L'industrie de la misère occupe une multitude de bras dans une ville comme Paris. Vous y rencontrerez des familles nombreuses qui dépensent plus d'activité et plus d'esprit à mendier leur vie qu'il n'en faudrait pour la gagner. Ces comédiens de bas étage s'imposent la contrainte la plus pénible et le travail le plus assidu, par amour de la fainéantise.

Ils soignent la mise en scène de leurs taudis; ils haillonnent artistement leur costume, ils composent leurs visage, ils essayent des intonations lamentables. Quelques-uns, à force d'étude, sont devenus aussi bons physionomistes que le meilleur juge d'instruction; ils reconnaissent au premier coup d'œil le passant qui leur tournera le dos, celui qui prendra leur adresse et les ira voir le lendemain. Il y a des mendiants qui rédigent tous les jours dix lettres, dix chefs-d'œuvre, et les portent eux-mêmes à domicile. Il y a des statisticiens qui collectionnent les noms et les adresses de toutes les âmes charitables, avec une colonne d'observations personnelles; on trouvera dans leur paillasse, sinon des bas pleins d'or et des billets de mille francs, au moins l'état complet et détaillé de toutes les associations charitables, et des renseignements précieux sur l'esprit de chacune.

Le dernier mot de la mendicité savante consiste à prendre de toutes mains, en prouvant à chaque bienfaiteur qu'on n'est secouru par aucun autre. Nous nous croyons plus particulièrement engagés envers les malheureux qui n'ont que nous au monde. Si un homme qui tend la main nous prévenait qu'il est nourri par Pierre, chauffé par Paul, et habillé par Jacques, nous serions le plus souvent tentés de lui répondre : « Adressez-vous à Jacques, Pierre et Paul; vous avez vos bienfaiteurs, et moi j'ai mes pauvres. » Aussi les mendiants de profession cachent-ils soigneusement le bien qu'on leur fait; les plus discrets sont les plus habiles. Un homme généreux ou une association charitable s'aperçoit un beau jour que le plus clair de ses ressources est pillé par vingt collectionneurs d'aumônes, au détriment de dix vrais pauvres plus délaissés, plus intéressants, et qu'un secours un peu large eût peut-être sauvés. Le grand nombre des indigents vrais ou faux, la difficulté du contrôle, peut-être aussi l'ambition d'étendre certaines clientèles condamne la bienfaisance à émietter ses dons. On coupe en deux le morceau de pain qui nourrirait un homme, et on le partage entre deux individus dont l'un n'a pas mangé depuis vingt-quatre heures et l'autre a bien déjeuné ce matin.

Pour éviter ces injustices, il faut que les bonnes âmes se fassent initier à toutes les rouerie de la mendicité. Les colombes ont dû emprunter la finesse du serpent. La conférence Saint-Christophe, présidée par la comtesse de Mably, et le comité des servantes de Joseph, dirigé par la marquise de Lanrose, s'aperçurent un beau jour que leur clientèle était à peu près la même. De découvertes en découvertes, on trouva plus de quarante familles qui tendaient la main droite à Saint-Christophe, et la main gauche à Saint-Joseph. On signala des abus graves, des bons de pain vendus, des litres de bouillon changés en vin par un miracle qui n'avait rien d'évangélique : le besoin d'une révision sévère fut reconnu et proclamé. Le R. P. Gaumiche, homme d'esprit, imagina un expédient qui fit fortune. On décida que les deux conférences se réuniraient sans se confondre, que chacune contrôlerait les registres

de l'autre, que pendant trois mois au moins, six
mois au plus, Saint-Christophe visiterait les pauvres
de Saint-Joseph et réciproquement.

Valentine ne crut pas désobéir à son oncle en
acceptant cette combinaison. M. Fafiaux ne lui avait
pas défendu de voir les Lanrose; il lui avait seulement recommandé de les tenir à distance et d'éviter
une intimité trop étroite avec eux. Faire le bien en
commun, ce n'est pas être intimes. Que de femmes
assistaient aux conférences de la rue Saint-Dominique sans être ni peu ni prou les amies de la maison ! D'ailleurs, le seul grief de M. Fafiaux, contre
une famille si honorable, ne pouvait être partagé
par Valentine. Pourquoi donc aurait-elle gardé rancune à ceux qui l'avaient faite comtesse de Mably?

Elle vit assidûment la marquise, sans toutefois se
lier avec elle. Une barrière invisible s'élevait entre
ces deux aimables personnes ; l'estime qu'elles pro-
fessaient l'une pour l'autre ne se transforma jamais
en sympathie ; les atomes crochus manquaient des
deux côtés.

Il faut dire que la gravité des devoirs qu'elles
remplissaient face à face, l'importance des intérêts
qui leur étaient confiés, l'obligation de représenter
dignement leurs saints respectifs, la présence des
dames patronesses et le bel exemple qu'une présidente doit donner en tout temps à sa petite assemblée, les guindaient l'une et l'autre un peu plus que
de raison.

Valentine ne ressemblait plus à cette charmante
évaporée qui s'était jetée dans les bras de Gontran.

L'éclat de ses beaux yeux était comme voilé par les pensées austères; ses petits mouvements de mésange effarée s'étaient calmés et rassis; on la voyait si sérieuse parfois, qu'on aurait pu la croire triste ou du moins découragée. Sa maison lui était devenue indifférente; elle ne donnait pas un coup d'œil à son jardin; et comme M. de Mably, vivant au club, ne paraissait guère au logis que pour dîner, le jardin et la maison avaient pris insensiblement cette teinte, cet aspect poudreux sans poussière, ce vague reflet d'abandon mélancolique qui s'étend sur les choses délaissées. C'étaient pourtant les mêmes arbres, les mêmes tapis, les mêmes meubles qui avaient ébloui le beau monde parisien par un air de fraîcheur et de joie; mais les objets extérieurs nous empruntent une bonne part de leur physionomie. Voyez le nid d'un jeune ménage : vous n'y reconnaîtrez plus les meubles qu'on vous avait montrés chez le tapissier. Tout s'est métamorphosé d'un jour à l'autre; les fauteuils ont arrondi leurs bras comme pour étreindre quelqu'un; les larges canapés se rétrécissent; les miroirs de Venise éparpillent la lumière en mille sourires; le velours est chargé de caresses, les plis des draperies ont un air discret, les tapis vous prennent sous les pieds et vous enlèvent de terre; les pendules vont vite et leur timbre agaçant vous mettrait à la porte si vous restiez après minuit. Quatre ans après, si l'amour a délogé de la maison, vous n'y reconnaîtrez plus rien. Les pendules sont lentes, et leur tic tac régulier accuse avec affectation la monotonie du temps.

Entrez, sortez, restez, rien ne vous chasse, mais rien non plus ne vous retient. L'ameublement est encore neuf, on a pris soin de tout, les gens de la maison font exactement leur service, et cependant tout semble décoloré. Savez-vous ce qui manque à ces jolies choses? Les paillettes étincelantes que le bonheur sème autour de lui.

Valentine n'était pas malheureuse, mais elle manquait de bonheur. Le cas est plus fréquent qu'on le croit dans le monde. Elle ne touchait pas encore à ce moment périlleux où la femme regarde autour d'elle et cherche vaguement ce qui lui fait défaut : elle tendait plutôt à s'isoler des choses extérieures et à se renfermer en elle-même; mais elle ne trouvait pas de quoi se contenter, ni dans les souvenirs, ni dans les espérances.

De tous les hommes qu'elle avait rencontrés, un seul avait éveillé son imagination, et celui-là, Gontran, l'avait pour ainsi dire rendormie de force. Les autres la laissaient absolument indifférente; Odoacre, lui-même, quand par hasard elle pensait à lui, ne la mettait plus en colère. Lui savait-elle un certain gré de sa résignation et de son silence? S'était-elle rangée avec le temps, à la morale douce et tolérante du P. Gaumiche? Il est certain que le petit guet-apens de Bourgalys ne lui apparaissait plus dans les brumes du passé que comme une médiocre plaisanterie. Peut-être même regrettait-elle d'avoir rompu les chiens si vite et arrêté la déclaration au premier mot, maintenant qu'elle était sûre de son aplomb. Quelquefois, dans les heures d'oisiveté, elle repensait à la Grande-Balme et à ce gros Lambert de Saint-Génin qui l'aimait trop pour oser le dire. Une femme n'oublie jamais le premier homme qui l'a demandée en mariage, quand même elle n'a rien éprouvé pour lui. La figure a beau être insignifiante en elle-même, la date est solennelle et l'événement mémorable ; l'homme n'est qu'un détail, mais il n'y a pas de détails indifférents en ces matières. Mettez-vous dans l'esprit que toutes les idées possibles et impossibles traversent nécessairement le cerveau d'une femme : la vie est si longue et les idées vont si vite ! Il en défile plus de cent en un quart d'heure ; nous l'avons tous éprouvé, nous qui appartenons au sexe lourd. Les femmes sont deux fois plus vives que nous ; calculez et dites-moi combien de millions d'idées elles peuvent consommer en dix ans ! Il est probable que Valentine se demanda au moins une fois ce qui serait advenu de son corps et de son âme si elle avait épousé Saint-Génin.

Elle ne l'avait pas aimé un seul instant ; non, pas plus lui que M. de Bourgalys. Elle savait qu'excepté Gontran, elle n'aimerait jamais aucun homme. Mais sa vie était terriblement vide, malgré les mille agitations factices dont elle s'efforçait de la remplir. Gontran n'excitait plus en elle la moindre curiosité : on n'est curieux que de l'inconnu, et l'inconnu est un champ immense. Pour une femme mariée, c'est tout ce qui n'est pas son mari.

La plus scrupuleuse des femmes s'amuse quelquefois à courir les steeple-chases de la fantaisie. Plaisir permis, quand l'âme est assez chaste pour que les tentations ne viennent pas l'effleurer; plaisir facile et complaisant, car on peut se le donner même à l'église. On écoute les déclarations du gros baron ou du petit prince entre les tirades du prédicateur; on lit tout un roman d'amour entre les lignes du *Bosquet de pénitence* ou du *Paroissien régénéré*.

Si Valentine avait été la femme d'un bon pataud comme Lambert ou d'un gaillard sans gêne comme Odoacre, elle eût rêvé sans doute l'amour respectueux des paladins. Mariée à Gontran qui la traitait un peu trop en déesse, elle aspira peut-être à descendre et revendiqua dans son for intérieur les humbles prérogatives de l'argile humaine. On ne désire que ce qu'on n'a pas. Si quatre enfants avaient fait du bruit autour d'elle et tartiné de confitures son peignoir de taffetas blanc, elle eût maudit sa fécondité. Lorsqu'elle attendait son mari, toute seule dans cette grande maison silencieuse, elle se disait peut-être que Lambert, Odoacre ou un autre lui aurait donné des enfants.

Chaque fois que ces pensées voulaient entrer trop avant dans son cœur, elles étaient reçues comme des chiens à la porte d'un sanctuaire; Valentine allait même jusqu'à se reprocher de les avoir eues, comme si elle avait pu les empêcher de naître. Notre esprit n'est qu'un champ où les idées bonnes ou mauvaises croissent par une sorte de génération spontanée : le pouvoir de la raison et de la volonté se réduit à sarcler les mauvaises. Coupable ou non, Valentine s'accusait, pour plus de sûreté. Elle serrait dans ses petites mains ces péchés plus impalpables qu'une vapeur légère, et elle les portait tout chauds au P. Gaumiche. Le fin vieillard l'écoutait avec patience et lui disait son éternel refrain : « Offrez à Dieu, mon enfant; offrez à Dieu. » Il savait bien, au fond, que Dieu n'avait que faire de pareils dons; mais il n'était pas homme à repousser les confidences d'une âme distinguée. Il n'appartenait pas à cette école un peu janséniste, qui évite de prodiguer les sacrements de peur d'atténuer leur solennité redoutable; il songeait bien plutôt à se rendre indispensable aux fidèles en leur créant comme un besoin de tête-à-tête hebdomadaire avec Dieu. Mais il ne voyait pas, malgré tout son esprit, que sa plus jolie pénitente se régalait aux doux aveu des pensées défendues; qu'en décrivant les mirages de l'âme, on a le plaisir très-réel de leur donner un corps, et que Mme de Mably, pour être en règle, aurait dû se confesser de ses confessions.

Dans le courant de juillet 1858, il y eut une retraite de quatre jours au Sacré-Cœur de Paris. Valentine trouva charmant de goûter un tantinet de la vie monastique, et Gontran, fidèle à son principe, lui permit cette honnête et pieuse distraction. Il excellait à se passer de sa femme. Je manquerais de courtoisie en disant que c'était autant de gagné pour lui; mais il n'était pas homme à s'ennuyer jamais, ayant de bons amis, un club agréable et un excellent cheval de selle pour les promenades du matin.

On ne sait pas encore par quelle fatalité le valet de pied de Mme de Mably ou le suisse de la marquise de Lanrose égara un billet plié en triangle;

mais il est positif que la sévère Éliane ne fut pas avertie et qu'elle arriva le lundi comme à son ordinaire à la séance du comité. Toutes les patronesses présentes à Paris avaient été prévenues du relâche; Éliane fut donc seule à se fourvoyer rue Saint-Dominique. Mais la Providence permit que ce petit accident tournât à bien. Le comte, prêt à sortir, était sur les marches du vestibule; il courut donner la main à ses amours de jeunesse, conduisit la marquise au salon, et lui conta pourquoi la conférence n'avait pas lieu.

Dieu m'est témoin qu'à cette époque Gontran ne se souvenait plus d'avoir aimé Mlle de Batéjins. Les lecteurs de romans s'imaginent bien à tort qu'un homme jeune et beau doit être toujours en partance pour l'île de Cythère : c'est une erreur qu'il faut déraciner. Gontran n'était pas plus amoureux des autres femmes que de la sienne; il avait mis son cœur en friche, suivant un vieux système de culture qui a du bon. Si quelqu'un lui avait annoncé ce jour-là qu'il s'éprendrait d'une femme dévote ou d'une coquette, ou d'une femme quelle qu'elle fût, il aurait défendu sa porte et fait fermer les volets de l'hôtel. Il ne retint pas plus de dix minutes la femme de son très-digne et très-loyal ami, et si la politesse le condamnait à causer tout ce temps avec elle, il se cantonna, comme un sage, sur le terrain de la banalité.

Mais la marquise de Lanrose, par un zèle que personne n'a le droit de blâmer, le mit pour ainsi dire au pied du mur en lui demandant *ex abrupto* des nouvelles de son âme.

Le comte n'était pas ferré sur la psychologie transcendantale, mais de toutes les âmes qui s'agitent à la surface du globe, la sienne était peut-être celle qui l'occupait le moins. Il répondit en esprit fort, et la belle marquise, plus belle encore qu'au temps de Mme San-Lugar, lui servit un petit plat de haute morale. Sans désigner ni lui, ni elle, ni Valentine, elle sut lui conter en périphrases irréprochables « que certains hommes merveilleusement doués de toutes les façons manquaient leur avenir en froissant la conscience d'une femme très-éprise, mais encore plus pieuse; qu'il était impossible d'hésiter bien longtemps entre les attachements passagers de la terre et le salut éternel; qu'en pareille occasion, une vraie chrétienne sacrifiait toujours le présent à l'avenir, immolant son cœur, se condamnant elle-même aux devoirs douloureux d'un mariage mal assorti, et cherchant dans les pratiques de la dévotion la plus sévère, un soulagement qui, par malheur, ne s'y rencontre pas toujours. Elle ajouta qu'une âme vraiment belle ne devait pas s'enfermer dans les soins de son propre salut; que la femme égoïste au point de se sauver toute seule sans entreprendre la conversion de son mari, n'était pas digne de le trouver dans un monde meilleur; que Dieu saurait sans doute, dans sa justice et sa bonté, réunir tôt ou tard ceux qu'il avait créés l'un pour l'autre; qu'il ne fallait désespérer de rien; qu'on pouvait assurer un avenir infini de félicité glorieuse en se mettant d'accord ici-bas sur quelques points essentiels. » Ce n'est pas en termes si nets qu'elle manifesta l'intention de convertir Gontran; je traduis, j'interprète, je commente son discours en appuyant sur les lignes qu'elle avait vaguement dessinées, en forçant les couleurs, en substituant, par une triste nécessité, la touche pesante de ma plume à la délicatesse exquise de sa parole. Il faudrait être un peu femme soi-même pour exprimer tout ce qu'il y avait de féminin, de tendre, de noble, d'éthéré dans cette déclaration d'amour céleste. L'univers entier aurait pu assister à la scène, entendre chaque mot, mesurer chaque geste, sonder chaque regard : tout était d'une candeur immaculée; si quelque flamme échauffait ce cœur archangélique c'était celle de l'amour divin, qui monte en droite ligne vers le Créateur.

La surprise de Gontran fut si complexe et pour ainsi dire, si contradictoire, qu'il faut une comparaison tirée de loin, et même prétentieuse en apparence, pour la définir et l'analyser.

Supposez qu'un matin, en vous promenant tout seul dans votre chambre, vous sentez dans la poche une douce chaleur. Vous y portez la main, et le toucher vous donne la sensation la plus moelleuse. Il est tout naturel qu'on veuille examiner de près la cause de ce plaisir inattendu : vous empoignez l'objet, vous le placez sous vos yeux et vous vous en éloignez au même instant avec inquiétude. C'est une hermine vivante qui commence à faire le gros dos en montrant ses petites dents acérées. Il y a de tout dans cette émotion-là : l'étonnement d'avoir trouvé une hermine dans vos poches, le plaisir de savoir que cette jolie bête est à vous ; car, enfin à qui serait-elle ? la crainte de tacher cette adorable fourrure, car la pauvre hermine en mourrait ; enfin, la préoccupation de ces petites dents en pointes d'aiguilles, l'idée qu'un être faible, un être pur, et un être qui vous appartient, est armé pour la défense.

Voilà, en abrégé, les émotions qui se succèdèrent dans le cœur de Gontran pendant qu'il écoutait la belle Éliane. S'il eût été simplement ce qu'on appelle un homme à femmes, il n'aurait compris qu'une chose, c'est qu'on l'aimait, et qu'il avait là un charmant petit cœur sur la planche. Mais Gontran, je vous l'ai dit, était plutôt un féministe qu'un libertin. Ses meilleurs souvenirs étaient ceux de quelques liaisons ébauchées, sans dénouement, où quelques mots, quelques lettres, peut-être la furtive explosion d'un sentiment vrai, lui avait ouvert un point de vue nouveau sur le cœur de la femme. Ces petits événements, indignes de prendre place dans les mémoires d'un roué, étaient les seuls dont il eût gardé une impresion sans mélange. Depuis longtemps il avait oublié les tapages de la jeunesse et les cabrioles fougueuses de ses passions : tandis qu'un regard discret, une intonation voilée, le mouvement instinctif d'une femme de bien à la rencontre de celui qu'elle aime sans le dire, remuait dans son cœur des cendres mal éteintes.

Il avait soutenu souvent, dans les conversations du club, cette thèse bizarre : « Toutes les liaisons se ressemblent à partir d'un certain moment. Rien de plus varié que les préliminaires, rien de plus uniforme que l'événement et ses suites. O la vieille, la monotone et la sempiternelle chanson ! Consoler une femme qui se sait perdue dans votre estime, et lui répondre avec chaleur qu'elle n'a jamais été plus respectée; s'ébattre quelques jours dans une sorte d'ivresse, puis sentir malgré soi que la satiété vous gagne : espacer les rendez-vous, prêcher la prudence, s'excuser, entendre des reproches, essuyer des flots de larmes, perdre patience, rompre enfin, et faire de la peine à une pauvre petite créature qui vous a fait plaisir; voilà le dénouement inévitable des romans anciens et nouveaux. C'est pourquoi tout homme d'esprit devrait fermer le livre après le prologue. »

Le marquis de Lanrose répondait à cela : « Un chasseur qui blesse le gibier, fait autant de dégât dans une forêt que celui qui le tue et l'emporte. Pièce touchée, pièce perdue ; les renards ou les loups la mangeront. Quand vous vous êtes fait aimer d'une honnête femme, le parti le plus simple et le plus humain est encore d'accepter ses bonnes grâces. Elle est perdue pour son mari, vous l'avez jetée dans une route où elle ne peut plus faire que de mauvaises rencontres. Profitez donc du mal que vous avez causé, et dites : « Autant moi qu'un autre. »

Et Bourgalys résumait le débat en disant : « Il n'y a pas en amour une théorie absolue ; la vérité est chose exclusivement personnelle. M. de Lanrose raisonne en homme qui a faim, et Mably en homme qui a dîné. »

Gontran n'improvisa pas une théorie nouvelle en présence de l'amour immatériel et presque surhumain qui se dévoilait devant lui ; mais il fut pris d'une vive curiosité. Il espéra connaître enfin le secret des variations qui l'avaient tant fait souffrir, pénétrer la vraie cause d'une coquetterie qui lui avait paru infâme et qu'il commençait à juger moins sévèrement. Les femmes ont le privilége d'effacer d'un seul mot, chez l'homme épris, la trace de toutes leurs iniquités passées. Le comte n'était plus amoureux d'Éliane, mais il l'avait adorée, et les blessures de l'amour se rouvrent au moindre choc. Il éprouvait déjà presque sans le savoir, une certaine bienveillance pour elle. Tandis qu'il la regardait avec stupéfaction, en cherchant à démêler le sens exact de ses paroles, son cœur prenait le grand galop et dévorait la distance incalculable que mille événements avaient mise entre elle et lui.

Il voulut lui répondre, et certes un tel discours méritait pour le moins quelques mots de reconnaissance. Mais Éliane lui ferma la bouche par un geste majestueux et triste. Elle se leva comme une reine, prit dans sa poche un petit carnet de la plus noble élégance, le lui mit sous les yeux, et dit :

« Vous me répondrez un autre jour ; commencez par méditer mes paroles, et pour les mieux comprendre, essayez d'abord de prier. Je ne m'attendais pas à vous rencontrer ce matin ; Dieu, qui fait les occasions, nous a ménagé ce tête-à-tête où mille pensées que j'ignorais moi-même se sont échappées malgré moi. Je souhaite que mes paroles amènent un mieux dans votre vie ; quant à vous, le simple bon sens vous ôtera l'espoir de faire dévier la mienne. Vous voyez ce bijou qui ne me quitte jamais ; il me rappellerait mes devoirs à toute heure si j'étais femme à les oublier. L'émail ancien qui forme la couverture m'a été donné par mon cher mari, qui est un homme charmant, réellement jeune et digne de l'amour terrestre que j'ai pour lui. A l'intérieur, j'ai les noms et les adresses de mes pauvres. Vous voyez bien que toute ma vie est là. J'ai fait tort à mes pauvres pour vous, car cette heure du jour devait leur être consacrée. Mais, après tout, vous êtes peut-être plus dénué et plus misérable qu'eux aux regards de Dieu. Ils ne manquent que de pain, et vous manquez de lumière. A bientôt, monsieur de Mably. Vous avez exprimé dans d'autres temps le désir de me paraître aimable. Tâchez de faire votre paix avec le ciel, et je promets de vous aimer sérieusement en Dieu. »

Elle lui tendit sa belle main qu'il baisa avec grâce en relevant un peu le gant sur le poignet. Ils descendirent ensemble dans la cour ; Gontran la mit en voiture et reçut pour dernier adieu un sourire d'une noblesse et d'une sérénité admirables.

VI

OÙ L'ON REVOIT UN VIEIL AMI

L'aventure méritait un quart d'heure de réflexion. Il alluma donc un cigare et s'en alla rêver seul au jardin.

Vous l'entendez d'ici : « Drôle de femme ! C'est qu'elle était superbe dans ce petit sacerdoce-là. Lui serait-il resté un plomb dans l'aile ? Elle en tenait pour moi, lorsqu'elle a pris M. de Lanrose, c'est certain. L'aime-t-elle d'un amour aussi terrestre qu'elle le dit ? Improbable. Dans tous les cas, si elle m'avait gardé un petit coin, elle aurait joliment caché son jeu. Reste à savoir si c'est le mysticisme qui se déguise en amour, ou si c'est le contraire. Je vois un masque et un visage, mais du diable si je distingue la chair du carton. Il faut que je ne lui sois pas indifférent pour qu'elle se mette en tête de sauver mon âme. Baste ! je vais toujours me laisser convertir un peu ; qu'est-ce que je risque ? Les femmes d'aujourd'hui sont étonnantes, ma parole d'honneur ; elles vous mettent la terre et le ciel en salade. Les anges et les amours voltigent pêle-mêle autour du tabernacle : on vise dans le tas, mais on craint toujours de faire un malheur dans cette confusion du gibier. »

Ce monologue fut interrompu par un domestique.

« Monsieur le comte, il y a un monsieur... ou un homme, qui veut qu'on l'introduise auprès de monsieur le comte.

— Il n'a pas dit son nom?

— Il a répondu qu'il le dirait à monsieur le comte, et que monsieur le comte serait bien étonné.

— Dites-lui qu'il m'écrive, et que je n'aime pas à m'étonner sans savoir pourquoi. »

Sur ce, Gontran reprit en maugréant un peu sa promenade et sa rêverie ; mais il n'en avait plus pour longtemps. Le même domestique revint avec une carte de visite où l'on voyait Lambert de Saint-Génin en manches de chemise, une pipe à la bouche, un fusil sur l'épaule et Mirza entre les pieds.

Une minute après, les deux cousins étaient dans les bras l'un de l'autre. Lambert, on le devine, n'avait pas changé à son avantage. La figure s'était légèrement empâtée et le corps alourdi. Il portait une barbe échevelée comme les vieux rapins de 1830, et ses cheveux tombaient sur son col. Un habit vert à boutons de chasse, un pantalon à la cosaque, un chapeau mou de forme haute, lui composaient une physionomie excentrique, pour ne rien dire de pis. Tout cela eût peut-être paru charmant à la Balme, mais l'optique du faubourg Saint-Germain n'était pas favorable au tableau. Gontran ne se défendit pas contre l'embrassade du cher cousin ; mais il la rendit avec mollesse.

« Ce n'est pas malheureux ! disait Saint-Génin. Sais-tu que j'ai failli m'empoigner avec tes gens ?

— Aussi, pourquoi diable ne voulais-tu pas dire ton nom ?

— Tiens ! pour te faire une surprise ! On ne fait donc pas de surprises à Paris ! Je t'avais dit, au moment de ton mariage : Laisse-moi seulement hériter des deux pauvres vieux, et je tombe à Paris comme une tuile. Les vieux sont morts, paix à leur cendre ! Les héritages sont empochés ; on a cent vingt mille francs de rente (à ton service, tu sais !) ; la mère est tranquille à Lyon, toujours un peu grognonne, mais bonne au fond du cœur. Y avait-il longtemps que je ne t'avais vu, mon pauvre vieux ! Voilà six mois que je tarde à venir, parce que la petite... mais c'est une affaire de théâtre, je te conterai tout ça avec le reste. Où est ma chambre !

— Plaît-il ?

— Ma chambre dans ta maison ? J'ai laissé le fiacre dans la rue avec mes malles dessus.

— Soit, alors. Si tu n'as pas de répugnance à prendre l'appartement de M. Fafiaux...

— Aucune ! Tu ne sais donc pas que le père Fafiaux et moi nous sommes une paire d'amis, à présent ! Par exemple, il n'est toujours pas *toqué* des Lanrose. Ah ! le père et le fils n'ont qu'à se bien tenir ! Je les préviendrai. Les vois-tu ?

— De temps à autre. Viens, que je te mette chez toi.

— Ce vieux Gontran ! »

Le comte se demandait, chemin faisant : « Est-ce moi qui suis devenu plus délicat, ou lui qui est devenu plus rustique ? Quel costume ! Quelle tournure ! Et comme il a le verbe haut ! »

Lambert fut enchanté de son gîte : « Tu me gâtes, dit-il ; c'est le dernier mot du vrai chic. Je vais m'installer ici pour un an ! »

Gontran fit la grimace, mais il s'en repentit au même instant. Ce demi-paysan, qui lui semblait assez incommode, avait offert autrefois de l'héberger toute la vie. Si le dernier des Mably était rentré dans l'hôtel de ses pères, c'était par la générosité du pauvre Saint-Génin.

On apporta les malles, et Lambert s'empressa de les ouvrir lui-même : « Tu ne te formaliseras pas, dit-il, si je t'ai apporté quelques produits du pays. Il y a de la pâtisserie et pas mal de charcuterie. Ça n'a pas de valeur en soi, mais ça varie un peu l'ordinaire d'un ménage. A propos, j'ai une faim de loup.

— Eh bien, on va te servir à manger.

— Est-ce que tu as déjeuné, toi ?

— Il y a longtemps.

— Et tu ne déjeuneras plus ?

— Non, mais qu'importe ?

— Ah ! bah ! Tu mangeras un morceau et tu boiras un coup pour me tenir compagnie. On a toujours un boyau disponible pour faire plaisir aux amis. »

Gontran n'était plus accoutumé à ce langage champêtre. Il s'estimait heureux d'être seul à l'entendre. Quel déplorable succès Lambert aurait obtenu dans le salon le moins maniéré du faubourg! On servit une sorte de collation dans le petit appartement du second étage : mais au moment de se mettre à table, Lambert se mit à faire des façons :

« Non ! disait-il, c'est trop d'embarras ; je ne veux pas déranger toute la maison. A quelle heure dîne-t-on chez toi?

— Comme partout ; à sept heures.

— Nous, à sept heures, nous appelons ça souper... parce que c'est notre quatrième repas. Décidément, j'irai déjeuner au café. Si tu avais faim, à la bonne heure! La fortune du pot, entre amis, c'est charmant. Mais tout seul, non ; c'est trop d'affaires. Quel est le meilleur établissement de Paris?

— Je n'en sais rien.

— Je te demande quel est le café où se réunissent les gens du monde, les officiers, l'aristocratie, les employés du gouvernement, tout enfin, pour jouer au billard.

— Toi, tu vas me donner du mal. Ce n'est pas dans huit jours que tu perdras ton goût de terroir. Commence par te camper là, et ne te fais pas prier : c'est province. Bois à ta soif et mange à ton appétit, vivement. Quand tu seras rassasié, je me mettrai en devoir de te débarbouiller à fond.

— Çà, dis donc, à qui en as-tu? Je suis propre.

— Personne n'a soutenu le contraire. Mais que d'ouvrage, bonté divine! et dans quel moment!

D'abord, je vais te faire couper ces cheveux-là.

— Pourquoi donc? Je les porte longs, c'est exprès.

— Tu en as le droit dans ton pays, mais à Paris, mon cher garçon, il faut se coiffer, se chausser et s'habiller comme tout le monde, et le propre d'un homme distingué, c'est de ne rien porter qui le distingue des autres. Qu'est-ce que c'est que cette jaquette-là?

— La même que tu trouvais si gentille à la Balme.

— C'est pourquoi tu aurais dû la laisser au pays.

— Attends donc! je vais me mettre en habit tout à l'heure.

— Il ne manquerait plus que ça!

— Ma jaquette, vois-tu, je l'ai prise pour le voyage. Elle est encore assez bonne; je la mettrai le matin pour sortir en pantoufles dans le quartier.

— Rue Saint-Dominique!

— Tu te moques de moi, parce que j'ai l'air un peu ahuri. — C'est la route et la faim. Encore une petite tranche de poisson de mer! Mais tu me retrouveras, mon vieux, et même plus dégourdi que tu ne m'as laissé. J'ai vu le monde depuis ton mariage.

— Allons, tant mieux!

Lambert vida deux grands verres de vin coup sur coup. « C'est *embêtant*, dit-il, que ton *larbin* n'ait pas donné deux verres. Je t'aurais bien forcé de boire, mâtin!

— Et comment?

— En portant la santé de Val... de ta f.. de ma cousine! Comment va-t-elle, ma jolie cousine?

— Bien, merci.

— Est-ce que je ne l'embrasserai pas tout à l'heure ?

Pas avant trois jours, elle est en retraite au Sacré-Cœur.

— Honneur et respect ! Et toujours aussi jolie ?

— Certainement.

— Et rien de nouveau dans la famille ?

— Non.

— Je t'en veux de ça. J'avais rêvé d'être parrain du mioche.

— Tu attendras peut-être longtemps.

— Enfin, malgré tout, vous vous aimez bien, pas vrai !

— Sans doute.

— J'espérais qu'après la noce tu m'écrirais de temps en temps pour me donner des nouvelles un peu détaillées. Ah ! bien ouiche ! Grand sournois, vas ! As-tu dû t'en donner, du plaisir ! Je ne te reproche rien ; c'était ton droit. Je t'ai dit : Sois heureux et rends-la heureuse ! Si le programme est rempli, je suis content.

— Nous sommes très-heureux, et nous n'avons pas oublié la reconnaissance qui t'est due.

— Tu n'as pas bien dit ça : nous sommes très-heureux. Non ! c'est froid, c'est guindé. Tu manques d'entrain, mon bonhomme. Il me tarde que la cousine rentre au bercail. Si elle a quelque chose sur le cœur, elle me le dira, et tu auras affaire à moi, mâtin de chien ! »

Gontran le laissait dire ; mais ce ton plus que

douteux, ces familiarités passablement indiscrètes le mettaient au supplice. Il ne savait pas si Lambert avait toujours été ainsi, ou s'il s'était gâté. Que faire d'un tel parent et d'un tel commensal? Impossible de le mettre à la porte : et le garder, le voir, l'entendre, le présenter surtout, c'était dur. Mably levait les yeux au ciel; il se voyait flanqué de son cousin pendant un mois ou deux, et martyr de l'hospitalité!

Le pire de l'affaire, c'est que le gros garçon n'était ni timide ni docile. Il rapportait, Dieu sait d'où, un aplomb formidable; il s'écoutait parler l'argot de la mauvaise compagnie avec un sourire d'approbation; il avait le cerveau farci de calembours à un sou la feuille et de ces plaisanteries nauséabondes que les garçons de théâtre transmettent aux garçons de café. Il ne s'agissait pas seulement de lui apprendre les mille choses qu'il ignorait, mais surtout de lui faire oublier les deux mille qu'ils avait apprises. Quelle corvée pour Mably!

Lambert lui raconta l'histoire de la famille dans un style que j'expurge à demi, par égard pour la délicatesse des lectrices.

« Il y avait donc trois ans que nous tirions le diable par la queue, lorsque la pauvre vieille de Narbonne éteint son gaz. Une indigestion d'andouillettes; elle a tourné de l'œil sans dire ouf. Pauvre vieille! Je l'aimais bien; j'y ai été de ma larme, malgré tout. Tu me diras qu'elle avait l'âge de la retraite; quoique ça, on n'aime pas à voir filer un pauvre petit être honnête et doux. Nous avons donc hérité des quarante mille sur le grand livre. La mère voulait tout de suite racheter un hôtel, un château et tout le bataclan; tu la connais! Moi, je lui dis : Maman, ne nous pressons pas. Un malheur ne vient jamais seul; attendez que nous ayons le sac de l'oncle Canigot : ça ne tardera guère. Je n'en ai pas eu le démenti. Le vieux est mort de faim. Comme il était malade, il a cru que ce n'était pas la peine de nourrir un corps détraqué : il a cassé sa pipe six semaines après la tante Saint-Génin. Ce qui nous a le plus *épatés*, c'est qu'il avait un testament chez le le notaire. Pas trop gentil pour la mère, le testament Canigot! Attendu que ma sœur est dépensière, désordonnée, etc., etc., etc., je nomme et j'institue mon neveu, Lambert de Saint-Génin légataire universel. » Maman n'a eu pour sa part que trente mille livres de rente, moi quatre-vingts, qui font cent vingt, comme j'avais l'honneur de te le dire, avec les quarante mille *balles* de la pauvre tante de Narbonne. Toi qui connais les hussards de la garde, est-ce qu'on peut mener la vie à Paris avec cent vingt mille francs?

— Oui, jusqu'à nouvel ordre. Tu veux donc quitter Lyon tout à fait?

— Ce n'est pas moi, c'est la petite.

— Aïe! Il y a une petite!

— Un amour de jolie femme! La perle de Lyon, rien que ça. As-tu de l'influence au théâtre?

— Dans quel théâtre?

— Ça m'est égal. Il faut que nous lui procurions un bel engagement; c'est même, avec le désir de t'embrasser, ce qui m'amène à Paris. »

Le comte protesta qu'il n'avait aucune influence sur aucun directeur de théâtre.

« Tu n'es donc pas abonné? dit Lambert.

— Si, à l'Opéra et aux Italiens. Mais les Italiens sont absents, et la demoiselle qui t'intéresse n'est probablement pas de force à débuter à l'Opéra. Qu'est-ce qu'elle joue!

— Tout ce qu'on veut! Elle chante, elle danse, elle est sublime dans le drame, elle te fera pouffer dans le vaudeville. Chambard, tu sais? le grand Chambard dit qu'elle a cent mille francs de rente dans le gosier, et Ducosquet, notre fiévreux Ducosquet soutient qu'il n'y a qu'elle au monde pour jouer *la Dame aux Camélias*. Je vais la mettre dans ses meubles; tu me donneras un coup de main : elle arrive dans quinze jours; il lui faut absolument Paris. Pas pour faire la noce, comme tu as l'air de le croire, mais pour prendre son rang à la tête de nos artistes. Si tu ne connais pas le directeur de l'Opéra, ni celui du Théâtre-Français, je les trouverai, moi! J'irai à leur café! »

Gontran éclata de rire à cette heureuse idée. Mais, réflexions faites, il promit au cousin de le mettre en relation avec le seul homme du vrai monde qui eût quelque influence dans les petits théâtres de Paris. En effet, après l'avoir un peu dégrossi par lui-même, il le livra pieds et poings liés à M. de Bourgalys.

Ces deux originaux devinrent bientôt inséparables. Odoacre pensait-il se rapprocher de Mme de Mably en prenant à forfait l'éducation de son cousin? Je crois plutôt que Saint-Génin lui plut parce qu'il ne ressemblait pas à tout le monde. Le professeur livra à son élève toutes les clefs de la mauvaise compagnie la plus élégante de Paris. Il lui apprit ce langage spécial qui devient plus inintelligible que le sanscrit à deux myriamètres du boulevard. Il ne se borna point à lui enseigner les modes d'aujourd'hui; il essaya sur ce gros corps les modes du lendemain. La première fois qu'ils soupèrent ensemble, ils se grisèrent si bien qu'ils se tutoyaient au dessert. Lambert ne manquait pas d'une certaine souplesse : il prit en quelques jours les manières et le langage de son nouvel ami.

Il commettait encore de temps en temps quelque léger solécisme; il disait : « nous avons mangé chez le meunier rouge avec des grisettes, » pour dire qu'il avait sucé un fruit au Moulin-Rouge, avec l'illustre Caroline Tambour et l'incomparable Ninon de Quimper; il insistait encore pour payer son écot lorsqu'un ami l'invitait à dîner; il était trop intime avec les garçons de café, il appelait le restaurant un hôtel, et embrassait les demoiselles aux courses. Mais on passe bien des choses à un homme qui est né, qui se présente à l'abri d'un patronage illustre, et qui jette l'argent sans compter. A la fin de la semaine, il sentait encore un peu la province, mais il n'était plus à montrer au doigt.

On put alors, sans trop d'inconvénients, le lâcher par le monde. Il revit la duchesse de Haut-Mont, les grands Lanrose du quai d'Orsay, les petits Lanrose de la rue de Ponthieu, toute sa famille enfin, qui le polit à tour de bras.

Les fruits de cette éducation furent amers à Mlle Angélique Cerceau, plus connue à Lyon, sous le pseudonyme de Florence. Lorsqu'elle débarqua dans Paris, ivre d'ambition et peut-être d'amour, elle étonna Lambert par sa maigreur, sa mauvaise grâce, sa toilette étriquée, son air piteux : une poupée qui a traîné dans le ruisseau. L'impression ne fut pas seulement dure, mais brutale. L'ami de Bourgalys, le cousin de Lanrose et du comte de Mably se demanda un instant si on ne lui avait pas changé ses amours dans le wagon. Encore une déception de l'optique! Il comprit immédiatement qu'il ne pouvait présenter à ses amis cette houri déplumée sans encourir un ridicule mortel. Et vite, il reconquit sa liberté moyennant finance. Mlle Cerceau accepta la transaction sur des bases fort équitables : on lui paya ses larmes au tarif de la province, qui n'est pas exorbitant comme le prix courant de Paris.

La duchesse de Haut-Mont et quelques autres personnes avisées expliquèrent cette rupture par la naissance ou plutôt la résurrection d'un autre amour. On crut que Saint-Génin s'était repris de passion pour Valentine de Mably. On se trompait. Sans doute sa cousine lui parut encore plus jolie qu'à la Balme : elle était justement dans le plein de sa beauté. Mais elle fit si pauvre accueil au généreux garçon qui s'était dévoué pour elle que Lambert ne dépassa point les limites de l'admiration.

Soit qu'elle rapportât dans les plis de sa robe une provision de froideur monastique, soit qu'elle fût arrivée au plus haut période de sa petite indisposition mentale, Valentine se montra plus morose qu'elle ne l'avait jamais été. Sans élever aucune plainte, sans chercher querelle à personne, elle affecta de continuer dans sa maison et dans le monde cette retraite qui au Sacré-Cœur n'avait duré que trois jours. Pendant tout près d'un mois, elle s'enferma si hermétiquement en elle-même que personne n'eut la tentation ou la hardiesse de troubler ce recueillement, Gontran moins que tout autre; il commençait à prendre son parti de cet ascétisme lunatique, et il avait l'esprit tendu ailleurs. Il cherchait l'occasion de revoir Éliane, et il la rencontrait quelquefois. Contrairement à ses habitudes, il fut exact chez elle tous les mardis.

Il n'y a pas d'intimité possible avec une femme le jour où elle ouvre sa porte à tout le monde; mais en été, quand Paris se dépeuple, les visiteurs ne sont pas si touffus qu'on ne puisse saisir par hasard deux minutes de tête-à-tête. On échange alors quelques paroles pressées qui, sans avoir un grand sens par elles-mêmes, tirent un certain prix de l'occasion, de la solitude, du vol fait au monde, de la confidence qui naît. Quand on ne dirait rien à une femme, sinon qu'on est heureux de lui parler seul à seule, ces simples mots créent pour ainsi dire un secret entre elle et vous. Les imaginations pourront partir de là et se donner carrière. L'un des interlocuteurs continuera son discours en retournant chez lui, l'autre n'aura pas un grand effort pour entendre la suite. Croyez-vous que la femme ait l'esprit moins inventif que l'homme, et qu'on ne devine pas, en votre absence, au moins tout ce que vous pensez? L'important c'est que le premier mot soit lâché, la communication établie.

Éliane regrettait probablement le petit sermon mystique qui lui était échappé un matin. Elle ne revint jamais à la charge; ce fut Gontran qui lui rappela cette conversion aussitôt oubliée qu'entreprise. Il fallait qu'elle eût l'esprit bien subtil ou la mémoire bien courte, car elle fit longtemps la sourde oreille. Les demi-mots les plus significatifs tombaient à ses pieds par douzaines sans qu'elle fît le geste d'en relever un seul. Un jour pourtant, elle aperçut M. de Mably dans la chapelle aristocratique où elle avait son prie-Dieu. Personne ne peut dire comment une dévote, sans lever les yeux de son livre, remarque les toilettes inédites ou les visages nouveaux qui l'entourent. Éliane aperçut Mably. Elle ne le regarda pas une fois de toute la cérémonie, et pourtant, par une sorte de miracle, elle nota ses moindres gestes et les jeux les plus innocents de sa physionomie. Quand la belle missionnaire retrouva son cathéchumène aux environs du bénitier, elle répondit à son salut par un regard très-savant que Champollion lui-même n'aurait pas su traduire.

Champollion a lu bien des choses sur les obélisques, mais rien absolument dans le regard des sphinx. Celui d'Éliane disait en propres termes : « C'est fort bien de fréquenter les églises; on vous sait gré de ce premier pas; mais votre éducation est toute à faire. Comment ignorez-vous qu'on imprime de beaux petits livres, qu'on les relie en cuir très-

doux, très-simple et très-modeste, avec les armes
du gentilhomme et des fleurs de lis alentour? Vous
devriez savoir aussi qu'on se met à genoux à tel moment, qu'on s'assied à tel autre, et que rester debout contre un pilier jusqu'à l'*Ite missa est*, c'est
déclarer à l'enfant de chœur lui-même qu'on n'est
pas venu à l'église pour prier Dieu. » Voilà ce que
la marquise de Lanrose sut enfermer dans un seul
regard, et ce miracle de concentration n'étonnera
pas ceux qui s'intéressent aux progrès de l'industrie
moderne. Que de choses ne fait-on pas tenir dans
un petit nécessaire? Et quels dictames le pharma-
cien ne loge-t-il pas dans un bonbon?

Ce coup d'œil contenait bien réellement tout ce
que je viens de dire, et la preuve c'est que Gontran
n'en perdit pas un mot. Comment aurait-il entendu
ces réflexions si Éliane ne les avait pas faites? Et
comment aurait-il couru se commander un livre, si
Mme de Lanrose ne le lui avait pas formellement
ordonné?

Je n'ai pas besoin d'ajouter que ces préoccupa-
tions lui firent oublier sa femme. Autrefois il la négligeait sans l'oublier; il la laissait libre de tous ses
plaisirs, tant sacrés que profanes, mais il tenait les
yeux sur elle et la regardait vivre avec un intérêt
assez vif. Il se réjouissait de la voir user sa jeunesse
aux choses innocentes, mais il n'abdiquait pas le
droit de discerner l'usage et l'abus. Si Valentine
avait tourné la pointe de son petit pied vers un des
mille sentiers qui s'écartent de la grande route, il
aurait été là pour lui donner la main et la ramener

galamment au devoir. Cet amoureux émérite, cet homme d'esprit vif et exercé n'avait pas besoin de tâter le pouls de sa femme pour savoir si elle avait la fièvre. Mais, quand le médecin a la fièvre lui-même, tout son diagnostic tombe en défaut pour un rien.

Le comte assista donc les yeux fermés, pour ainsi dire, à la révolution qui se fit au mois d'août dans l'esprit de Valentine.

Un jour que la jeune femme était encore plus sombre qu'à l'ordinaire, elle s'habilla en rechignant pour liquider un arriéré de visites. Il y avait un siècle de quinze jours qu'elle n'avait mis les pieds dans le monde mondain. Après sept ou huit courses inutiles (car Paris était déjà terriblement dépeuplé), elle arriva rue de Ponthieu et trouva Yolande au milieu d'un joyeux déménagement. Le vestibule était encombré de longues caisses apportées ou remportées par des garçons de magasin; la traversée du boudoir exigeait des tours de force : cinq ou six malles énormes, carrées, armées de fer, avaient tout envahi. Dans la chambre de madame et dans son cabinet de toilette, tous les meubles disparaissaient sous les jupes largement étalées; une table était couverte d'un véritable assortiment de cannes et de cravaches; les bougies des appliques étaient coiffées de vingt petits chapeaux, véritable musée où tous les siècles et toutes les nations de l'Europe avaient fourni leur contingent. Les costumes eux-mêmes composaient un petit carnaval assez folâtre : on voyait pêle-mêle des vestes espagnoles, des jupes écossaises, des paniers de bergères Louis XV, un habit d'incroyable et des bottes à gland de soie; beaucoup d'étoffes fraîches et de couleurs éclatantes; à cet assortiment de choses gaies, il ne manquait que des grelots; je crois même qu'on en aurait trouvé quelque demi-douzaine en cherchant bien.

Valentine fut tentée de se signer en entrant. Le luxe ne la scandalisait pas en lui-même; elle se souvenait d'avoir été aussi brillante que pas une femme de son monde, mais elle ne connaissait que les élégances réglées qui s'étalent dans les salons de Paris. La fantaisie débordante, outrageuse, insensée, qui se déchaîne aux bains de mer ou dans les villes d'eaux, était encore lettre close pour elle.

« Bonté divine! s'écria-t-elle; qu'allez-vous faire de tout cela? »

Yolande lui fit place sur une chaise, et lui dit après l'avoir embrassée :

« Chère belle du bon Dieu, je pars samedi pour Carville où nous nous amuserons comme des folles. Je comptais vous le dire demain en allant prendre congé de vous. Ma tante a son chalet là-bas, j'ai le mien, tout notre monde y est plus ou moins installé : c'est un pays superbe, une plage admirable on n'y manque de rien, on se baigne dans la mer, on chevauche dans les campagnes, on danse au casino, on joue un jeu d'enfer, on fait tourner la tête aux hommes et l'on mène une vie de polichinelle : voilà les plaisirs champêtres comme nous les comprenons; si le cœur vous en dit...! »

Tout en parlant, elle chiffonnait çà et là, sans rien ranger, sous prétexte d'aider sa mère et sa femme de chambre; elle essayait un chapeau, déployait une jupe, faisait siffler une cravache, et se regardait de face, de dos et de profil dans tous les miroirs de sa chambre.

Valentine sourit avec une bienveillance un peu dédaigneuse : « Je suis bien loin, dit-elle, de blâmer le plaisir et de censurer l'élégance. On peut aimer la paix et la simplicité sans imposer ses goûts à personne. Mais est-il vraiment nécessaire d'emporter tant de jolies choses pour s'ébattre au bord de la mer?

— Comment donc? mais je n'ai là que le strict nécessaire. Deux robes de chambre, six costumes du matin, trois toilettes d'excursion, quatre habits de cheval, dont deux en piqué... Ah! quel piqué, ma chère; une étoffe céleste! Voici le chapeau qui doit aller avec. Quatre robes de dîner, trois toilettes de bal, pas davantage! car la mode change en deux mois, et il faut se mettre au courant de temps à autre. Vous savez que Carville est infiniment plus chic que leur malheureux Trouville. Carville est une terre de choix; un coin sacré, une Vendée de plaisance où nous ne sommes que nous. Mme d'Aigues Rigny est ma voisine de droite, et je plonge sur le parc sans arbres de Mme de Raimbeuf. La petite Chamblin, pas la vieille marquise, la jolie, la femme de Chamblin-Futaille, s'est arrangé une maison de pêcheurs dans le goût le plus exquis. Isabelle de Gauterne, Michelle de Piquefeu, Jacqueline de Beauvenir, Ursule d'Oos et vingt autres jolies femmes ont pris l'avance : il paraît qu'on danse à défoncer la falaise et qu'on fait des toilettes à éblouir le soleil. Mais pardon, chère belle ! c'est bien mondain pour vous, ce que je raconte-là.

— Pourquoi chère ? Je n'ai pas pris le voile, que je sache. Un honnête divertissement, pris en bonne compagnie... On voit donc Mme de Raimbœuf ?

— Chère, tant qu'une femme ne s'est pas affichée, on en pense ce qu'on veut, mais on ne lui jette pas la porte au nez. Le monde ne rompt qu'avec les sottes qui ont rompu ouvertement avec lui.

— Comme Mme de Piquefeu, par exemple ?

— Mme de Piquefeu a été calomniée. La preuve, c'est que son mari a fait la paix avec elle ; on ne les rencontrait pas l'un sans l'autre l'hiver dernier. Voulez-vous que le monde soit plus méticuleux qu'un mari ? Je ne dis pas pourtant que la pauvre Michelle soit une femme à voir intimement à Paris. Mais à Carville ! au bord de la mer !

— En prenant un bain tous les jours !

— Fi ! la petite méchante ! Si c'est ainsi que les Pères vous ont appris la charité !... Sérieusement, ma belle, nous avons là-bas quantité de beau, bon et vrai monde. Je n'ai pas épluché tout le grain pour y chercher l'ivraie, mais Carville ne serait pas si bien posé s'il n'était pas bien composé.

— Aussi, mes objections n'étaient-elles qu'une taquinerie. Mais, ma belle chérie, comment M. de Lanrose peut-il quitter Paris tout un été ? Est-ce que le Humbé ne le tient plus nuit et jour ?

— Mon mari ? mais, cher ange, je ne l'emmène pas, mon mari ! Il a promis de venir me voir une ou deux fois dans la saison ; c'est plus qu'il ne m'en faut pour être heureuse. Il le sait bien, et je suis sûre qu'il n'abusera pas du chemin de fer. Nous serons passablement de veuves dans mon genre. Rien de plus simple et de plus fréquent aux bains de mer. N'y suis-je pas chez moi ? Ma tante n'est-elle pas ma voisine ? Les maisons sont de verre dans ce pays primitif, quoiqu'elles se construisent en brique. Raisonnez : la femme d'un marchand est-elle compromise pour aller aux bains de mer sans son mari ? Adhémar est un marchand qui sème l'or en poudre sur la barbe de ses aïeux ; voilà ce qu'il est. Mais faut-il tant d'excuses pour tirer chacun à part ? Tout le monde en fait autant, le siècle le commande, c'est un résultat du progrès ; la séparation des époux est la plus belle invention de notre temps. Nos maris ont leur éducation et nous la nôtre, leurs idées et nous les nôtres, leurs occupations et nous les nôtres, leur appartement et nous le nôtre...

— Leurs passions, et nous...

— O la mauvaise ! sur quelle herbe a-t-elle marché ce matin ? Est-ce que j'ai des passions, moi ? Oui, j'en ai une. J'aime le mouvement, le bruit, la toilette, le plaisir et la bonne nourriture. A qui fais-je du tort ? En suis-je moins bonne épouse, bonne fille (dites, maman !) et bonne mère ? Car vous ne savez pas, j'emmène mon fils aîné. Il se baigne avec nous, par faveur spéciale, et le coquin fait déjà des observations au-dessus de son âge. »

Valentine, au lieu de répondre, examinait les toilettes de son amie.

Yolande s'approcha d'elle, lui dénoua les brides de son chapeau par un geste de câlinerie, et dit : « S'il est permis à un amour comme elle de s'embéguiner de la sorte ! Ma chérie, laissez-moi vous essayer quelque chose !

— Non, non !

— C'est tout nouveau !

— N'importe !

— Un chef-d'œuvre du bon faiseur !

— On ne peut rien vous refuser, mon ange.

— Là ! voici le toquet miraculeux. On le porte avec ou sans muselière. Vous rappelez-vous, mignonne, le bon temps où je vous habillais en *madame*, sous le toit vénérable des Saint-Génin ?

— Et maintenant, vous me déguisez en gamin.

— Pas du tout ! c'est qu'il vous va dans la perfection. Par exemple, je ne pourrais jamais y faire entrer tous les cheveux. L'embarras des richesses ! Il faudrait faire un gros huit plus tombant, et alors...

— Alors, chérie, la tête et le bonnet se mettraient à tourner ensemble. Je me sauve. Adieu, beau démon tentateur ! Divertissez-vous bien à Carville, et n'oubliez ni vos amis, ni... le reste.

— Je n'oublie pas mes amis, à telle enseigne que j'irai encore vous embrasser avant mon départ. Quant au reste, mon petit ange malin, si vous entendez par là les célèbres devoirs, soyez sûre et certaine qu'il n'y a pas de danger. Ma foi non ; le jeu n'en vaut pas la chandelle. Il y a tant de façons de s'amuser plus agréables et plus variées que celle-là !

Valentine acheva sa tournée de visites, ne rencontra personne et ne s'en plaignit point. Les toilettes de Yolande papillotaient encore devant ses yeux ; les bavardages décousus de son amie bourdonnaient agréablement à ses oreilles ; il lui sembla qu'elle s'était trempée dans un bain de gaîté. Pour rester dans cet élément, elle se fit mener chez la duchesse de Haut-Mont, qu'elle avait bien négligée depuis deux ans. La duchesse faisait aussi ses préparatifs de départ. Elle avait une maison à Carville, mais ses toilettes étaient logées dans deux malles et l'on n'en voyait pas trace dans l'appartement.

Le hasard, qui souvent se pique de malice, avait rassemblé trois personnes dans le salon de la rue Cassette : deux habitantes de Carville et Odoacre de Bourgalys. Voici le bout de conversation que Valentine entendit dès la porte.

Odoacre venait d'entrer ; Mme d'Oos, une jolie blonde un peu trop maigre, était déjà levée pour partir. La duchesse livrait sa main à M. de Bourgalys et lui disait avec une bonhomie un peu coquette :

« Vous n'êtes donc pas perdu? Nous parlions de vous faire afficher. »

Mme d'Oos montra ses belles dents et dit :

« Quelle erreur ! M. de Bourgalys ne s'affiche pas ; c'est lui qui affiche les autres.

— Comment ! répondit Odoacre, vous vous sauvez

sur une méchanceté sans me laisser le temps d'improviser une réponse ! Ce n'est pas moi qui vous chasse, au moins ?

— Non, chasseur. »

La sortie de Mme d'Oos ne fit qu'un avec l'arrivée de Valentine. Ces deux femmes, qui se connaissaient un peu, échangèrent une révérence sur le seuil même du petit salon.

Mme de Haut-Mont fit fête à sa petite amie, et lui présenta Mme de Piquefeu. Valentine ne savait quelle contenance tenir entre une femme qu'elle avait jugée sévèrement une heure plus tôt, et Odoacre, qu'elle rencontrait pour la première fois depuis la terrible aventure. Pour se tirer d'affaire, elle prit la duchesse à partie et l'accapara tant qu'elle put, sans déparler. Mais la duchesse était toujours la vieille enfant terrible que vous savez. Elle ne manqua point de demander à M. de Bourgalys s'il était guéri de sa passion pour Valentine.

Odoacre répondit sans se déconcerter :

« Il ne faut pas exiger l'impossible. J'ai adoré Mme de Mably tant qu'elle a vécu : je l'ai pleurée quand elle est morte, et j'ai porté son deuil pendant une couple d'années. Il me semble que c'est assez gentil comme ça. »

Valentine rougit jusqu'aux oreilles. Elle ne put s'empêcher de répondre à ce fou, en lui montrant son joli visage : « Les gens que vous tuez se portent assez bien.

— Connu ! dit Odoacre. Je sais que l'accident n'est pas écrit sur votre physionomie. Il n'en est pas moins vrai que vous êtes morte et enterrée, ma pauvre madame de Mably. Que dit-on de nouveau dans votre petit sépulcre?

— Votre ami Gontran vous rencontre à peu près tous les jours. Il a dû vous donner des nouvelles de la maison.

— Oui, certes, et Saint-Génin aussi. Ils disent qu'on n'a pas ri depuis un certain temps sous ces voûtes profondes.

— C'est peut-être parce que le plus gai de nos amis n'y vient plus.

— Est-ce de moi que vous parlez, belle défunte?

— Et de qui donc, aimable vif?

— Je suis l'ami de Gontran et de Lambert, mais je ne suis pas le vôtre.

— Vraiment? j'ai démérité tant que ça?

— Non, je n'ai pas d'amitié pour vous. Vrai, comme je vous adore. J'ai beaucoup plus ou beaucoup moins, à votre choix. Et par malheur vous avez choisi.

— Les hommes sont incroyables!

— Oui, ils ont la manie d'aimer sérieusement.

— Vous?

— Nous, madame, et même moi. Un jour viendra que vous me rendrez justice.

— Vous changerez peut-être mon opinion, mais vous ne changerez pas mon cœur.

— Savez-vous seulement si vous en avez un? La vie que vous menez, la solitude que vous faites autour de vous, cette maison si joyeuse autrefois.....! Dites-lui donc, madame de Haut-Mont, qu'elle s'éveillera centenaire un beau matin, sans avoir jamais été jeune ! »

La duchesse interrompit le dialogue pour expliquer à Mme de Piquefeu que Valentine et Odoacre se faisaient la guerre depuis trois ans. Ce débat devait être lettre close pour qui n'avait pas vu les premières hostilités.

Mais la sémillante vieille ne perdit pas l'occasion de débiter un peu de morale à sa façon. Elle dit leur fait aux maris qui encapucinent leurs femmes pour se ménager des loisirs. « Ces messieurs s'imaginent qu'ainsi bâtées, les pauvrettes se garderont toutes seules; ils les mettent sous la surveillance des anges : c'est plus sûr, pensent-ils, et plus économique que le système turc. Mais ils ne songent pas que leurs femmes s'étiolent, dépérissent, meurent à petit feu, et que la société française va se dépeuplant de jour en jour. On ne rit plus, on ne badine plus, on perd la tradition charmante de ces bonnes bêtises où nous dépensions tant d'esprit. De mon temps, une jolie femme ignorait toutes ces momeries où vous perdez le meilleur de vos jours. Étions-nous moins fidèles ? J'en doute. Nos maris ne nous livraient pas aux bons soins des révérends pères; ils s'occupaient de nous eux-mêmes; c'est un petit travail qui porte sa récompense avec lui. Le feu duc, mon mari, n'était pas un jeune homme; il n'en est pas moins vrai que j'ai vécu pour lui tout entière, moi qui ne croyais pas aux grillades de l'autre monde et qui ne connaissais d'autre loi que mon plaisir. Pourquoi l'ai-je aimé seul ? Parce qu'il s'appliquait constamment à me paraître aimable, au lieu d'étouffer en moi la faculté d'aimer. Les hasards de l'émigration nous ont séparés plus d'une fois; nous avons pris chacun de notre côté tous les plaisirs permis; je ne me cloîtrais pas en Suisse lorsqu'il courait l'Allemagne ou l'Angleterre; mais nous savions aimer, nous avions des attaches assez fortes pour qu'on pût les allonger infiniment sans les rompre; aussi nos cœurs sont-ils restés unis. Si le père de Gontran, notre pauvre Améric, était encore de ce monde, il prendrait fait et cause pour vous, chère petite, et vous délivrerait des ténèbres extérieures où son nigaud de fils vous enferme depuis deux ans! »

Valentine défendit Gontran; elle assura qu'elle avait choisi elle-même, par goût, cette vie quasi-monastique. Mais personne ne voulut la croire; on lui prouva que ses beaux yeux, ses admirables cheveux, sa merveilleuse petite bouche et toutes ses beautés l'une après l'autre, protestaient contre une telle affirmation. La femme la plus spirituelle du monde se défend toujours mal contre l'autorité de ces argumen's personnels. Essayez de répondre au monde lorsqu'il vous dit : vous êtes trop jolie pour professer telle opinion! Il y a contradiction flagrante entre l'éclat de vos yeux et la théorie que vous soutenez! Vos petits doigts en fuseau sont trop délicats et trop blancs pour qu'il vous soit permis de prendre telle cause en main! Il n'y a pas de place pour tel mot dans une bouche comme la vôtre!

La comtesse soutint l'assaut; mais en rentrant chez elle, elle se demanda sérieusement si c'était elle ou son mari qui l'avait vouée à la prière, à la retraite et à tous les exercices de la dévotion. Elle se souvenait vaguement d'avoir choisi ce genre de vie après une secousse un peu forte, mais il lui semblait que Gontran ne l'en avait pas assez détournée; qu'il aurait pu d'un mot la regagner au monde; qu'il se résignait trop; qu'il semblait empocher, comme une aubaine, le martyre d'un être faible et charmant.

Le soir, à table, elle essaya d'animer Lambert et son mari; elle voulut être pétillante. Mais sa gaieté forcée n'éveilla point d'écho. Lambert était rompu de fatigue. Suivant son expression pittoresque, Paris lui sortait par les coudes; il en avait plus que son soûl. Il annonça que Bourgalys et lui songeaient à faire un petit voyage : Bade, Wiesbaden, Hombourg, Spa, quelques bains de mer; un itinéraire très-libre et très-amusant. Le comte semblait préoccupé d'autres projets, mais il n'en faisait confidence à personne. Le fait est qu'il avait échangé quelques paroles avec Éliane, et qu'un espoir plus sérieux, qu' 1e faiblement motivé, s'était insinué dans son âme. Valentine se sentit presque étrangère dans sa maison, entre deux hommes qui l'avaient passionnément aimée. Il lui sembla, pour la première fois, qu'on avait muré toutes les portes derrière elle, tandis qu'elle courait les mansardes et les couvents.

Elle exprima je ne sais quelle fantaisie de spectacle; Gontran ouvrit des yeux presque scandalisés. C'était mal prendre son temps; il faisait chaud, on étouffait dans les théâtres. Comment, elle qui n'allait pas aux Italiens en janvier sans une sorte de répugnance, s'avisait-elle d'affronter un mauvais drame au mois d'août?

Elle changea de note et proposa aux deux amis de passer la soirée à l'hôtel et de prendre le thé au jardin. Gontran objecta que le thé était encore plus chaud que le spectacle. Il avait fait le plan de sa soirée; ses amis l'attendaient sur la terrasse du club; l'habitude de sortir tous les soirs était prise. Si Valentine avait insisté quelque peu, si elle s'était mise en frais de coquetterie, son mari eût sacrifié de grand cœur les amis, la terrasse du club et toutes ses habitudes; elle risqua si timidement sa petite proposition que Gontran n'y vit qu'une simple politesse. Il y avait si longtemps qu'on n'avait essayé de le retenir à la maison! Presque toujours Valentine avait la soirée prise par des offices, des conférences, des exercices de dévotion ou des assemblées de charité.

Elle affecta de prendre son parti, car elle avait toujours un petit amour-propre; elle feignit même de se rappeler qu'un devoir important l'attirait à Saint-Christophe ce soir là. Mais, après le départ des deux cousins, elle courut s'enfermer dans sa chambre et pleura. A quel propos? Elle n'en savait rien elle-même : son mari ne lui avait rien dit ni rien fait de désobligeant; cette journée de visites n'avait été signalée par aucun événement fâcheux. Un étalage de robes et de chapeaux chez Yolande, un étalage de paradoxes plus ou moins spirituels chez la duchesse de Haut-Mont, c'était tout! Et pourtant elle se sentait lasse dans tous ses membres; la maison lui paraissait froide au mois d'août; son cœur sonnait le creux; elle promenait les yeux autour de sa chambre et n'y rencontrait pas un seul objet où le regard s'accrochât avec un sentiment de plaisir. Ses souvenirs les plus intimes et les plus doux étaient restés suspendus aux patères de l'hôtel Meurice. Décidément on a tort de ne pas se marier dans la maison où l'on doit vivre.

Le comte revint tard de son club, et comme il était le plus discret des hommes, il n'eut garde de réveiller sa femme, qui ne dormait point.

Le lendemain, il monta à cheval avec Saint-Génin, et fit dire à Valentine qu'il déjeunerait probablement au bois de Boulogne. Il passa donc presque toute la matinée à saluer ses amis de cheval, selon la formule stéréotypée que chacun sait:

« Bonjour !

— Joli temps.

— Un peu chaud; on a beau se lever matin. Comment la partie a-t-elle fini?

— Ne m'en parlez pas! Je me suis *culotté* de deux cents louis.

— Ce n'est pas la mort d'un homme.

— Non, mais c'est bête. On serait si bien dans son lit!

— Avez-vous vu, chez Mathan, cet attelage qui est arrivé d'Angleterre?

— Non; ça vaut-il la peine?

— Superbe! mais d'un prix! Il parle de vingt mille.

— C'est salé. Je reviendrai par là. Et vous connaissez-vous cette jument alezane qui est chez Josué ?

— Non. Depuis quand ?

— D'hier. Il faut voir ça. Un sang, mon cher, à tout casser.

— Même les os ! Merci ! Nana va bien ?

— Lâchée !

— Ah !... Bonjour !

— Bonjour ! »

De son côté, Valentine alla entendre la messe des bons Pères, puis elle causa un grand quart d'heure avec M. Gaumiche, qui lui prêcha les distractions de la campagne. Il s'éloignait lui-même de Paris, avec la permission de ses supérieurs, pour prendre les eaux de Niederbronn. Les austérités du carême et les fatigues du saint ministère exigeaient impérieusement cette réparation. Le bonhomme exhortait toutes ses pénitentes à suivre son exemple ; il leur permettait même de s'abstenir des sacrements pendant une partie de l'été ; car il est avéré, dans la haute dévotion parisienne, qu'il n'y a pas de confesseurs possibles en province.

Ce départ attrista Mme de Mably. Qu'allait-elle devenir pendant un mois, loin du seul homme qui eût sa confiance entière ?

Elle rentra à l'hôtel, tandis que son mari changeait de toilette, et ces deux êtres, unis par un miracle de l'amour, se rencontrèrent, pour la première fois de la journée, dans leur salon, sous les yeux de la comtesse Adhémar et de la vieille duchesse.

Mme de Haut-Mont et sa nièce couraient ensemble

pour leurs visites d'adieu. Chemin faisant, elles avaient parlé de Valentine, et ces deux graves personnes étaient tombées d'accord sur les malheurs de la jeune femme et les persécutions de Gontran. Elles se croisèrent bravement pour la délivrance de leur amie : il fut résolu dans la voiture que Valentine viendrait à Carville, avec ou sans mari. Le beau Mably tomba donc dans une véritable embuscade : il fut lardé de petits mots piquants, mais il ne les sentit même pas. La préoccupation de son amour naissant formait autour de lui une cuirasse impénétrable. On le battit en brèche, lui, sa maison, son mobilier, sa vie casanière et le despotisme auquel il soumettait sa femme ; on raconta l'histoire allégorique de ces deux époux enfermés qui finissent par se dévorer l'un l'autre : « Le commissaire de police, averti trop tard, ne trouva plus que la canne du monsieur et l'ombrelle de la dame! » La duchesse exposa par le menu toutes les conséquences de l'ennui claustral ; Yolande fit un tableau des plaisirs innocents qui foisonnaient à Carville ; Gontran n'entendit rien, ne vit rien, ne remarqua rien, sinon que ces deux dames étaient encore plus bavardes et plus déraisonnables qu'à leur ordinaire. Mais il n'eut pas l'idée de se demander pourquoi. Cherche-t-on à savoir pourquoi les mouches redoublent d'importunité à l'approche d'un orage?

Son calme étonna bien les deux amies de sa femme. Elles y virent l'effet d'une profonde et machiavélique dissimulation. Yolande et la duchesse s'avouèrent vaincues et s'inclinèrent devant cette volonté ferme, inébranlable, qui n'était pas même effleurée par les arguments les plus décisifs. La duchesse disait, en remontant dans sa voiture : « Quel homme! Aussi renfermé que son pauvre père était ouvert! Il a manqué sa vocation; sa place était dans la diplomatie. »

VII

LA CRISE

Après le départ des voyageuses, Gontran revint au salon, baisa le front de Valentine, et lui demanda comment elle s'était portée depuis la veille.

Je ne sais pas, répondit-elle. »

Il ne songea pas même à relever le mot, soit qu'il ne l'eût pas entendu, soit qu'il fût accoutumé aux caprices nerveux de sa femme. Valentine prit une tapisserie et se blottit dans un coin. Il fit sauter la bande d'un journal, ouvrit la porte-fenêtre du jardin et se mit à cheval sur une chaise.

Sa femme levait les yeux sur lui de temps à autre, puis reprenait sa tapisserie avec un geste d'impatience. Quant à lui, il buvait à petites gorgées la prose du journal bien pensant, laissant errer ses yeux sur les arbres du jardin, suivant sans y penser les ébats de deux merles, et rêvant à ce sermon de charité où la marquise de Lanrose lui avait presque donné rendez-vous pour demain.

Valentine, qui était assise devant la pendule, trouva charmant d'interrompre les contemplations de son mari :

« Que dit-on de nouveau dans la gazette?

— Mais rien, cher ange. Ah! si. On dit qu'avant six mois les Autrichiens auront la guerre.

— Heureux Autrichiens!

— Comment?

— Dame, ils n'auront pas le temps de s'ennuyer.

— C'est juste. »

(Un bon moment de silence). Valentine reprit à brûle pourpoint :

« Quelle heure est-il? »

Gontran se leva sans marchander, regarda la pendule et répondit :

« Vous auriez pu le voir de votre place; il est deux heures. »

Il reprit son journal, sa chaise et sa rêverie. Valentine aurait voulu le battre. Elle attendit qu'il fût bien installé au fond de ses pensées pour élever la voix de nouveau.

« Quel jour est-ce aujourd'hui?

— Ces dames l'ont dit tout à l'heure : c'est vendredi.

— Ah!... alors, faire atteler le coupé à trois heures, voir deux familles pauvres dans la rue du Cherche-Midi; visiter, pendant qu'on y est, la marquise de Pontéjoux et converser très-sérieusement sur la pluie et le beau temps, avec accompagnement de baromètre ; à quatre heures, entrer à la pension des bons Pères et porter des gâteaux au petit Léopold de Girenseigne.

— Vous pouvez rayer ce chapitre-là. Léopold est parti en vacances depuis trois jours.

— Heureux Léopold ! Il a des vacances !... Donc faire un tour de promenade dans cet abominable Paris, ou respirer, à mon choix, la poussière du bois de Boulogne ; à six heures, rentrer à l'hôtel et faire une toilette modeste... Pourquoi la mode exige-t-elle qu'on porte toujours des gants trop longs ?

— Parce que les gants sont faits pour protéger les mains et non pour les montrer aux passants de la rue.

— Merci !... A sept heures, vous savez que nous dînons chez la princesse Galeazzi, en petit comité, avec l'abbé Pruchot et une demi-douzaine de chats. Quel plaisir !

— Pourquoi avez-vous accepté ?

— Laissez-moi terminer le programme de la fête. A neuf heures, recevoir les adieux de mon doux seigneur qui va fumer au club je ne sais combien de cigares ; à neuf heures cinq minutes, prendre place à une table de whist et jouer le mort jusqu'à onze heures, plaisir mondain s'il en fut. A onze heures, remonter en voiture et rentrer définitivement à l'hôtel, où *la Couronne des grâces* et *Fabiola*, romans sérieux, m'endormiront avant minuit. Oh ! nous aurons bien du plaisir, moi surtout, dans cette belle journée de jeunesse !

—Mais vous n'êtes obligée à rien, Valentine, et si..

— En revanche, demain ! Ah ! demain ! ce sera absolument la même chose, sauf le whist de Mme Galeazzi qui sera remplacé par la conférence du père Tricotel !

— C'est un saint homme, chère amie, si j'en crois ce que vous m'avez toujours dit. Il faudra même que je l'entende un jour, car il est à la mode.

— Comme les gants trop longs. Enfin ! Encore une heure de tapisserie ! J'aurai le temps de remplir le fond. Savez-vous où l'on a mis ces dernières romances ?

— Quelles romances ?

— Celles qui sont autorisées par la congrégation de l'Index. Vous savez bien qu'on n'en admet pas d'autres. »

Gontran se leva avec l'empressement le plus aimable et apporta devant sa femme tout le casier à musique.

« Merci, dit-elle. Décidément, j'aime mieux chanter de mémoire. Il y a ce noël arrangé par Nicoud ; je veux que vous m'en disiez votre avis. »

Le comte s'étendit dans un fauteuil et supporta les premiers couplets jusqu'au septième. Mais le noël en comptait dix-huit, et Valentine l'avait choisi par malice plutôt que par goût. Au huitième, Gontran tomba dans une espèce de mélancolie qui ressemblait fort au sommeil. La promenade du matin, le grand air, la digestion d'un déjeuner solide, la musique un peu traînante du noël, tout excusait cette faiblesse.

Mais Valentine ne la pardonna point. Elle referma

le piano avec violence, tira un cordon de sonnette, et dit à son mari :

« En vérité, monsieur, c'est du dernier galant. »

Elle se retourna au même instant vers le valet qui avait ouvert la porte :

« Dites qu'on attelle le coupé.

— Chère amie, dit Gontran, je vous demande un million de pardons. J'étais là, je... réfléchissais. Le temps est d'une pesanteur accablante.

— Avez-vous jamais songé, monsieur, vous qui réfléchissez souvent, à la triste condition des femmes de bien ? Quelle existence ! se lever tous les matins, se coucher tous les soirs, tourner comme un cheval de manège dans un cercle d'occupations inutiles, de visites ennuyeuses, de cérémonies glaciales, de devoirs insipides et de plaisirs plus fades encore que les devoirs !... »

Le comte se jeta en arrière comme un voyageur qui aurait marché sur la queue d'un tigre, mais sans quitter un instant le sourire immuable des gens du monde :

« Quelle explosion ! dit-il.

— Ah ! tant pis ! C'est l'ennui comprimé qui éclate !

— Quoi ! vous vous ennuyez ! Et vous ne le disiez pas !

— Je ne m'ennuie pas, non; je me consume ! L'uniformité de la vie que je mène me tue à petit feu ! Dire que le petit Girenseigne a des vacances, que ses professeurs ont des vacances, que les avocats, les juges, les hommes les plus graves de Paris,

15

nos confesseurs eux-mêmes ont des vacances ! Mon coiffeur, mon coiffeur ! m'a fait savoir ce matin qu'il prenait ses vacances ! Il n'y a que moi seule qui marche sans m'arrêter dans un sentier battu et rebattu, et qui n'obtiens jamais de vacances !

— Nous sommes au moins deux, chère amie, car si vous entendez par vacances une rupture avec toutes les habitudes de la vie, je n'en prends certes pas plus que vous.

— Eh ! quelle différence, monsieur ! Votre vie de chevaux, de clubs et de cigares est mille fois plus variée que la nôtre !

— Vous me rendrez pourtant cette justice que je ne vous ai jamais refusé ni distractions ni plaisirs. S'il vous a plu d'embrasser une existence de jeûnes et de mortifications, ce n'est pas moi qui vous l'ai conseillée : on connaît mes principes, Dieu merci ! Depuis que vous avez trouvé joli d'interposer vingt moines, deux cents nonnes et deux mille mendiants entre vous et moi, je n'ai pas abusé des loisirs qui m'étaient faits. On ne vous a pas dit que je me fusse jeté à corps perdu dans les folies parisiennes ; chaque fois qu'il vous a plu de me retenir, je suis resté....

— Eh ! mon Dieu ! restez, courez, soyez fou, soyez sage ; mais changeons, au nom du ciel ! Ne nous pétrifions pas pour un nouveau siècle dans cette odieuse immobilité ! Je me disais tout à l'heure, en faisant mes adieux à ces dames, que si... mais vous allez vous scandaliser contre moi.

— Vous savez bien que non. Dites ce que vous

pensiez en faisant vos adieux à ces personnes raisonnables !

— Je me disais, Gontran, que si les femmes de notre monde avaient deux ou trois mois dans l'année pour vivre à leur fantaisie et se promener librement hors du cercle de leurs ennuis...

— Hé bien ?

— On ferait une provision de philosophie ; on remplirait ses poumons de grand air ; on serait plus forte et plus gaie à la rentrée des classes ; et si, dans les dix mois de l'année scolaire il se rencontrait par hasard quelques instants comme celui-ci, on se consolerait en effaçant les jours du calendrier et en rêvant aux vacances prochaines !

— Bellement, bellement, petite collégienne ! Je ne suis pas un ennemi de la liberté, mais encore faudrait-il savoir ce que vous entendez par là.

— Vous me connaissez trop pour que l'équivoque vous soit permise. Je ne demande qu'une liberté honnête et chrétienne, telle qu'on peut l'accorder sans crainte à la comtesse de Mably.

— Il faut que j'aie l'entendement fermé ce matin, car je m'exténue à vous comprendre. Souhaitez-vous que je vous mène aux glaciers de la Suisse ? aux lacs d'Écosse ? aux rochers de Penmarch ? aux précipices de Gavarnie ? Je ne vous refuse rien, mais soyez avertie que tout cela est assommant.

— Je ne vous demande pas le sacrifice de vos habitudes.

— J'avais bien deviné, mais je ne voulais pas m'en croire.

— Yolande va seule à Carville.

— Il fallait donc me dire sans détour que cette place émaillée de crinolines flamboyantes exerçait sa petite fascination sur vous. C'est Carville que vous rêvez?

— Peut-être.

— Avec ou sans moi, décidément?

— Voulez-vous me permettre un accès de franchise? Des vacances avec vous, mon cher maître, ne seraient plus des vacances.

— Tiens! tiens!

— J'ai besoin de vous regretter, ou plutôt, passez-moi cette coquetterie, j'ai besoin que vous me regrettiez.

— Expérience très-critique!

— Vous m'aimez, je le crois; mais je crois aussi que vous ne savez pas vous-même comment ni combien vous m'aimez. Nous ne nous sommes pas assez quittés, nous avons vécu trop constamment ensemble; c'est pourquoi nous ne sommes pas plus unis. Je parie, et j'espère, qu'après avoir passé seulement deux mois loin de votre femme, vous serez guéri de l'indifférence ou de la satiété que vous étaliez tout à l'heure entre les bras de ce fauteuil!

— Mais je vous jure, Valentine...

— Ne jurez pas! vous avez dormi.

— Est-ce pour tout de bon que vous me proposez deux mois de veuvage?

— J'ai dit deux ou trois; mais va pour deux, si ce chiffre vous agrée.

— Et ne craignez-vous pas qu'en votre absence

il me prenne tentation d'abuser de ma liberté ?

— Non.

— Vous êtes donc bien sûre de moi ?

— Comme de moi-même, et c'est tout dire.

— Vous avez raison, Valentine ; merci.

— Et vous m'accorderez ce que je vous demande ? Bientôt ?

— Dès demain, si vous voulez.

— Sérieusement ?

— Gaiement. Mais qui diable vous a mis cette idée en tête ?

— Yolande, la duchesse, tout le monde ; et vous plus que personne, monsieur du fauteuil !

— C'est-à-dire que, pour un péché de sommeil, vous me mettez en pénitence !

— Et vous voyez que mon idée n'est pas si mauvaise, puisque déjà vous redevenez galant !

— Vous ne me défendrez point de vous visiter à Carville ?

— Il ferait beau voir que vous n'y vinssiez pas ! Adhémar lui-même fait le voyage !

— Mais comment pensez-vous vous y installer ?

— Je n'emmène que Juliette. Voilà !

— Juliette est le modèle des femmes de chambre, mais elle ne vous bâtira pas un chalet.

— Nous en louerons un tout bâti.

— Il n'y a plus rien dans le village à ce moment de l'année.

— Quoi ! Pas même une cabane de pêcheur ?

— Pas même, ou je serais bien étonné.

— Qu'à cela ne tienne ! Yolande est chez elle, et

installée grandement, car elle emmène moitié de sa maison. Si elle ne loge ni sa mère, ni la duchesse, elle aura bien sans doute un petit coin pour moi. Je vais la voir !

— Vous savez qu'elle est en tournée de visites.

— Allons lui demander à dîner.

— A la veille d'un départ, Yolande doit dîner au restaurant.

— Hé bien ! je cours rue de Ponthieu, je lui laisse un rendez-vous pour sept heures, nous passons la soirée tous ensemble, et demain, adieu Paris !

— Vous ne doutez de rien ; c'est admirable. Et quelles toilettes emportez-vous là-bas ?

— Tout ce que j'ai de fait.

— Vos robes de Paris sont bien sérieuses pour la plage de Carville.

— Oui, mais ma couturière me bâclera, s'il le faut, dix costumes en quatre jours.

— Peste ! Je ne vous reconnais plus, ma chérie.

— C'est la joie !

— Mais nous devons dîner chez Mme Galeazzi.

— Écrivez-lui que je suis malade et que vous me tenez compagnie.

— Un gros mensonge !

— Je le prends sur moi. Sur dix mensonges il y en a neuf innocents ! C'est la théorie du père Gaumiche. Quel bonheur ! Je ne ferai pas maigre ! Je ne jouerai pas le whist ! Je ne sentirai pas le tabac de l'abbé Pruchot ! Je n'irai pas demain au sermon du père Tricolet ! Cette idée me rajeunit de vingt ans !

— En effet, cher baby, vous n'en avez plus que six. »

Gontran s'arrangea comme il put avec Mme Galeazzi qui était ce qu'on appelle une vraie brebis du bon Dieu. Valentine, de son côté, courut chez Yolande, ne la trouva point, envahit le cabinet d'Adhémar, apprit que le ménage avait fait retenir un salon du café Anglais, et décida de son autorité charmante que le tête-à-tête conjugal se transformerait en partie carrée.

Mais Adhémar entre six et sept heures, rencontra Saint-Génin et Bourgalys sur le perron de Tortoni. Les deux jeunes gens s'invitèrent. Yolande, qui n'avait eu vent de rien et qui craignait peut-être de dîner seule avec son mari, amena la duchesse de Haut-Mont. Le dîner tournait à la partie de plaisir.

L'étranger s'imagine que Paris est peuplé de cabarets élégants. Il n'y en a pourtant que quatre ou cinq, et je m'étonne que ce peu suffise à tous les besoins de la bonne et de la mauvaise compagnie. Il est vrai que la bonne compagnie dîne généralement chez elle. Lorsqu'un couple aristocratique se fait conduire au restaurant, c'est neuf fois sur dix pour satisfaire un caprice de madame, accepté ou subi par monsieur. Les hommes ne sont pas fous de cette petite débauche. Pour peu qu'on ait vécu, on connaît particulièrement tous les cabinets de Paris : on retrouve au fond des salières et au bout du nez du garçon des souvenirs qui n'ont rien de conjugal. Un mari délicat et qui a pour sa femme le respect qu'elle mérite ne peut guère, sans un froissement intérieur, la voir assise à la place de Mlle Tata, les pieds sur le tabouret de Mlle Marco, le visage reflété dans la glace où Mlle Chippe a dessiné son cœur avec la pointe d'un diamant, un soir que la poudre de riz demandée n'arrivait pas assez vite. Malgré le soin qu'on prend d'ouvrir toutes les fenêtres après le départ de chaque société, il reste bien dans l'atmosphère une bouffée de cigarette. Or, le mari le moins scrupuleux, celui-là même qui a pris un potage aux œufs pochés la nuit dernière avec Mlle Brindisi, rougirait à l'idée que la mère de ses enfants avale la fumée de Mlle Brindisi.

Mais il faut bien qu'on l'avoue, ce sacrilège, qui choque la pruderie du sexe fort, n'inspire aucune répulsion aux plus honnêtes femmes. La curiosité chez elles est plus forte que tout. Le vrai monde recherche avec une incroyable avidité les secrets de l'autre. Et comme on ne vend pas tous les jours le mobilier de Mlle X ou Z; comme une femme de bien ne rencontre pas souvent l'occasion de visiter les salons, les boudoirs, les cabinets de toilette où les millions se fondent comme dans un creuset, elle se console en pensant qu'elle est assise à la même place que ces demoiselles, servie par le même garçon et nourrie des mêmes truffes. L'imagination se donne carrière et parcourt tous les cabinets du voisinage; une syllabe échappée à travers quelque mince cloison, devient le thème d'un roman complet.

Ce n'est pas tout. Au bout d'une heure, les parois échauffées par le gaz commencent à évaporer les idées et les sentiments dont elles sont imprégnées. Car il est bien démontré que nos habitations, par une sorte de rayonnement moral, échangent perpétuellement quelque chose avec nous. Pourquoi les vieilles cathédrales imposent-elles au sceptique le plus déterminé une vénération irrésistible ? C'est parce que des millions d'hommes sont venus pendant plusieurs siècles exhaler sous ces voûtes l'adoration, le respect et la terreur. Le granit est saturé de prières ; il épanche son trop-plein sur nos générations sans foi. L'impression est tout autre dans une église neuve, on y trouve bien strictement la piété que l'on y apporte soi-même.

Les spéculateurs se demandent pourquoi un théâtre neuf fait rarement de bonnes affaires. C'est parce que les murs ne sont pas encore imprégnés de sentiments humains. Le vieil Ambigu est tout trempé de larmes qu'on y a laissées ; il évapore incessamment une sorte d'humidité sentimentale qui va se condenser d'elle-même entre les cils des spectateurs. Vous y pleurez d'instinct sur telles infortunes qui vous laisseraient froid dans un théâtre neuf. La salle du Palais-Royal a des trésors de gaieté folle, accumulés entre les pores du bois et les interstices de la pierre. Un parfum de bonne farce se répand dans l'atmosphère aussitôt que le gaz est allumé. Mille atomes joyeux s'éparpillent autour de vous et vous chatouillent pour vous faire rire avant le lever du rideau.

Cette loi, peu observée jusqu'à nos jours, explique la gaieté bruyante et la désinvolture excessive des mères de famille égarées dans un cabinet de restaurant. Ce n'était certes pas le vin de Champagne en carafes qui troublait le cerveau de Valentine et d'Yolande. Si elles parlèrent un peu trop et trop haut, si leurs yeux pétillants jetèrent l'incendie dans les cœurs de Lambert et d'Odoacre ; si elles les engagèrent presque formellement à renfermer leur grand voyage dans la banlieue de Carville ; si l'on alla rire en sortant de table dans un petit théâtre étouffant, si l'on revint souper en bande, sans faim ni soif, pour le chaste plaisir de déraisonner en commun ; si le lendemain, au réveil, Odoacre et Lambert étaient retombés amoureux de Mme de Mably, la faute en est sans doute aux parois du cabaret qui transpirent la facilité des femmes et la hardiesse des hommes.

Yolande, on le devine, avait été charmée de conquérir Mme de Mably. Elle lui offrit avec empressement la moitié de son chalet et l'hospitalité la plus complète. Tout ce qu'elle emportait fut mis au service de sa gentille amie sans excepter ces costumes brillants que Valentine avait tant admirés la veille. Il y en avait assez, Dieu merci, pour deux personnes ; on pouvait les partager, tandis que les tailleurs et les couturières en feraient d'autres. Or Valentine, par une anomalie inexplicable et pourtant assez commune, était fort bien habillée dans les corsages d'Yolande, qui ne lui ressemblait en rien.

Dans ce premier élan de générosité féminine, la comtesse Adhémar promit à Valentine son meilleur cheval de selle ; car elle en emmenait deux. Le cheval lui était ordonné par les médecins, mais elle n'en usait guère qu'en Normandie. Elle se trouvait un peu trop forte pour paraître en habit ajusté dans les contre-allées du bois de Boulogne, tandis qu'aux bains de Carville, étant reine et maîtresse, elle pouvait braver la critique.

La jeune amie s'était tellement effacée depuis plus de deux ans, que Mme de Lanrose ne pouvait voir en elle une rivale à craindre. Elle la regardait bien plutôt comme un joli satellite à montrer. Rien n'est plus agréable aux femmes à la mode que d'entraîner dans leur orbite une cour élégante, jeune et gaie. Le plaisir de briller ne serait pas complet sans la gloire d'éclairer, de faire rejaillir sur des astres secondaires les rayons qu'on projette autour de soi.

Lorsqu'une jolie femme a fait choix d'un bain de mer, elle voudrait y entraîner non-seulement ses amies, mais ses plus simples connaissances. Elle n'a ni repos ni trêve jusqu'à ce qu'elle ait amené la foule sur un rocher ou un banc de sable qui tirait de la solitude son charme le plus doux. C'est que les Parisiens et surtout les Parisiennes ne supportent la campagne qu'à condition d'y retrouver Paris. Yolande avait encore deux raisons pour inviter le beau monde à Carville. Amour-propre d'auteur : elle avait découvert ce petit port de Normandie, aussi vrai qu'Alphonse Karr est l'inventeur d'Étretat. Enfin (j'ai conservé celle-ci pour la dernière), ce spéculateur en jupons avait acheté pour un morceau de pain la moitié du pays ; Mme Gilot était propriétaire du reste. La mère et la fille vendaient cinq ou six francs le mètre des terrains dont l'hectare ne leur avait pas coûté cent écus. Or le pays était si pittoresque que tous les visiteurs, à la fin de la journée, achetaient un petit parc de sable et de cailloux et commandaient un chalet.

Les projets de départ étaient bien arrêtés et rendez-vous pris pour le samedi soir, quand la joyeuse compagnie se dispersa vers deux heures du matin. Le comte et la comtesse de Mably rentrèrent chez eux dans une voiture de remise avec Lambert de Saint-Génin, que le grand air acheva. Il était parfaitement gris. Devant un tiers qui n'a plus sa raison, on se sent presque en tête-à-tête. Valentine fit mille agaceries à Gontran, mais Gontran y répondit peu. Il pensait à sa liberté reconquise et aux vacances où il allait entrer lui-même. Du reste, il avait chaud, il était las, l'air méphitique du théâtre et l'air fumeux du restaurant l'avaient coiffé d'une calotte de plomb. Dans ces dispositions, un mari a des yeux pour ne pas voir la gentillesse de sa femme et des oreilles fermées aux plus tendres provocations. Il ramena Valentine jusque chez elle, et, sous prétexte de coucher Saint-Génin, il gagna son lit sans détour.

Si grand docteur qu'on soit dans l'étude du cœur féminin, on n'entend pas toujours sonner l'heure de la crise. Tous les maris se promettent de veiller au grain quand le moment sera venu, mais plus d'un cherche à l'horizon les dangers qui lui pendent sur la tête. La science vous apprend des généralités fort belles et fort utiles, mais pour les appliquer à propos il faut un certain art. Tel médecin qui raisonne comme un livre manque absolument de diagnostic. Autant vaudrait pour ses malades qu'il n'eût jamais rien appris, car il les laissera mourir tout comme un autre. Gontran possédait sur le bout du doigt la liste de ces jolis symptômes que notre Octave Feuillet a notés en maître : vanité des vanités !

Vers midi toute la maison s'éveilla. Lambert descendit chez son cousin pour savoir si l'on ne mangerait pas bientôt. Il sentait, disait-il, des tiraillements dans l'estomac, et une sorte d'inquiétude à la racine des cheveux. Les leçons de l'expérience l'avaient conduit à croire qu'un déjeuner solide était le topique infaillible en pareil cas. Gontran se retourna quelques minutes sur son lit, clignant les yeux au soleil insolent qui dansait par la chambre, et cherchant au fond de son cœur cette espérance que tout homme demande à la vie dans la première minute du réveil. Les sages et les fous sont esclaves du même besoin. Pour quitter sans regret ce riant pays des songes, il faut voir devant soi quelque plaisir certain ou tout au moins probable. L'homme qui sort du lit sans espérer quelque chose, fera triste figure jusqu'au soir. Gontran n'alla pas loin et ne chercha pas longtemps : il se rappela que vers neuf heures il devait rencontrer Éliane, et que les personnes les plus gênantes auraient quitté Paris avant l'heure du sermon.

Le valet de chambre de monsieur, ayant interrogé officiellement la femme de chambre de madame, fit savoir à monsieur le comte que madame la comtesse avait passé une assez bonne nuit et qu'elle allait descendre à la salle à manger. Les trois convives se mirent à table, et Lambert remarqua la pâleur de sa belle cousine. Elle avait mal dormi, quoiqu'elle protestât du contraire : ses yeux battus trahissaient le secret de son insomnie; on pouvait même admettre qu'elle avait laissé quelques larmes sur l'oreiller. Gontran ne s'aveugla point sur ces légers symptômes, mais au lieu de remonter à la cause morale, il dit tout simplement :

« Vous voyez, chère amie : l'habitude de souper se perd vite. Je parie que Mme Adhémar est aussi gaillarde ce matin que si elle s'était couchée à dix heures. C'est qu'elle est entraînée et vous ne l'êtes plus. »

Valentine leva les yeux au ciel, et ce mouvement pathétique révéla tout un drame intime à l'honnête Saint-Génin. Il se persuada que la belle cousine était négligée, abandonnée, peut-être trahie à la fleur de ses jours. A cette idée, il regretta le sacrifice qu'il avait fait dans la bibliothèque de la Balme; il serra ses deux poings et tomba avec une sorte de fureur sur la volaille froide, le jambon d'York, la salade de homard et un vin de Barsac qui était du naturel le plus consolant.

Valentine déjeuna de quelques tasses de thé, pour apprendre aux moins clairvoyants qu'elle se nourrissait par devoir, le suicide étant défendu. Sa gaieté d'hier soir avait fui loin, bien loin, dans le passé. La robe de chambre qu'elle avait choisie exprimait par ses plis mous et tombants le vide d'un cœur tendre et l'affaissement d'une belle âme. Et Gontran ne vit rien, sinon que Valentine se négligeait depuis sa conversion, et qu'elle devrait adopter un négligé plus folâtre ! « Étudiez Yolande, lui dit-il, elle vous remettra vite au diapason de la vraie toilette. En vérité, ma chérie, on croirait que le père Gaumiche vous prête ses surplis. »

Tout alla du même ton jusqu'au café. Lorsque les deux cousins firent mine de passer au jardin en allumant leurs cigares, Valentine retint son mari par un geste empreint d'une grâce mélancolique. Elle l'entraîna doucement vers un salon voisin, le fit asseoir dans un tête-à-tête, s'appuya sur lui avec tendresse et le força pour ainsi dire à flairer le parfum de *spring-flowers* dont sa chevelure était imprégnée.

Gontran savait trop son monde pour chercher à se dégager. Mais, dans le fond du cœur, il n'était pas plus à sa femme qu'à la littérature classique ou à l'astrologie judiciaire. Voilà ce que les femmes n'observent pas assez, même quand elles ont autant d'esprit que Valentine. Il ne suffit pas de bien dire et de bien faire ; il faut de l'à-propos en tout.

Le comte baisa ce front pur, et du ton de voix d'un bon père qui va causer poupée avec sa fillette :

« Eh bien, mon ange, dit-il, on a donc quelque chose à obtenir de ce farouche mari ? »

Elle prit une voix grave et même légèrement émue :

« Oui, répondit-elle ; au moment où je vais m'éloigner de vous, pour la première fois depuis cinq ans, cher bien-aimé, mon cœur se serre. Il me semble que tout mon être va se déchirer en deux!

— Diable! pas de ça! je vous aime mieux tout entière.

— Écoutez-moi sérieusement, comme je vous parle.

— Voyons, baby, il ne s'agit pas d'un voyage en Australie; vous savez que Carville est à quatre heures de Paris.

— La distance n'est rien; c'est la séparation qui est tout. Je ne sais en vérité quelle fantaisie étrange m'avait traversé l'esprit. J'étais absurde hier, mais, grâce à Dieu, il est temps encore. Voulez-vous oublier les folies que je vous ai dites et reprendre les vacances que vous m'avez données?

— Mais certainement, ma chérie.

— Quel bonheur!

— Justement ce que vous disiez hier : Quel bonheur! J'irai dîner chez Mme Galeazzi! je sentirai le tabac de l'abbé Pruchot! j'irai au sermon du père Tricotel! Est ce cela que vous disiez, ou le contraire? Je ne sais plus. N'importe; votre bonheur n'est pas difficile à faire, mon grand baby, puisque le pour et le contre vous jettent également dans l'extase!

— Vous ne me comprenez pas, Gontran.

— C'est entendu! Si jamais on trouve un mari qui comprenne sa femme, on le fera voir pour de l'argent à tous les autres. Vous savez que vous êtes jolie comme un amour, ce matin. Une morbidesse! une grâce! un velouté dans l'œil!

— C'est que je vous aime, moi !

— Et moi donc ! Nous sommes à deux de jeu, ma chatte céleste ! Ainsi, c'est décidé. Vous n'allez plus à Carville ? une fois, deux fois, trois fois ?

— Non, puisque vous m'aimez.

— Bien, c'est parfait. Mais écrivez un petit mot à Yolande.

— Tout de suite ! »

Elle courut jusqu'au cabinet de Gontran, sans quitter ce cher mari qu'elle traînait derrière elle. Elle sauta sur une plume et saisit d'une main résolue une toute petite feuille de papier. Elle griffonna quatre lignes au galop, comme on écrit au théâtre ; elle jeta une poignée de poudre sur ces pattes de mouches héroïques, plia la feuille en deux, la jeta dans une enveloppe, mit l'adresse et tendit la lettre à son mari par un geste qu'elle trouva sublime.

« Faites-la porter, lui dit-elle ; je reste. »

Son regard étincelant, sa bouche imperceptiblement entr'ouverte, ses narines palpitantes et mille autres détails de physionomie qu'elle admirait elle-même dans une glace lui rappelaient Pauline, Émilie, Camille, et toutes les femmes de Corneille dans leurs plus beaux moments.

Le comte prit la lettre sans lever au préalable ses bras et ses yeux vers le ciel ; il la mit bourgeoisement dans sa poche et dit du ton le plus familier.

« Au fait, chérie, je vais la porter moi-même. J'ai justement à causer affaires avec Adhémar. »

Valentine laissa tomber ses mains et jeta sur son mari un coup d'œil où la douleur, la stupéfaction et un petit commencement de colère étaient tordus ensemble comme les fils d'un cordonnet :

« Vous allez chez Adhémar !

— Sans doute ; il a dû recevoir ce matin des nouvelles de Humbé.

— Vous sortez ! pour affaires ?

— Pour affaires, oui, mon ange. Et un peu aussi pour me promener.

— O Gontran !

— Qu'avez-vous donc ? Est-ce que je ne sors pas tous les jours ?

— Mais aujourd'hui, ingrat, c'est donc un jour comme les autres !

— Il me semble.

— Oh !... quitter votre femme dans un pareil moment !

— Le moment serait donc particulièrement solennel ?

— Je vois bien que vous ne m'aimez plus !

— Mais si, mais si !

— Vous ne m'avez jamais aimée ! Que je suis malheureuse ! Il ne me reste plus qu'à mourir !

— Foi de mari, ma chère enfant, je veux être taillé en pièces si je comprends pourquoi vous pleurez ! »

Elle se plongea dans un fauteuil, enferma sa tête dans ses mains, et s'écria d'une voix mouillée de larmes, entrecoupée de sanglots :

« C'est le bonheur, c'est la confiance, c'est le dernier espoir de ma vie à jamais perdue qui s'écoule par mes yeux ! »

Gontran pensait, avec juste raison, que les moustaches des hommes sont faites pour essuyer les larmes des femmes. Il appliqua sa théorie, sans attendre plus ample informé. Le mouvement fut prompt, naturel, exécuté avec une verve et un entrain militaires. Aussi, vit-on bientôt un sourire charmant sécher la rosée de ces beaux yeux, comme le soleil levant sèche les larmes de la nuit. Personne ne pourrait dire par quelle transition le mari se trouva assis dans le fauteuil de sa femme et la femme sur les genoux de son mari ; mais ce déplacement ne prit pas plus d'une demi-minute.

« Si vous avez pitié de moi, dit l'enfant, c'est donc que vous m'aimez encore?

— Mais je vous adore, mon cher baby. Ce n'est pas de la pitié ; c'est la tendresse la plus sincère et la plus fidèle qu'une femme jeune, belle, aimante et intelligente comme vous, ait jamais fait éclore dans le cœur d'un mari !

— Il me semble que vous ne le diriez pas si bien si ça n'était pas vrai. Moi, je vous aime, voyez-vous, comme une malade !

— Chère enfant! et moi donc! Est-ce que mon amour ne se lit pas dans mes yeux ? Est-ce que votre main, quand je la serre dans la mienne, ne sent pas que nos deux êtres ne font qu'un et qu'il n'y a pas de limites entre nous?

— C'est vrai. Quand vous le dites, il m'est impossible de ne pas le croire... Mais, alors, pourquoi avez-vous été si méchant tout à l'heure ?

— J'ai donc été méchant sans m'en douter? Eh

bien ! donnez-moi l'occasion d'expier ce grand crime. Ordonnez, et j'obéis.

— Mais, maintenant, je suis tout intimidée, je n'oserai plus vous dire ce que je rêve depuis si longtemps.

— Dites toujours : c'est accordé d'avance.

— Aidez-moi !

— Mais, comment, si vous ne me mettez pas sur la voie ?

— Un mari doit deviner les désirs de sa petite femme avant qu'elle ait parlé, Gontran ! cher Gontran de mon âme !

— Certainement, certainement, ma belle chérie. Voyons : ce que vous désirez, ce n'est plus d'aller à Carville avec ces dames ?

— Oh ! non !

— Est-ce une fantaisie de toilette ! de bijoux ! de... Vous avez peut-être des dettes ?

— Quelle horreur !

— Les meilleures femmes en ont, et les mieux nées, par le temps qui court.

— Vous savez bien que depuis plus de deux ans je n'ai pas eu l'occasion d'en faire.

— Vous voulez voyager, peut-être ?

— Ah ! pour le coup, vous brûlez !

— Comment ! Ce n'était que cela ? mais cher amour, quand je vous donnais des vacances, je n'avais pas la prétention de vous interner à Carville.

— Je voudrais aller n'importe où, pourvu que nous y fussions ensemble. J'ai besoin de vivre quelque temps pour vous seul et de vous avoir à moi seule. Je ne demande rien d'impossible ou de ruineux : donnez-moi quinze jours de véritable vie ! Quinze jours à passer auprès de vous, en vous, dans vos bras !

— Regardez-vous là-bas, dans cette glace et dites-moi un peu où vous êtes?

— Sans doute, mais ce n'est pas cela. Nous sommes à Paris, nous appartenons au monde, à votre club, à nos amis, à nos relations, à nos gens !

— Je vous assure, chère enfant, que pour être bien à soi, la meilleure méthode connue est encore d'être chez soi. Notre maison n'est pas située au milieu de la rue Saint-Denis ; le silence, le calme, la verdure abondent autour d'elle ; nous l'avons disposée à notre goût, nous y avons pris nos habitudes ; il faudrait aller loin pour en trouver une plus belle et plus commode, et...

— Et vous n'y restez pas !

— J'y resterai.

— Mais je n'y reste pas non plus !

— Restez-y !

— Non ! je voudrais changer...

— De quoi?

— De tout, vilain, excepté de mari !

— Bien ! La campagne, alors? Rien n'est plus simple. Nous sommes invités dans dix châteaux, à votre choix.

— Quelle horreur! s'habiller quatre fois par jour, être en spectacle, rivaliser avec vingt autres femmes plus coquettes, plus vides, plus écervelées l'une que l'autre ! Se soumettre aux allures de la maison, faire des parties, être l'esclave des plaisirs d'autrui! Vous ne comprenez pas que je voudrais être avec vous, sans obligations à remplir, sans connaissances à voir, sans garder un seul point de contact avec le genre humain? là! est-ce clair?

— L'isolement absolu n'est possible qu'en voyage; et vous ne voulez pas voyager.

— On rencontre trop de monde.

— Ceux qu'on voit pour un jour sont comme s'ils n'existaient pas.

— Je voudrais un bonheur tranquille.

— Prenons un chemin de fer au hasard; arrêtons-nous dans une jolie ville où nous ne connaîtrons personne, à Nancy, à Toulouse, à Bordeaux, à Marseille, à Tours; installons-nous à l'auberge et nous y trouverons le bonheur tranquille que vous rêvez.

— Les auberges me donnent froid au cœur. Je regretterai toute la vie que notre lune de miel se soit passée sous un toit banal. Qui peut dire combien de gens et de quelle sorte ont campé depuis cinq ans à notre pauvre numéro 3? C'est la profanation des souvenirs les plus sacrés, c'est...

— Cependant, avec la meilleure volonté du monde, je ne pouvais pas en partant faire murer la porte.

— N'y a-t-il donc pas sur la terre, loin de Paris et de toutes les villes, une petite maison perdue au fond des bois?

— Il y en a beaucoup, mais je ne vous garantis point qu'elles soient des plus confortables.

— Eh! qu'importe? Le bonheur est accommodant! Découvrez-moi la maison, je vous promets de la trouver assez belle. Personne ne connaîtra le secret de notre solitude; nous effacerons les chemins pour que le hasard même ne puisse jeter un importun entre nous. Les lettres, les journaux vous attendront ici; le genre humain s'arrangera pour vivre sans nous durant cette bienheureuse quinzaine. Nos gens ne sauront pas où nous sommes.

— Vous emmènerez bien votre femme de chambre, pourtant?

— Non, certes.

— Et qui vous habillera, mon ange?

— Vous!

— Mon éducation, quoiqu'elle ait coûté cher, est restée terriblement incomplète. J'excelle à dégrafer votre robe après le bal, mais du diable si je saurais la remettre.

— Je m'habillerai donc moi-même, maladroit, et vous vous bornerez aux choses que vous savez faire.

— Adorable!

— Je m'habillais toute seule au couvent.

— Et qui est-ce qui vous faisait la cuisine au couvent?

— Mais la converse, une sœur cuisinière.

— Elle ne vous a pas donné de leçons, je suppose? Or, comme dit le brave Saint-Génin (qui s'ennuie là-bas à nous attendre), il faut manger!

— Fi, monsieur! Le vilain mot! Je vous parle d'amour, de solitude, de forêts...

— Tout cela creuse horriblement, cher baby que vous êtes. On n'a jamais si bon appétit qu'à la campagne, au fond des bois, dans les paysages les plus éloignés du café Anglais. En ce moment vous êtes à la poésie. Moi aussi : je sors de table. Mais demain, à pareille heure, le parfum d'une côtelette parlerait plus haut à mes sens que cent mille corbeilles de fleurs.

— Êtes-vous bien certain qu'une poignée de fraises, cueillies par nous et bien étalées sur de larges feuilles, ne vous ferait pas plus de plaisir que toutes ces viandes animales dont on se gorge à Paris ?

— Comment donc ? au dessert. Mais je vous avertis que les fraises des bois sont finies depuis au moins six semaines.

— On emporte des provisions, alors.

— Connu, les provisions. Mais je vois à votre innocence que vous n'avez jamais mordu dans un pâté de quinze jours. Il a de la barbe, ma chérie! une barbe longue de ça! Écoutez-moi; c'est dur à entendre, surtout dans les dispositions champêtres où je vous vois, mais nous sommes des gens civilisés, et pour nous trouver bien quelque part, il faut traîner à notre suite le matériel et le personnel de la civilisation. Nous avons absolument besoin d'un logement commode, de meubles pas trop durs, d'habits taillés pour nous, de linge blanc en masse, d'une table proprement servie, et de deux domestiques au moins, dont l'un nous trempe la soupe et l'autre fasse nos deux lits. »

Valentine se mordit les lèvres et reprit sèchement :

« Il suffit. Vous ne comprenez pas la solitude comme moi : n'en parlons plus.

— Mais vous ne me pardonnerez point d'avoir raisonné si juste ?

— Je n'ai pas le caractère si mal fait.

— Cependant vous boudez un peu, soyez franche !

— Souffrir et bouder sont deux. Mais la douleur est passée. Un simple élancement. Quelque chose comme la sensation que j'éprouvais dans mon enfance quand on m'arrachait une dent de lait.

— Je vous ai donc arraché quelque chose ?

— Ma dernière illusion de petite fille. Il le fallait !

— Avec tout ça, nous n'avons rien décidé, ma chérie.

— Décidez à vous seul ; tout m'est indifférent désormais.

— Pas tant que vous croyez. Je parie que le projet d'hier soir vous tient encore au cœur.

— Carville ?

— Oui ; Carville sans mari ; les vacances !

— Peut-être.

— Les Lanrose comptent toujours sur vous ; votre lettre est encore dans ma poche. Faut-il la remettre ou la garder ?

— Rendez-la moi. »

— Elle déchira sa lettre en quatre morceaux et dit : « Le sort en est jeté. Je vais chez la couturière et chez la modiste.

— Surtout ne faites pas d'économies. Nous sommes riches, grâce au roi Mamaligo. Le dividende sera de vingt pour cent cette année. Donnez-vous hardiment tout ce qui vous plaira.

— Merci ! »

Gontran n'avait pas encore trahi sa femme, et déjà il imitait la générosité des mauvais maris. Je n'apprends pas à mes lectrices qu'un infidèle achète presque toujours quelque chose à sa femme avant de rentrer à la maison. Est-ce pour cacher son jeu, ou pour imposer silence à ses remords ? Voilà ce qu'on n'a jamais su.

Madame sortit seule et commanda ses toilettes avec rage. Je ne sais quel instinct de compensation la poussait. La femme aimée et heureuse n'a presque pas de besoins. Le monde est peu de chose pour elle; elle ne songe pas à éveiller l'attention des hommes ou la jalousie des autres femmes : à quoi bon ? son lot lui suffit : elle sait que son mari la trouve belle. C'est le refroidissement du ménage, le vide de l'esprit, l'indigence du cœur qui excite l'amour du luxe et le désir de paraître. On cherche à s'étourdir, on fait du bruit autour de soi lorsqu'on a peur de s'entendre soi-même. Il y a des moments où la société entière est menacée par un débordement de gaspillage féminin. Les fortunes les plus solides fondent comme neige; il n'y a ni traitement, ni revenu, ni gain honnête qui suffisent à la fureur des besoins artificiels. Les hommes poussent les hauts cris; ils déplorent cette monomanie contagieuse qui les ruine presque tous et en déshonore quelques-uns. Mais s'ils remontaient de bonne foi à la source du mal, ils avoueraient le plus souvent que ce luxe maladif est leur ouvrage. Sur vingt femmes qui se *lancent*, il y en a dix-neuf qui se seraient tenues bien tranquilles entre les bras de leurs maris. Cette vérité pratique fera son chemin, un jour ou l'autre, et nous redeviendrons des maris excellents, comme nos bonshommes de pères. Si ce n'est ni par goût, ni par vertu, ce sera par économie.

Lambert avait eu le temps de fumer deux cigares lorsqu'il fut rejoint par Gontran.

« J'ai cru que tu m'avais oublié, lui dit-il ; un quart d'heure de plus, mes bottes prenaient racine dans ton jardin. Qu'as-tu fait de ma cousine ?

— Je n'en ai pas fait une femme raisonnable, à coup sûr.

— T'a-t-elle enfin conté ce qu'elle a ?

— Comment ! Elle a donc quelque chose ?

— Parbleu !

— Tu as deviné ça tout seul ? Gros observateur, va !

— J'ai l'air d'un étourdi, mais je connais les femmes. On ne fréquente pas cinq ans de suite tout ce qu'il y a de mieux au théâtre de Lyon sans acquérir un peu l'expérience du sexe !

— Il est joli, le sexe que tu étudiais à Lyon !

— Enfin, c'est toujours du sexe. Toutes les femmes ne se valent pas, j'en conviens, mais elles sont toutes jetées dans le même moule.

— Merci pour nos épouses et nos mères !

— Tu ne veux pas me comprendre ; c'est bon.

— Je te comprendrais sans difficulté, si tu disais quelque chose. Qu'as-tu remarqué de si particulier chez Valentine ?

— Presque rien. Elle a du vague à l'âme, comme disait Chambard.

— Mon bon garçon, défais-toi de deux habitudes : Ne cite pas perpétuellement des auteurs comme l'illustre Chambard et le fiévreux Ducosquet, et ne juge pas les vraies femmes d'après les poupées de plâtre et de carton qui fourmillent dans les coulisses.

— Mon cher, j'ai étudié les femmes du monde sur le vif, et si la discrétion n'était pas le premier devoir d'un gentilhomme, je te citerais les noms les plus considérables de Lyon.

— Très-bien ! Tu ne voudrais nommer personne et tu compromets une ville entière. A quels signes as-tu reconnu cette mélancolie dont tu accuses Valentine ?

— Je ne l'accuse pas! C'est à toi que j'en ai.

— Bah ! Qu'ai-je fait ?

— Tu as fait que tu n'es pas assez amoureux d'elle.

— Pardon! C'est un peu mon affaire, je crois.

— Je sais ce que tu me diras : je sais qu'entre l'arbre et l'écorce... mais tant pis ! Je vous aime tous les deux, toi d'une vieille amitié, elle...

— Achève !

— Est-ce que je sais comment ça s'appelle à Paris? C'est de l'amour passé, si tu veux; dans tous les cas c'est quelque chose de chaud, de sincère et d'honnête. Valentine, vois-tu, est la femme la plus femme que j'aie encore rencontrée sous la calotte des cieux. J'en étais amoureux comme une vieille bête quand je te l'ai donnée pour rien. Pourquoi te l'ai-je jetée à la tête en te disant : Prends-la ! Parce que je ne me sentais pas assez malin, assez raffiné pour la rendre heureuse à son idée. Je me voyais devant elle comme un roulier avec une bête de sang ; il ne sait par quel bout la prendre ; il a peur de lui casser quelque chose. Cette femme, mon cher, n'est pas comme les autres ; il faut cent mille fois plus de soins, d'attentions, de délicatesse ; on la chiffonne en soufflant dessus. As-tu vu *la Sylphide ?* C'est un ballet. Ah ! quel ballet ! n'importe. Eh bien, ta femme, mon cher ami... j'ai l'air d'un imbécile, mais elle marcherait sur l'eau sans se mouiller les pieds si elle en avait envie. Elle a quelque part, dans le dos, de petites ailes qu'on ne voit pas. Son cœur n'est pas un cœur comme le mien, le tien, et tous ceux de notre connaissance. C'est un petit mécanisme plus subtil, qui va plus vite et qui se détraque d'un rien. Mais aide-moi donc, sapristi ! Répète-moi ce que tu me disais si gentiment la première fois que tu l'as vue à la Balme !

— A la Balme, mon cher, j'étais encore un peu neuf, et d'ailleurs je ne connaissais pas Valentine comme aujourd'hui. Les jeunes filles ont un avantage immense sur les autres êtres de la création ; c'est qu'elles n'existent pas encore et qu'on peut leur prêter autant d'attributs que l'on veut. Aucune loi ne nous défend de les croire spirituelles, puisque l'usage leur coud la bouche devant nous. On est libre de supposer des volcans d'amour au fond de ces petits cœurs généralement froids et frivoles ; rien ne prouve qu'elles ne soient pas plus tendres et plus passionnées que Clarisse, Julie, Sapho, Mlle de Lespinasse, et toutes les héroïnes anciennes ou modernes, naturelles ou artificielles : il est si bien établi qu'une demoiselle à marier doit renfermer tous ses sentiments en elle-même !

— Non ! ce n'est pas de ma cousine que tu parles sur ce ton-là !

— Je ne désigne personne ; il s'agit d'une vérité générale, et même trop générale, par malheur !

— Tiens, Gontran, veux-tu que je te dise ? Tu m'as l'air d'un grand désabusé !

— Tu te trompes. Un homme désabusé est toujours triste : moi, j'accepte gaiement la prose de mon existence. Je ne regrette pas les illusions trop bleues dont j'avais la cervelle farcie il y a cinq ans. La poésie est gentille dans les livres, le bleu n'est pas trop laid dans le ciel ; mais une conversation en vers alexandrins me donnerait des nausées, et si ma chambre à coucher était bleue, je prendrais le sommeil en dégoût. Comprends-tu ?

— Tu m'entortilles toujours avec des comparaisons de l'autre monde, et je ne trouve jamais rien à te répondre sur le coup. Je sens que tu es dans le faux, que tu ne rends pas justice à ta femme et que tu gâches non-seulement ta vie, mais la sienne avec. Quant à dire pourquoi et comment, c'est ce qui dépasse mes forces.

— La vérité, mon cher, est qu'il n'y a rien de beau, de bon, de parfait, de sublime comme la femme d'autrui.

— Valentine, à mes yeux, n'est pas la femme d'autrui : c'est la tienne. Elle est sacrée pour moi : je me couperais la langue avec les dents plutôt que de lui dire tout le bien que je pense d'elle. Mais j'enrage de voir que tu ne l'aimes pas comme moi... c'est-à-dire comme je l'aurais aimée si j'avais été son mari. Qu'est-ce que tu lui reproches, à cette enfant?

— Rien au monde.

— Vas-tu dire qu'elle n'est pas la plus jolie personne de Paris?

— Attends qu'on ait ouvert un concours de jolies femmes. On y viendra, la mode est aux expositions.

— Enfin, elle est encore embellie depuis votre mariage!

— Puisque je t'accorde qu'elle est charmante! Qu'est-ce que tu peux demander de plus?

— Elle cause dans la perfection; elle a de l'esprit; elle met les gens à leur aise; elle n'a pas toujours l'air de se *ficher* de vous comme ma cousine Adhémar.

— C'est vrai.

— Et puis le beau du beau, c'est ce feu contenu qu'on voit briller au fond de ses yeux. Qu'on est heureux de rencontrer sur son chemin une de ces natures volcaniques qui... que... voilà encore que je m'embrouille!

— Magnifique, Lambert! Oui, je tombe en admiration devant toi. Tu crois encore aux Andalouses! Tu vas me réciter des vers de Musset!

— Qui ça, Musset?

— Cette naïve interrogation t'élève encore plus

haut dans mon estime. Non-seulement tu es le dernier des romantiques, mais tu l'es par instinct, spontanément, sans avoir rien appris! tu crois aux passions échevelées, aux bras tordus, aux seins brunis, aux baisers de rage; peut-être même à cette aimable théorie de la morsure sentimentale que les vieux écoliers de 1829 ont léguée aux collégiens de 1858! Brave et honnête cousin!

— Mais c'est toi qui m'as dit, parlant à ma personne : « Cette jeune fille-là est créée pour les grandes passions; elle a du feu dans la tête, elle te rendra plus heureux en un demi-quart de minute que toutes les autres en vingt ans. »

— Je t'ai dit ça de ma femme?

— Oui, lorsque nous croyions qu'elle allait être la mienne.

— Hé bien, si je l'ai dit, oublie-le : tu feras preuve de goût. Il y a quatre ans, j'avais les idées d'un garçon; aujourd'hui, j'ai celles d'un mari. Rien n'est changé, sinon ma manière de voir, qui n'intéresse pas le salut de la France. Valentine est restée ce qu'elle était : une gentille petite nature, bien douce, bien honnête, un peu turbulente à la surface, parfaitement tranquille au fond du cœur, telle enfin qu'une femme doit être pour briller dans le monde sans inquiéter le repos de son mari. Tu la connaîtras mieux si tu te décides à faire le voyage de Carville.

— Mais c'est tout décidé.

— Tant mieux.

— Et toi?

— Moi, je reste à Paris, mais j'irai certainement

vous retrouver là-bas de temps à autre. Ma confiance en elle est absolue. Elle a gardé du Sacré-Cœur un grand fonds de piété, et la religion, mon cher, est excellente pour les femmes, les pauvres, les ignorants, les...

— En un mot, pour tout le monde, excepté toi ?

— Si tu y tiens. J'ai vu Valentine dans les salons les plus brillants, entourée d'hommages très-flatteurs et qui auraient fait tourner une tête moins solide. Elle n'a pas bronché, elle n'a pas même eu l'apparence d'un éblouissement. C'est un bon petit cœur de ménage. Je le dis avec une nuance d'orgueil, car Valentine est un peu mon œuvre. J'ai aidé la nature et parfait l'éducation. Si jamais tu te maries, tu viendras me demander conseil, et je t'enseignerai comment on dresse une jolie femme.

— Tu sais bien que je ne me marierai pas.

— Pourquoi donc ? Tu es encore un homme possible, et quand nous t'aurons donné le fil...

— Non ; je me suis juré de rester garçon parce que, vois-tu, j'ai trop aimé Valentine !

— Enfin, ça te regarde. Viens-tu flâner à pied jusque chez Adhémar ? On doit avoir reçu des nouvelle de Lohé ; il y a du dividende dans l'air.

— Allons ! je ne suis pas fâché de connaître cette fameuse affaire. S'il y a encore de l'argent à gagner, on pourrait voir, dis donc ! Tous mes fonds disponibles ont été placés par le père Fafiaux, à cinq ou quatre et demi. Je n'ai pas de besoins, mais je ne détesterais pas de doubler ma fortune. Ce serait toujours ça de gagné pour tes enfants, puisqu'ils hériteront de moi.

17

— Pauvre ami ! attends qu'ils soient nés.

— Ils naîtront quand tu voudras.

— Ta parole ?

— Oui, c'est l'air de Paris qui n'est pas bon. Va-t'en vivre à la campagne. Le paysan a toujours plus d'enfants qu'il n'en veut. »

Les deux amis cheminèrent, bras dessus, bras dessous, jusqu'à la rue de Ponthieu, en devisant d'amour et de mille autres choses. Au beau milieu du pont Royal, ils saluèrent la marquise de Lanrose qui rentrait chez elle en coupé.

« En voilà une, dit Lambert, on s'aperçoit qu'elle est dans les petits papiers du bon Dieu, car elle reste toujours belle.

— Toujours n'est pas poli. Tu devrais bien renoncer à tes compliments de province. Mme de Lanrose est au vrai moment de la vie. La femme ne commence à exister qu'à trente ans.

— C'est possible, mais elle aura bientôt ses quarante.

— Tu n'en sais rien, et d'ailleurs que t'importe ?

— Eh bien ! mais, et à toi ? C'est ma cousine : j'ai bien le droit de dire son âge si je veux.

— O Lyonnais indécrottable !

— Les Lyonnais sont francs et solides ; c'est toujours ça qu'ils ont pour eux. Qu'est-ce que tu penses, toi, de la cousine Lanrose ?

— Rien que d'excellent. C'est une charmante personne au physique et au moral, et tu te ferais mal juger dans Paris si tu te permettais d'en parler d'un autre ton.

— Es-tu bien sûr que jamais, depuis son mariage?
— Quoi ?
— Enfin, tu me comprends. Le cousin a toujours de l'apparence, mais, entre nous, il est un peu sur ses boulets.

— Je l'avoue, et je crois même que s'il papillonne encore à l'Opéra, c'est pour se rajeunir au yeux du monde.

— Et tu crois que sa femme accepte de bon cœur un veuvage si prématuré?

— Je suis sûr qu'elle n'a jamais failli, et que, pour l'entraîner, il faudrait une de ces passions violentes, despotiques, irrésistibles, qui.... qui ne sont pas dans la nature, comme je te le disais tout à l'heure, au jardin. Mais je ne vois personne lui faire la cour, ni toi non plus, je suppose.

— Non, non. C'est que le cousin ne rirait pas. Bigre ! Et je crois que sur le terrain, il serait plus brillant que dans son ménage. Je l'ai vu dans sa salle d'armes, avec Pons. Le fer en main, c'est un homme de vingt ans.

— A la bonne heure ! »

Adhémar était rayonnant lorsque les deux cousins entrèrent dans son cabinet. Il avait reçu les meilleures et les plus brillantes nouvelles. Le dernier paquebot arrivé à Marseille apportait en métaux et en marchandises une valeur de plusieurs millions ; la ville de Lohé grandissait à vue d'œil ; les anciens marécages se vendaient comme terrains à bâtir ; le fleuve n'était plus qu'à cinq lieues de la mer ! Mamaligo s'exerçait à porter un uniforme de tam bour-major français ; il apprenait notre langue.

« A propos, Saint-Génin, dit M. de Lanrose, connaissez-vous à Lyon ou dans la banlieue une famille Mouton ?

— Dans la banlieue ? Connais pas. Dans la ville ? Peut-être. Mais ce n'est pas une maison de premier ordre, j'en réponds.

— C'est que ces gens ont l'air d'avoir en mains des capitaux considérables.

— On peut aller aux renseignements. Le président du tribunal de commerce vous dira ça mieux que moi. Mouton ? Mouton ? Je mettrais ma tête à couper que nous n'avons pas de Mouton dans la soierie.

— Mais dans les alcools ?

— Ce n'est pas une industrie lyonnaise. On fait de la bière chez nous, et même la meilleure de France, à mon goût. Nous faisons du vin aussi, mais cent mille fois trop bon pour qu'on le brûle en eau-de-vie. Voilà tous nos esprits.

— Et la liqueur du Mont-Thabor ?

— Une pharmacie de couvent comme la chartreuse, l'eau de mélisse et autres drogues. J'en ai goûté deux ou trois fois, mais je n'en ai jamais bu.

— Le Mouton dont il s'agit a établi à Lohé un dépôt de Thaborine.

— Cette idée !

— Cette idée s'est trouvée excellente : le roi, la cour et tout le peuple ne boivent que la liqueur du Mont-Thabor n° 3, la verte, qui est un alcool concentré et aromatisé. L'engouement est si fort que nos dernières expéditions de trois-six nous sont restées pour compte ; impossible de les placer dans le pays. »

Gontran prit la parole :

« Est-ce que vraiment, dit-il, ces gens-là pourraient nous faire tort ?

— Oh! rien de sérieux. Ils nous ont même fait encaisser d'assez jolis bénéfices. M. Mouton s'est agrandi sur nos terrains ; je lui avais d'abord vendu une maison, il m'en a pris quatre autres et un bel emplacement pour ses magasins. On m'annonce qu'il a douze employés d'Europe et plus de soixante nègres. Les marchandises qu'il prend en échange de ses alcools ne sont pas celles que nous nous étions réservées ; il nous laisse la poudre d'or, l'ivoire et les épices. Ses commis, qui font la navette entre Marseille et Lohé, n'apportent guère ici que des diamants bruts deuxième ou troisième choix, un article que nous ne faisons pas, parce qu'il présente trop de risques. C'est égal, Mouton m'intrigue.

— Mais pourquoi ?

— Parce qu'il s'est introduit pas à pas dans la confidence intime de Mamaligo. Il l'amuse ; il lui apprend quatre mots de français ; il lui donne des soirées de prestidigitation, il lui montre la bouteille inépuisable de Robert-Houdin, et vous voyez d'ici l'ébahissement du vieux nègre ! A temps perdu, il fait un peu de propagande religieuse ; il distribue aux portefaix de Lohé un tas de petits fétiches que les autres suspendent à leur cou sans savoir à quoi ils s'engagent. Il prêche en mauvais chòta contre la polygamie, et l'on m'annonce que plusieurs de mes vassaux, ayant mal interprété ses sermons, ont tué toutes leurs femmes, sauf une. Il ne faut pas que ces malentendus se renouvellent trop souvent; on dépeuplerait la principauté.

— Si ces gaillards-là vous inquiètent, il doit y avoir un moyen de les mettre à la porte!

— C'était encore possible il y a trois mois; il n'y a plus à l'espérer aujourd'hui. Le Mouton, par je ne sais quelle intrigue souterraine, s'est mis sous le protectorat anglais. Il a reçu de Londres une espèce de commission vaguement diplomatique ou consulaire qui lui permet d'arborer sur son toit le pavillon britannique. Moi qui voulais avant tout tenir les Anglais à distance, je les ai dans la place, sans que personne ait pu dire comment.

— Est-ce qu'il a des Anglais chez lui?

— Pas un, jusqu'à présent, mais cela ne tardera guère.

— Est-ce qu'il parle l'anglais seulement?

— Il l'apprend.

— Est-ce qu'il reçoit des marchandises anglaises?

— Il en recevra un jour ou l'autre, j'en suis sûr. Castafigue est furieux de ces intrigues souterraines. Il parle de s'embarquer sur le prochain paquebot, et d'aller faire une esclandre chez son ancien ami. Je ne crois pourtant pas que le danger soit grave Nous avons le traité franco-chôta, qui ne sera jamais déchiré; nos conventions particulières avec le roi sont formelles; l'agent du gouvernement français à Lohé est un ancien chef de bataillon d'infanterie de marine, un brave à tous crins qui ne se laissera pas couper l'herbe sous le pied. Mamaligo est littéralement dans nos poches ; le moindre de nos employés le mène à la baguette ; il ne parle jamais du moyen chef Lanrose sans appuyer les deux mains sur le creux de son estomac. Les transactions commerciales se multiplient de mois en mois ; nos bénéfices suivent une marche croissante. Dès que le fleuve sera ouvert, et cela ne tardera pas deux ans, tous mes intéressés toucheront un dividende annuel de cent cinquante pour cent, au bas mot. J'admets que l'Angleterre vienne nous faire concurrence. Elle sera dans son droit, et elle ne nous ruinera pas. Les Anglais ont du bon ; ils excellent à créer des débouchés pour les marchandises les plus invendables. Qui est-ce qui a écoulé une cargaison de patins à la Sierra Leone où la glace est inconnue ? Un capitaine anglais. Les affaires engendrent les affaires : le Humbé est assez riche pour que deux nations européennes y fassent leur pelote sans se nuire réciproquement. Je n'ai donc pas d'inquiétude à proprement parler, mais ma curiosité est en éveil, car je devine quelqu'un derrière M. Mouton, et je ne vois personne. Ce n'est pas l'Angleterre qui l'a mis en avant, c'est lui qui a cherché un abri sous le pavillon britannique : comment admettre qu'un grand peuple protestant ait choisi pour pionniers ces liquoristes prestidigitateurs, agitateurs et fanatiques ?

— Une idée ! cria Lambert.

— Dites.

— Renseignez-vous auprès de M. Faflaux : Il doit connaître ce Mouton, attendu qu'il connaît tout le monde... Oui, mais il ne faudrait pas que la demande vînt de vous. M. Faflaux vous *a dans le nez*, suivant l'expression de notre fiévreux Ducosquet.

— Est-ce que je lui ai fait quelque chose?

— Dame ! vous avez poussé au mariage de Gontran.

— Mais comme il est en paix avec Mably depuis pas mal de temps, il n'a pas de raison pour me garder rancune. Vous voyez, cher cousin, que votre argument pèche par la base. J'écrirai de ma plus belle encre à ce bon père Faflaux, si j'ai le temps. »

Yolande interrompit l'entretien, il ne fut plus question des affaires sérieuses. Odoacre survint, puis la duchesse, puis Valentine essoufflée de ses commandes et de ses emplettes. Mme Gilot amena un domestique chargé de sandwiches, de vins fins et de provisions de bouche comme pour un voyage au long cours. On causa bruyamment une grande heure sans rien dire ; les femmes firent jurer à Bourgalys et à Saint-Génin qu'ils partiraient le lendemain sans faute ; Odoacre affirma qu'il avait déjà fait jouer le télégraphe pour retenir deux chambres à l'hôtel des Bains. Tout le monde se dispersa de nouveau pour fermer les malles ; Valentine et Gontran n'eurent pas jusqu'au soir une minute d'intimité. La confusion des adieux n'a jamais été propice aux explications domestiques, encore moins aux épanchements de l'amour. A peine si les maris eurent le temps de promettre une prochaine visite à leurs femmes. Le train parti, Adhémar, Gontran, Bourgalys et Lambert demeurèrent en présence. On discuta l'emploi de la soirée : Adhémar invita ses amis à prendre des glaces chez une blonde qu'il protégeait, et personne ne dit non. Mais Gontran se perdit en route.

VIII

CARVILLE

Parmi les nouveautés que les chemins de fer ont introduites dans nos mœurs, l'usage des bains de mer occupe un rang très-honorable. Autrefois, les riverains seuls et quelques rares millionnaires avaient le privilége de se tremper dans l'eau salée, de remuer énergiquement les bras et les jambes dans un milieu tonique par excellence, et d'aspirer jour et nuit, durant un mois ou deux, ces vapeurs âpres et généreuses qui portent la santé jusqu'au fond des veines. Le plus humble bourgeois de nos villes enfumées peut aujourd'hui se donner à peu de frais ce plaisir honnête et sain.

Si les hommes avaient le sens commun, ils profiteraient de l'occasion pour revenir momentanément à la simplicité de la nature. Ce serait l'instant ou jamais de faire trêve à ces rivalités de nom, de rang, de fortune, à ce perpétuel combat de petites vanités acharnées qui ajoute tant d'aigreur, de fatigue et de dégoût à l'insalubrité des villes. La mer est si grande que nos inégalités microscopiques s'effacent devant elle comme devant la mort. Elle parle si haut, que le nom d'un duc et pair annoncé par les laquais et celui d'un maçon appelé par son camarade se perdent également dans le tumulte de sa voix. Les uniformes, les cordons, les diamants, les crinolines, la blouse, les haillons, la livrée, tous les signes distinctifs se déposent sur la plage : de deux hommes en pleine eau, le premier sans conteste est celui qui nage le mieux.

Les villages de la côte, avec leurs cabanes rustiques, leur population de pêcheurs, leurs ressources plus que modestes, ne conseillent pas seulement la simplicité des mœurs, ils l'imposent. On trouve dans ces pays perdus la vie réduite à sa plus simple expression, et c'est pourtant une vie abondante et charmante. Exercices variés, promenades de terre et de mer, appétit magnifique, poissons de pacotille, mais frais et à pleins paniers; le laitage et les œufs de quelques fermes voisines : voilà les éléments d'un plaisir naturel, facile, peu coûteux, qu'on peut goûter longtemps sans lassitude.

L'apôtre des bains de mer, l'esprit vivant, robuste et sain qui a bâti à coups de plume la petite ville d'Étretat, louait surtout la modestie et la demi-pauvreté que la mer commande à ses hôtes. Ses héros sont des hommes sans nom et sans argent; ils n'ont que bon cœur et bon bras, et c'est assez au bord de l'eau. L'argent est souvent bête à la ville ; il est presque ridicule sur le galet, en présence de cet océan qui cache des millions de milliards au fond de ses abîmes, et qui n'en est pas plus fier.

Mais la sottise humaine a tout gâté, même les plages. La maladie de notre temps, la vanité s'est emparée des falaises, des sables, des rochers où les artistes légers d'argent et les pêcheurs plus pauvres que Job, fraternisaient de si bon appétit, mordant au même pain, buvant à la même gourde, et tirant le même filet. Depuis qu'on n'a plus besoin de jambes pour arriver aux grands paysages de la mer, Paris s'y est transporté avec ses besoins artificiels et ses ruineuses folies. C'est un turf comme un autre, quoique le gazon n'y pousse pas volontiers. On n'y va point pour se refaire en changeant de vie, mais pour jouer la vieille comédie parisienne dans un nouveau décor. Les acteurs sont les mêmes, car chaque coterie émigre en masse ; l'intrigue varie peu ; la principale nouveauté n'est pas même le décor, qu'on regarde à peine ; c'est l'exhibition des costumes neufs. La vanité des femmes et même, hélas ! des hommes, y organise en plein été des mascarades qu'on n'oserait jamais étaler à Paris.

Carville, en 1858, comptait six années d'existence. Yolande avait découvert, dans une promenade champêtre, un hameau composé de vingt-cinq ou trente habitations. Les toits étaient de chaume, et les iris poussaient dessus, comme dans les romans d'Alphonse Karr. La population se montait à deux cent cinquante têtes, car les familles pullulent au bord de la mer féconde. Quelques bateaux hâlés au bord d'une crique en forme de coupe faisaient vivre ces petites gens ; le sol voisin était inculte ; la ferme la plus proche se cachait à demi-lieue dans un repli de terrain.

Six ans plus tard, Carville, érigé en commune, possédait quarante chalets de plaisance avec autant de parcs plantés de petits balais ; quatre rues, une mairie, six auberges, un établissement de bains avec salle de danse et de concert, une église au sommet de la falaise, soixante magasins, dont les uns étaient loués pour la saison par les marchands de Paris, et les autres servaient de gîte aux familles retardataires. Les chaumières du bon temps étaient presque toutes démolies ou aménagées en appartements garnis. Les pêcheurs s'étaient faits baigneurs, boutiquiers, loueurs de bateaux pour la promenade en mer ; un immense va-et-vient d'omnibus, de breaks, de calèches, de phaétons, de chevaux et d'ânes remplissait du matin au soir les quatre rues uniformément construites en brique rouge. Un industriel normand, commandité par M. de Girenseigne, venait d'inaugurer un manége : il louait des chevaux. Quatre trains du chemin de fer correspondaient chaque jour avec Carville ; la marée arrivait de Paris tous les matins avec force filets de bœuf et comestibles de premier choix. Les épiciers vendaient surtout du raisin, de la glace, des cartes à jouer et le vin de Champagne des meilleures marques. Un placard jaune annonçait l'ouverture du bijoutier Fontanellas, le grand Fontanellas de la rue de la Paix.

L'affiche du Casino promettait un concert ; deux solistes de l'Opéra-Comique ; un deuxième ténor du théâtre Italien. Quatre artistes du Palais-Royal en congé avaient donné deux représentations la semaine précédente ; on attendait Brasseur avec tout le personnel du *Théâtre des Arts*, de Rouen. La commission des régates s'organisait activement ; dix-sept chevaux étaient inscrits pour le grand steeple-chase ; le tout sans préjudice des bals du Casino, cinq par semaine, deux grands et trois petits. Il y avait des décrotteurs au coin de toutes les rues, et les enfants des ex-pêcheurs poursuivaient les messieurs à la sortie du concert en leur offrant du feu pour leurs cigares. Somme toute, Carville offrait à ses nobles hôtes le résumé de tous les plaisirs de convention que l'étranger goûte tant à Paris. Le cabinet de lecture recevait le matin tous les journaux du soir ; pour les heures de pluie et de désœuvrement forcé, il avait les romans de haut goût, les mémoires des demoiselles célèbres, et la collection photographique des plus illustres jambes de l'Opéra.

Il faudrait emprunter les couleurs du prisme ou le pinceau miraculeux de Théophile Gautier pour rendre le coup d'œil qu'on admirait du matin au soir sur la plage. C'était un kaléidoscope de richesses où le rouge dominait un peu trop, mais qu'importe ? L'effet général était prodigieux. On eût dit que chacune de ces dames avait juré d'effacer toutes les autres par l'éclat, l'excentricité et la nouveauté de ses toilettes : c'était à qui s'habillerait plus vite, paraîtrait plus vite, disparaîtrait et reparaîtrait plus vite dans un costume nouveau. Les yeux ne s'ennuyaient pas, j'en réponds, et les lorgnettes ne chômaient guère.

Et les cœurs ? On n'en savait trop rien. L'intrigue est difficile dans ces lieux de plaisance où tout le monde se connaît et s'épie. Le vrai monde fourmille d'observateurs très-fins et de femmes qui pourraient faire un cours de malice. Les deux chroniqueurs de Paris, Alfred Saint-Chamas et Coulogne s'écarquillaient les yeux pour voir quelque chose : ils ne voyaient que « le tourbillon vertigineux de toutes les élégances du Directoire tempérées par un grand air de dignité louis quatorzienne, » s'il m'est permis d'emprunter deux lignes au feuilleton d'Alfred Saint-Chamas. Rien ne perçait, sinon certaines intimités trop anciennes et trop acceptées du monde pour mériter aucune attention. Il semblait que chacun se conduisît comme dans une maison de verre. Pas un atome de scandale; pas même cet imperceptible nuage de fumée qui trahit les premiers feux d'une passion naissante.

Les lions de la saison, jusqu'à l'arrivée de Bourgalys et de Lambert, étaient quatre petits messieurs parfaitement bien nés et remarquablement jolis; on les désignait en bloc sous un nom qui les dépeignait bien : les quatre marquises. Ces enfants de bonnes mères ne s'habillaient que de soie et de velours : ils n'étaient pas tout à fait décolletés comme pour un bal, mais ils montraient leur cou jusqu'à la clavicule. On les accusait de mettre du blanc et du rouge, et un atome de bistre autour des paupières. Quatre toilettes à faire tous les jours prenaient le plus clair de leur temps ; ils dépensaient le reste chez le pâtissier à la mode, chez le tailleur à la mode, ou sur la plage, où ils avaient une cabine meublée en boudoir avec des fauteuils rembourrés. Toutes les femmes raffolaient de ces quatre fils Aymon bouillis au lait ; on les aurait embrassés pour un rien, sans craindre de se compromettre, car ils ressemblaient si peu à des hommes que la conscience la plus ombrageuse se rassurait à leur approche. Ils étaient hommes pourtant, car l'un d'eux, après mille sottises, s'engagea quelques mois après et se fit tuer sur un champ de bataille d'Italie en prenant un drapeau autrichien. Mais ils trouvaient charmant et neuf d'étaler une élégance efféminée, et ils fondaient une école qui fleurit encore aujourd'hui.

Un coup de mer, à la grande marée du printemps, avait apporté vingt mille charretées de galet dans la jolie crique de Carville : la plage réservée aux dames n'existait plus. Il fallut réunir les deux sexes sur un même point, au grand dépit des femmes mal faites. Les spectateurs n'avaient plus besoin de lorgnette pour contempler les baigneuses dans leur modelé le plus exact. Ils lorgnaient encore, mais par un restant d'habitude, et surtout pour se faire remarquer des personnes qu'ils honoraient de leur attention.

Les petits messieurs, que Bourgalys n'aimait guère et qu'il comparait à des Apollons sculptés dans le cold-cream, passaient deux heures par jour sur la plage. Quatre ombrelles réflétaient les couleurs les plus tendres sur leurs visages délicats. Ils ne se baignaient point, alléguant que la vue de ces grands mouvements de bras et de jambes était déjà pour eux un véritable excès de travail.

L'apparition d'Yolande dans sa capitale mit tout en l'air. La première fois qu'elle descendit sur la plage avec sa tante et son amie, cent personnes coururent au-devant d'elle ; ce fut à qui lui donnerait ces poignées de mains vigoureuses qui secouent une femme comme un prunier. Les quatre petits messieurs se levèrent eux-mêmes et firent trois pas vers la reine de Carville en se dandinant sur leurs hanches. Pour comprendre le laisser-aller de leur aimable bienvenue, il faut savoir quelle camaraderie garçonnière s'est établie entre les deux sexes depuis tantôt dix ans.

« Tiens ! c'est mame Adhémar !

— Bonjour, mame Adhémar !

— Invincible Yolande, je vous la serre cordialement.

— Mais quel chic, mes enfants, quel chic ! Il n'y a qu'elle au monde !

— Adhémar va bien ? Il fait toujours dans les nègres ?

— Vous avez eu joliment raison d'arriver ; ça commençait à ne plus être drôle tout plein, dans ces parages humides.

— A propos, dites donc : tout le monde se baigne ensemble. On va vous admirer dans vos moindres détails. Je vous préviens que je me suis commandé une lorgnette rayée : c'est ça qui porte loin !

— Asseyez-vous donc un peu, beauté farouche, Diane nageresse !

— Qu'est-ce qu'on dit de nouveau à Paris ?

— Meurt-on beaucoup de notre absence ?

— Avez-vous vu la grande machine du Cirque ?

— Y a-t-il encore du monde autour du lac ?

— Est-ce vrai que Naniche a fait sauter la banque de Hombourg ?

— On prétend que la petite Marco s'est fait donner une paire de chevaux roses. Avez-vous rencontré ça ?

— Ce n'est pas tout, il va falloir nous amuser, maintenant que vous êtes des nôtres. Vous êtes un bon garçon ; vous allez mettre le feu sous le ventre à tous ces engourdis-là.

— Qu'est-ce que c'est donc que cette petite qui se promène avec mame Haut-Mont ? »

Yolande acceptait ces impertinences aussi naturellement, sans plus d'effort qu'un officier de dragons lutiné dans un bal par quatre jolies femmes. N'appartenait-elle pas à l'école des femmes-garçons, comme ces petits messieurs languissants à l'école des garçons-femmes ? Elle badina quelque temps avec ceux qu'elle appelait ses petits camarades, et leur reprocha de n'avoir point reconnu Mme de Mably.

— Pas possible, chère ! C'est ça la femme du grand Gontran ? Elle ne s'est donc pas faite religieuse ?

— Pas plus que moi.

— Oh ! vous ! Je crois que vous auriez eu l'esprit de vous mettre dans un couvent d'hommes.

— D'hommes comme vous, peut-être ; parce qu'il n'y aurait pas de danger.

— Dites donc, mais c'est un défi, femme sauvage ! Je vas vous envoyer mes témoins.

— Assez bêtifié, mes gentilshommes ; je vois ma tante qui m'appelle. Il faudra que vous refassiez connaissance avec Mme de Mably, vous entendez ?

— Comment donc !

— Et l'on sera bien gentils pour elle. C'est mon amie, je ne veux pas qu'on la laisse dans son coin.

— On lui fera les honneurs de la place. D'abord elle est jolie comme un petit amour. Si elle n'a pas encore choisi son baigneur, recommandez-moi.

— Vous, dans l'eau ? Vous fondriez, mon cher ; vous êtes en sucre. »

Je ne sais pas ce que Mme de Sévigné penserait d'un tel langage, mais c'est celui qu'on parle couramment dans la deuxième catégorie du monde aristocratique, et la première catégorie ne venait pas à Carville. Elle se confinait dans ses châteaux, ou grondait contre la décadence des mœurs publiques au fond de quelques grands hôtels de Paris. Une femme de ce monde est à peu près forcée de choisir entre le tapage et la retraite, les airs évaporés et les airs monastiques, les crinolines insolentes et les jupons trop plats, la familiarité des beaux-fils et la gravité des bons Pères. Entre ces deux extrêmes, je voudrais voir un petit coin réservé à la sagesse aimable, la gaieté de bon ton, la vertu sans pruderie, ce mélange de raison, d'enjouement et de bonté qu'on adore dans Mme de Sévigné ou dans l'immortelle Henriette, de Molière.

Valentine était née pour ressusciter un de ces types charmants, mais elle n'avait pas trouvé, dans la société française telle qu'elle est, un milieu favorable au développement de ses qualités. Et les événements qui la jetaient aujourd'hui dans le tourbillon de Carville devaient l'éloigner pour jamais de sa véritable vocation.

Elle eut dès l'arrivée un succès vif. Yolande s'employa de bonne foi à la mettre en lumière. Non-seulement elle lui céda la moitié de sa garde-robe en attendant les nouveaux chefs-d'œuvre de la couturière, mais elle se fit un peu femme de chambre, sœur aînée, presque maman. Elle habillait son amie elle-même, elle la coiffait, elle lui présentait hommes et femmes. Il était impossible de mieux faire les honneurs de Carville. Yolande, qui n'avait jamais été humble, s'effaça pour la première fois. C'était encore un moyen de se faire valoir, car tout est vanité chez certaines gens, sans excepter la modestie.

Valentine le sentit bien. Elle ne tarda guère à comprendre qu'elle était pour le monde la poupée de Mme Adhémar. Logée, nourrie, servie chez elle, habillée par elle, promenée par ses chevaux, recommandée à ses amis, elle devina qu'aux yeux de tout Carville elle prenait possession d'une infériorité bien assise. Or elle n'était pas de celles qui se plaisent au second rang, surtout quand le premier n'est pas pris par la plus digne. Elle se rappela que son mari était un autre homme que le comte de Lanrose, et qu'elle-même valait cent fois mieux que Mlle Gilot. Elle fit cent comparaisons, toutes à son avantage, et finit par souffrir un peu du rang qui lui était si gracieusement assigné. Pour la première fois depuis son mariage elle n'était pas chez elle, ni pour ainsi dire à elle. Son petit caractère fomenta des insurrections. La grande familiarité des jeunes gens de Carville lui parut d'autant plus insolente, qu'elle en était l'objet avec et par son amie ; les regards sans façon, les mots à double entente tombaient sur elle par ricochet ; on l'eût sans doute traitée moins cavalièrement si elle n'avait pas figuré dans la suite d'Yolande. Elle fut froissée dès le premier jour, elle rêva une revanche dès le second, à l'arrivée d'Odoacre et de Lambert ; elle la prit dès le troisième.

Son costume de bain, commandé à la bonne faiseuse de Carville, était achevé. Elle l'avait voulu noir et absolument simple. Yolande en portait un blanc garni de rouge, avec des brandebourgs, des ruchés et mille autres agréments aussi riches que disgracieux. Les deux amies firent leur toilette de bain dans la cabane de Mme de Lanrose, elles descendirent ensemble à la mer dans ces grands peignoirs de flanelle discrète, qui ne laissent rien deviner de la femme. L'une et l'autre se lancèrent parallèlement sur une grosse lame arrondie qui les emporta sans secousse et les déposa dans l'eau calme où elles se tinrent un bon quart d'heure. Yolande nageait bien, mais comme tout le monde ;

elle flottait, pour mieux dire, avec une grande facilité. Valentine, aux yeux des spectateurs assemblés sur la plage, apparut comme une divinité des eaux. Elle jouait à la façon des sirènes, tantôt couchée sur la vague écumante comme sur un oreiller, tantôt debout et hors de l'eau jusqu'à mi-corps. La draperie se modelait divinement sur elle ; vous auriez dit une statue de marbre noir à tête blanche. Les Romains nous en ont laissé quelques-unes dans ce goût. Mme de Lanrose avait caché sous un bonnet de toile gommée ses cheveux un peu rares depuis quelque temps ; la chevelure de Valentine, tordue en deux poignées énormes, était nouée sur le haut de la tête : on a vu des couronnes moins enviées que celle-là.

Le hasard ou la malice des hommes fit que la femme de chambre manquât à son devoir ; elle arriva trop tard pour envelopper les deux baigneuses. Peut-être Bourgalys ou quelque autre amateur avait-il payé pour voir les beautés de Valentine. Qui sait même si le peuple de Carville n'avait pas voulu admirer sa souveraine dans toute la liberté de cet embonpoint fameux ?

De ce coup, Yolande fut détrônée et Valentine monta aux nues. L'une n'était décidément qu'une pauvre femme bien fatiguée, plus digne de compassion que d'amour ; l'autre était la perfection même. Depuis la pointe de ses jolis pieds, dont le gros orteil s'écartait naturellement, à la mode antique, jusqu'à ses grands cheveux que la dernière lame avait dénoués sur ses épaules, elle défiait la critique la plus malveillante ; il n'y avait qu'à tomber à genoux devant cet admirable corps. Yolande, sur ses gros pieds bouffis, faisait la figure d'une oie trop grasse.

L'une et l'autre affrontèrent assez bien l'inspection des curieux ; l'une parce qu'elle ne se savait pas laide, l'autre parce qu'elle se savait belle. Il y a pourtant bien loin du Sacré-Cœur de Lyon à la plage insolente de Carville! mais la pudeur des femmes s'humanise par degrés ; celle qui a dansé deux hivers dans le monde et qui s'est costumée cinq ou six fois n'a plus une exacte notion des choses qu'il est permis ou défendu de montrer.

La sensation fut immense dans le public. En cinq minutes, Mme de Mably conquit une réputation européenne, car toutes les aristocraties de l'Europe avaient des représentants sur cette plage. Tous les hommes devinrent ses admirateurs et voulurent être ses amis. Ce fut à qui obtiendrait la faveur de lui être présenté le jour même. Et les deux soupirants qui lui étaient venus de Paris, Bourgalys et Saint-Génin sentirent redoubler leur passion. Le Français mêle quatre-vingt-dix pour cent de vanité à son amour ; il veut que l'univers entier lui envie sa maîtresse.

Le chroniqueur Saint-Chamas annonça aux vingt mille abonnés d'un grand journal politique qu'un astre s'était levé sur l'horizon de Carville. La chronique est d'un grand secours aux désœuvrés de toutes les classes : ce nouveau genre de littérature, éclos de notre temps, un jour que la politique était endormie, a des mérites tout particuliers. Grâce à l'indiscrétion des journalistes bien informés, la correspondance privée se réduit peu à peu aux affaires personnelles ; les amis et les amies pourront bientôt correspondre entre eux avec un laconisme télégraphique : on n'a que faire de bavarder et de conter les nouvelles du monde lorsque vingt mandarins lettrés ont pour profession de les publier au jour le jour. Ce n'est pas tout : la petite police amusante que le journal exerce du commun consentement fait pénétrer chaque citoyen dans l'intimité de tous les autres. Aux bains de mer, aux courses, aux bals costumés, aux exhibitions de tableaux vivants, un regard bienveillant mais juste étudie à notre profit les épaules de Mme A., les cheveux de Mme B., les... oui, je dis bien, les jambes de la belle Mme C. Non-seulement les femmes, mais les jeunes filles elles-mêmes relèvent de ce tribunal ; moyennant quoi, l'on sait qui l'on épouse, et pour comble de satisfaction, l'on n'est pas seul à le savoir.

La France apprit donc en trois jours que la comtesse de M..., née à Lyon, mariée depuis tantôt quatre ans à un beau gentilhomme de tel club, magnifiquement installée dans un hôtel de la rue Saint-Dominique et présidente de la société charitable de Saint-Chr... (mais sans indication plus compromettante), avait ceci très-bien, cela parfait, et tel autre détail absolument admirable. On sut en même temps que la charmante élève du Sacré-Cœur avait gagné sa cause devant les baigneurs de Carville, comme Phryné devant l'Aréopage, et que la reine déchue, Mme la comtesse A. de L..., avait abdiqué de la meilleure grâce du monde.

Adhémar et Gontran étaient alors trop affairés pour lire des chroniques, mais une femme lit toujours, à moins d'être absolument sans amies, ce qui doit la mettre en dépit. Yolande maudit le jour où elle avait conseillé les bains de mer à Mme de Mably, et cette tendre amitié devint un tant soit peu nerveuse.

Les arbres poussent mal sur le sol de Carville, mais la médisance y fleurit bien. On ne saura jamais, à moins d'avoir habité ces petites villes de passage, combien l'oisiveté et l'agglomération peuvent aiguiser la malice de trois ou quatre cents femmes. Valentine étant la plus en vue, fut naturellement l'objet d'une jalousie spéciale : les noirceurs de la reine détrônée tombèrent dans un terrain merveilleusement préparé. Personne n'ignora comment la grande famille de Lanrose avait tiré cette petite de la poussière pour en faire une comtesse de Mably. On sut que sa fortune, assez médiocre, n'aurait jamais suffi à son train de maison sans la générosité du comte Adhémar qui la faisait valoir dans les affaires. On voyait à l'œil nu la dépendance de cette jolie femme qui logeait chez Yolande et faisait rajuster par sa femme de chambre les toilettes portées par Yolande. Yolande avait d'ailleurs une admirable façon de lui dire au milieu de vingt auditeurs :

« J'espère que mon cheval ne vous a pas trop fatiguée ? »

Ou bien encore :

« Je vous ai bien mal fait déjeuner ce matin, ma pauvre chérie ! »

Valentine n'était pas femme à recevoir les coups sans les rendre. Un matin, sur la plage, au milieu d'un cercle assez rempli, Mme de Lanrose trouva moyen d'amener la conversation sur le choix d'un état : « A propos, chère enfant, quel métier faisait donc monsieur votre père ? »

La fille du père Barbot dilata ses narines comme un cheval de guerre à l'odeur de la poudre :

« Mon père, répondit-elle, faisait un métier qui semblerait excentrique à bien des gens. Il gagnait des millions sans ruiner personne.

— Mais cela se voit encore aujourd'hui. Mon mari, par exemple, a le secret de s'enrichir en faisant la fortune des autres.

— Oui, chère, et même il a l'esprit de servir ceux de son monde sans le publier sur les toits.

— C'est une justice que tous ses obligés lui rendent : il est modeste. Moins pourtant que votre excellent homme d'oncle, ce pauvre M. Faflaux. Est-il toujours à Lyon, dans cette boutique de libraire ?

— Pour le moment, chère belle, il est en Suisse. Peut-être saluera-t-il aujourd'hui la forteresse de M. Gilot.

— Mignonne, on dit château dans notre monde.

— Je croyais qu'on disait forteresse en parlant des châteaux imprenables. »

Ces duels à coups de langue, où la victoire restait toujours à Valentine, amusaient vivement la galerie. Rien n'est plus curieux qu'une guerre de femmes, lorsqu'elles sont jolies, bien élevées et intimes. L'œil sourit, la bouche se dessine en cœur, la soie murmure son frou-frou mélodieux; à peine si l'on devine, au tremblement de l'ombrelle ou au trépignement discret du brodequin, la violence implacable de la haine.

Tous les hommes, ou peu s'en faut, prirent parti pour Valentine. Un jour que les deux amies conduisaient une cavalcade vers les ruines de Courmont, Valentine, agacée par je ne sais quelles piqûres d'épingle, rompit les chiens en proposant un galop. Yolande ne goûtait pas cette façon d'aller, d'abord parce qu'elle était lourde, ensuite parce que les secousses du cheval la faisaient onduler comme une mer en courroux. Elle allégua un peu de fatigue, et Valentine l'aimait bien trop pour l'entraîner à son corps défendant. « Restez donc avec ces messieurs, dit-elle, moi j'éprouve une tentation irrésistible de piquer dans le vent. »

Elle partit comme une flèche; mais on ne la laissa point galoper toute seule. Un cavalier, puis deux, se lancèrent à sa poursuite; ce fut d'abord Odoacre, et Saint-Génin bon second, puis l'escorte entière se débanda, et Yolande, les larmes aux yeux, demeura presque seule. Le vieux vicomte d'Antigny, ancien écuyer de Charles X, fut le représentant héroïque et unique de l'ancienne galanterie française. « Allez, monsieur, allez donc, lui disait Mme de Lanrose; vous vous compromettez en restant avec moi! »

Il était aussi bon cavalier que galant homme; mais il manquait totalement de cette denrée populaire qu'on appelle l'esprit. Il répondit en faisant une courbette un peu passée de mode : « Belle dame, j'ai suivi mon roi jusqu'en Angleterre; je suivrai bien ma reine jusqu'à Courmont. » Pauvre aimable vieillard! Il proclamait ainsi, avec une innocente cruauté, la déchéance d'Yolande.

Les échappés s'arrêtèrent tous à deux kilomètres de là, sur l'ordre exprès de Valentine, qui commençait à avoir peur de sa victoire. Mais Mme de Lanrose ne se rasséréna point de toute la journée. Le dîner qu'on avait servi dans les ruines fut triste et guindé; Odoacre et Lambert eurent beau se mettre en frais. On revint au petit pas, en disant des phrases banales. Le lendemain, le palefrenier vint dire à Mme de Mably qu'il « ne savait pas ce que le cheval avait fait, mais qu'on ne pourrait pas le tirer de l'écurie avant huit ou dix jours ». Odoacre partit pour Paris, conta l'affaire à Gontran, et ramena une jument anglaise qui fut logée au manége. Valentine aurait bien voulu quitter aussi le chalet de Lanrose; mais comment? à quelle occasion? où se loger dans cette ville envahie? La duchesse de Haut-Mont pouvait seule lui donner un gîte acceptable, mais elle ne songeait pas à l'offrir, et Valentine n'osait le demander.

Mme de Haut-Mont, quoique femme, était du bord de Valentine. Plus que jamais, elle croyait se voir revivre dans cette belle enfant, un peu gamine, qu'elle appelait parfois : madame Hurluberlu. Elle reçut de ses amis plus d'une confidence qui s'adressait indirectement à Valentine; on semblait croire que le cœur de la jeune femme était comme en dépôt dans ces vieilles mains. Son petit neveu même vint un jour lui déclarer qu'il adorait Mme de Mably; le jeune monstre avait huit ans.

« Ma tante, lui dit-il, est-ce que dans neuf ans Mme de Mably sera encore jolie?

— Oui sans doute, pourquoi?

— Quel âge aura-t-elle, ma tante?

— C'est une question qu'un galant homme ne fait jamais, monsieur.

— Au fait, ça m'est égal, puisqu'elle sera toujours jolie.

— Eh bien, après? En quoi la chose peut-elle vous intéresser, petit drôle?

— Tiens! pour lui faire la cour, donc! Comme Bourgalys et tous les autres!

— Mais elle est mariée. Est-ce que vous ne le savez pas?

— Raison de plus, ma tante. Est-ce qu'on fait la cour aux demoiselles! C'est elles qui font la cour aux messieurs pour qu'ils les épousent et qu'ils leur fourrent des diamants.

— Armand, vous êtes un vrai démon. Qui est-ce qui vous a conté toutes ces sottises-là?

— Personne! Je vois ce qui se passe, allez!

— Vous me faites frémir! Fi! le vilain petit homme!

— Alors pourquoi riez-vous sous cape, si c'est vrai que je vous fais frémir?

— Je ris de votre absurdité. Faire la cour à Mme de Mably! Savez-vous seulement quel âge vous aurez dans neuf ans?

— Oui, ma tante : dix-sept! l'âge où papa a commencé. Il y a plus de quatre ans que je le lui ai entendu dire! »

La duchesse lui donna une pichenette au bout du nez, puis l'embrassa sur les deux joues, puis se mit à penser toutes sortes de choses raisonnables, ce qui ne lui arrivait pas souvent. Elle se dit entre autres vérités, qu'on a tort de parler trop devant les bambins; elle se demanda si la conversation des valets n'entrait pas pour une certaine part dans l'éducation des enfants riches ; et cent autres questions graves qu'elle oublia en moins de temps qu'il n'en faudrait pour les énumérer ici.

Mme de Haut-Mont avait gardé ses yeux de vingt ans; elle put suivre avec une attention soutenue les incidents qui se succédèrent en un mois sur la plage de Carville. C'est ainsi qu'un colonel en retraite se promène, la canne à la main, devant la manœuvre des jeunes soldats. Je crois qu'elle eut souvent l'occasion de lever les épaules : elle était d'un autre temps et elle avait vu d'autres mœurs. « Autrefois, disait-elle, la galanterie des hommes et la coquetterie des femmes faisaient moins de bruit. » Elle eût pu ajouter : « Et plus de besogne. »

Il est vrai que la vertu du sexe en général et de Valentine en particulier était admirablement surveillée. La comtesse Adhémar gardait son ennemie et ne la quittait pas des yeux. Lambert s'était attaché à la personne de Bourgalys; il le suivait partout dans la journée; il se relevait au milieu de la nuit pour voir si Odoacre n'était pas sorti de l'hôtel.

Rien n'était plus singulier que l'étroite amitié de ces deux hommes, aussi francs l'un que l'autre, également incapables de rien dissimuler, et pourtant condamnés à se cacher l'un de l'autre. Ils aimaient la même femme, et dans une intimité de tous les instants ils se parlaient de tout excepté d'elle. Chacun des deux mesurait à son aune l'avance qu'il avait sur son ami.

Saint-Génin se fondait sur le souvenir d'une passion ancienne, dévouée et passablement héroïque. Odoacre, par un calcul inverse et pourtant aussi juste, se disait qu'une femme ne peut pas voir un indifférent dans l'homme qui lui a une fois manqué de respect. Il faut qu'elle le haïsse ou qu'elle l'aime : or, Mme de Mably ne lui témoignait plus aucune aversion.

Odoacre n'était pas assez fat pour se targuer de ses avantages physiques; il savait que les femmes ont des façons de voir qui ne sont pas les nôtres, et il s'était vu préférer en sa vie bien des gens qui n'étaient ni aussi beaux ni aussi élégants que lui. Mais il se sentait fort de la loyauté de Lambert et de la parenté qui unissait les Saint-Génin aux Mably. « Un cousin! pensait-il; ce serait une action infâme! » Il ne se disait pas qu'il n'est guère plus honorable d'emprunter la femme d'un ami. Lambert, de son côté, s'appuyait énergiquement sur ses liens de famille. L'innocent ne s'était jamais confessé son amour à lui-même; il se croyait aussi dévoué au cousin qu'à la cousine. En serrant de près une proche parente, en écartant celui-ci, en surveillant celui-là, il croyait protéger la faiblesse de Valentine et défendre l'honneur de Gontran. « J'ai le droit, pensait-il, de la suivre comme son ombre, puisqu'elle est la femme de mon meilleur et de mon plus vieil ami. »

Valentine n'avait d'amour ni pour l'un ni pour l'autre ; mais elle eût enragé si l'un ou l'autre avait cessé de lui faire la cour. L'incident de la cavalcade lui avait fait connaître le plaisir insolent de la victoire, cette ivresse de vanité qui, chez la plupart des femmes de notre temps, a détrôné l'amour : elle ne voulut plus goûter d'autre chose. Toutes ses idées et tous ses sentiments se portèrent à la fois vers la domination ; elle vécut pour vaincre, humilier et détrôner Yolande de Lanrose.

Les grands hommes s'acharnent quelquefois toute une vie à la poursuite d'un point déterminé : Sixte-Quint, Louis XI, Cromwell et Richelieu renversent tout pour arriver à leurs fins ; tout moyen leur est bon, pourvu qu'il serve. Or, la femme la plus jeune et la plus inconsistante est capable de se concentrer ainsi, non pas toute la vie, mais pendant un jour, une semaine ou un mois, pour satisfaire un caprice d'ambition puérile. On en a vu plus d'une en venir aux actions extrêmes dans l'ardeur de la lutte et la fièvre du succès.

Durant huit jours, Mme de Mably battit Yolande sur son terrain et avec ses propres armes. C'était dans le salon de la comtesse de Lanrose, sous ses yeux, presque sous sa main, que Valentine prenait les cœurs et faisait une collection de prétendants déclarés. Elle apprit sans effort visible l'art de parler à tort et à travers, de semer les encouragements sans rien promettre, d'éveiller l'espérance chez vingt personnes à la fois sans en désespérer aucune, et d'afficher cette bonhomie que les fats confondent avec la facilité.

Les jeunes gens de tout âge (et l'eau de mer rajeunit les plus mûrs) se rassemblaient le soir au chalet des Lanrose, et tous, sans exception, tournaient autour de Valentine comme des papillons autour d'une lumière unique. Yolande se désolait de rester dans l'ombre chez elle et d'obtenir strictement les attentions que la politesse commande. Elle recruta des alliés : Mme d'Aigues-Rigny, Mme de Raimbœuf, Mme de Piquefeu, Mme de Beauvenir et son inséparable médecin, Mme de Gauterne et le cousin Pascal de Malnuit qui ne la quittait guère. Les renforts furent battus comme le gros de l'armée : Valentine accapara jusqu'aux attentifs de ces dames et se fit ainsi trois ou quatre inimitiés farouches.

La comtesse de Lanrose, outrée de sa défaite et furieuse de payer les frais de la guerre, résolut de transporter l'action sur un autre terrain. Elle ferma son salon tous les soirs et fit élection de domicile à l'établissement des bains. Valentine l'y suivit de bonne grâce, et le succès y suivit cette triomphante petite femme. Elle trônait, elle ordonnait ; le prince de la jeunesse, Odoacre de Bourgalys, venait lui demander : Que faisons-nous ce soir ? Que ferons-nous demain ?

Quelquefois Yolande quittait la partie dans un mouvement de dépit ; elle montait en voiture et rentrait au chalet à dix heures. Valentine affectait de vouloir se retirer avec elle, mais tous les jeunes gens la suppliaient avec de telles instances, qu'elle se laissait attendrir. Dans ces occasions, la duchesse de Haut-Mont servait de porte-respect à sa jeune amie. Elle disait à Mme de Lanrose : « Je vous ramènerai cette adorable enfant ; il serait inhumain de la coucher avec les poules ; ne faut-il pas que jeunesse s'amuse? Souvenez-vous, ma nièce, du temps où vous aviez son âge : vous ne quittiez jamais le bal avant cinq heures du matin. »

Yolande emportait ce compliment et s'allait coucher par-dessus, mais elle ne dormait guère. Elle entendait un grand murmure de voix sur l'heure de minuit : c'était le peuple des baigneurs qui avait fait un quart de lieue à pied, au petit pas, en ramenant Mme de Mably. On s'arrêtait encore à causer tumultueusement sous le balcon du chalet, comme s'il avait fallu des efforts surhumains pour laisser Valentine. La porte enfin ouverte et les derniers adieux échangés, tout le monde redescendait vers la plage en parlant d'elle, sous prétexte de faire la conduite à Mme de Haut-Mont. Le lendemain, Yolande se plaignait d'avoir mal dormi : on l'avait réveillée en sursaut dans son premier sommeil ; elle ne comprenait pas que les hôtes de Carville eussent pris en si peu de temps des habitudes de tapage nocturne ; on vivait plus correctement dans le dernier village.

Malgré tout, Valentine n'était pas brouillée avec Yolande ; l'amitié officielle subsistait. La comtesse de Lanrose avait encore le droit de morigéner sa compagne, et elle se soulageait ainsi de temps en temps. Un jour que Mme de Mably avait plaisanté vivement avec Odoacre, Yolande la prit à part et risqua une observation qui ne dépassait point la juste mesure. La jeune folle lui répondit tout haut, comme si elle avait voulu prendre l'assemblée à témoin :

« Vous trouvez, chère amie? Moi je n'ai peur de rien. Dieu! que la vie est bonne! Que la liberté est douce! Que les messieurs sont jolis! Oui, messieurs, c'est de vous que je parle à notre chère Yolande. Elle vous trouve légers, compromettants et dangereux ; moi je vous trouve simplement très-drôles. Je vis double, triple, quadruple, depuis qu'un bienheureux hasard m'a jetée au milieu de vous. J'avais la pépie de plaisir ; je renais au murmure charmant des sottises que vous me dites. Monsieur de Bourgalys, je vous nomme aujourd'hui mon médecin en chef. »

Odoacre s'approcha gravement et dit : « J'entre en fonctions. Nous allons vous tâter le pouls. Oh! oh! le pouls est dur, et même capricant, oui, capricant comme tous les diables.

— Qu'entendez-vous par là?

— Capricant vient de caprice.

— Docteur, vous vous trompez, je n'ai pas de caprice, au moins jusqu'à présent.

— Vous en aurez bientôt.

— Pour qui? bonté divine!

— Pour moi.

— Vous m'y faites penser! Mais le cas ne serait

pas grave. Un caprice pour vous, ça ne doit pas durer longtemps. Rendez-moi donc ma main, monsieur de Bourgalys, vous la serrez comme si elle était à vous. »

Odoacre baisa cette petite main avant de la lâcher, Yolande haussa les épaules et dit à Bourgalys :

« Vous, mon cher, vous êtes l'animal le plus compromettant de la création, et je vais vous dire pourquoi. Le monde sait que vous n'êtes pas homme à vous occuper d'une femme pendant plus de huit jours, à moins d'être payé de vos peines. Dès qu'on vous voit assidu neuf jours de suite, on en conclut que vous ne perdez pas votre temps.

— Ingrate! dit Bourgalys; est-ce vous qui me jugez si mal? J'ai passé des années à vos genoux sans obtenir la moindre récompense. Dieu sait pourtant que vous avez été la seule passion de ma vie! et si je ne craignais pas de remuer des cendres mal éteintes!...

— Ah! mais non, reprit Valentine, vous êtes ma propriété, et je vous garde pour moi. »

Lambert survint au milieu de ce badinage. Mme de Sanrose le prit à partie et lui dit :

« Voici votre cousine qui fait son pronunciamiento. Elle a résolu de nous prendre tous nos adorateurs !

— Pourquoi faire? demanda naïvement Lambert.

— Des esclaves! répondit Valentine.

— Quant à ça, ma cousine, je n'y vois pas de mal.

— Mais, s'écria la comtesse Adhémar, elle devrait au moins nous en laisser deux ou trois. »

Valentine secoua la tête :

« Si j'en connaissais un qui me refusât l'hommage !

— Que feriez-vous, cousine ?

— Je ne sais pas ce que je ferais, mais je commencerais par le rendre fou. Lambert, si vous en trouvez un, vous me le dénoncerez, j'y compte.

— Oui, ma cousine.

— Mais vous-même, Lambert, vous ne m'avez jamais dit quels sentiments vous aviez pour moi. Lambert, je vous soupçonne.

— De quoi, cousine ?

— De ne pas m'adorer aussi passionnément qu'il le faudrait.

— Ma parole sacrée, cousine, je vous aime de tout mon cœur, et Gontran aussi.

— Oh ! laissons les maris ; il n'y en a pas à Carville, et il est défendu de parler des absents.

— Je n'en dis pas de mal, sapristi !

— Bien ! bien ! mais si vous m'adorez, comment le bruit de vos soupirs n'est-il pas encore arrivé jusqu'à moi ? »

L'honnête Saint-Génin n'était pas exercé à ce genre de papotage. Il écarquillait ses gros yeux chaque fois qu'on marivaudait devant lui. L'interpellation de sa cousine le fit rougir ; il regarda la galerie, se gratta la nuque et resta court.

« Qu'attendez-vous ? dit Valentine. Soupirez ! soupirez donc ! voulez-vous soupirer plus vite que ça ? »

Il prit un grand élan au plus profond de lui-même, et poussa un vrai soupir de boulanger. Puis il se mit à rire timidement en demandant si c'était bien ?

« C'est trop bien, répondit la rieuse : on voit que

celui-là sort de l'âme. N'abusez pas de vos moyens, Lambert, on finirait par vous adorer. »

Yolande reconnaissant que cette vie au grand jour ne servait qu'à donner plus de publicité à sa défaite, résolut de se cloîtrer chez elle avec sa rivale et de fermer la porte au monde extérieur. Elle fit la malade, écarta les visites et réclama une solitude absolue. Valentine la prit au mot et la laissa toute seule : c'était le vrai moment de demander un asile à la duchesse, qui le donna de grand cœur. Elle déménagea en une demi-journée, et alla tenir sa cour au milieu de la ville, chez Mme de Haut-Mont. Le lendemain, Yolande était guérie ; on la revit sur la plage en atours.

Ce départ fut le signal d'une lutte plus ouverte et plus acharnée : les deux rivales se ménagèrent moins.

La comtesse de Lanrose avait un avantage marqué dans cette situation nouvelle. D'abord elle était chez elle, maîtresse de sa maison, de sa personne et de ses actions, tandis que Mme de Mably, vivant chez la duchesse, était paralysée par les habitudes, les goûts et les manies d'une femme âgée.

Le chalet de la Falaise, occupé par Yolande, était vaste et commode : toute la population de Carville y aurait tenu sans s'étouffer. La maison de la duchesse n'avait qu'un unique salon au premier étage, et non pas des plus grands, serré entre la chambre de Mme de Haut-Mont et celle de Valentine. Yolande pouvait donner des fêtes, elle en donna de magnifiques. Valentine n'avait pas le droit de se mettre en dépense dans la maison d'autrui. Tout au plus pouvait-elle organiser des parties ; encore fallait-il qu'elles ne fussent ni trop matinales, ni trop longues, ni trop fatigantes ; une jeune femme en butte à toute la malignité de son sexe, ne peut guère courir les champs sans un chaperon. Yolande n'était pas formellement obligée d'inviter Valentine à ses réunions ; tandis que, dans la compagnie de Mme de Haut-Mont, Yolande était invitée née.

Valentine s'aperçut donc bientôt qu'elle avait fait une fausse manœuvre. La séparation qu'elle avait regardée comme un coup de maître, pouvait la reléguer au second plan. Yolande inaugura une série de réceptions brillantes où l'on dansait, où l'on soupait, où l'on passait presque les nuits. Cette amorce nuisit aux petites soirées de Valentine, à ces réunions intéressantes mais modestes dont la coquetterie faisait pour ainsi dire tous les frais.

Une notable portion du public abandonna ce que Mme de Haut-Mont appelait sa bicoque pour le magnifique chalet de la Falaise.

La victoire ne se décida pas en un jour ; Mme de Mably prit de belles revanches. Elle avait un empire absolu sur M. de Bourgalys, qui menait haut la main toute la jeunesse dorée. Elle put donc entraîner deux ou trois fois l'élite de Carville, conduire des cavalcades énormes, commander des escadrilles en mer, tandis que la comtesse de Lanrose se morfondait à la Falaise au milieu de vingt-cinq ou trente personnages bien sages.

Mais la fortune tourna décidément après que la forte Yolande, par une manœuvre mystérieuse, eut détourné M. de Bourgalys. Cette défection fit causer; le monde la commenta de cent manières. Les malveillants prétendirent qu'Odoacre avait fait autrefois la cour à Mme de Lanrose, et qu'il avait été repoussé avec perte; mais que la dame, entraînée par l'ardeur du combat et résolue de vaincre à tout prix, avait oublié ses scrupules. On accorde souvent au dépit, à la rage de dominer, les sacrifices qu'on avait refusés à l'amour.

Quelques femmes, des plus avisées, mettaient en circulation un roman très-compliqué. Elles posaient en principe qu'un connaisseur comme M. de Bourgalys ne pouvait point aspirer aux bonnes grâces d'Yolande : n'était-ce pas assez de l'avoir vue au sortir de la mer? « Mais il a, disaient-elles, la manie des collections; il n'aime pas à rencontrer dans son monde une femme qu'il n'ait pas un peu compromise. Qui sait s'il n'a pas fait un pacte avec Mme de Lanrose et consenti à se déclarer pour elle si elle consentait à s'afficher pour lui? Ceux qui connaissent les deux paroissiens ne trouveront pas la chose impossible. »

Il y avait du vrai dans cette hypothèse, mais elle n'embrassait pas toute la vérité.

Odoacre était fermement décidé à avoir raison de Valentine. Cet amour encouragé, découragé, relevé, abattu, malmené, ramené, tourmenté de cent façons par la coquette, avait changé de caractère, comme un métal remis trop souvent sur l'enclume s'écrouit et devient cassant. Ce n'était plus de l'amour, mais quelque chose de sec, de net et de fort comme la volonté.

Or, le jeune homme avait beaucoup d'esprit et une grande habitude des femmes. Il savait que le meilleur moyen de forcer l'attention d'une coquette est de lui tourner brusquement le dos après l'avoir poursuivie un certain temps. On ne s'avise pas de suivre du regard un passant dans la rue; mais que le même homme, un beau soir, après vous avoir donné la chasse jusqu'à perte d'haleine s'arrête tout à coup et vous tourne le dos, vous vous arrêtez aussi, par instinct, et vous le regardez courir en vous faisant mille questions sur son compte. Que voulait-il? comment a-t-il changé d'avis? a-t-il eu peur? s'est-il aperçu au dernier moment qu'il vous avait prise pour une autre? Voilà comment un inconnu peut s'introduire brutalement dans la pensée d'une femme qui sans cela n'aurait jamais songé à lui. A plus forte raison, si vous connaissez l'homme, s'il vous a longtemps fait sa cour, si tout le monde sait qu'il professait un grand amour pour vous; si ses assiduités vous ont semblé agréables, et jusqu'à un certain point honorables; si vos amies ont paru les envier un peu; si vous avez mis votre amour-propre à les fixer.

Odoacre savait quelles idées sa défection ferait naître dans l'esprit de Valentine, dans quel ordre elles s'enchaîneraient et dans combien de temps elles auraient achevé de mûrir. Il était comme un jardinier qui a semé des fèves et qui n'a pas besoin d'aller tous les jours au jardin pour constater le progrès de la végétation. Il comptait sur la solitude pour hâter le développement des idées; aussi prenait-il soin d'isoler la coquette en accaparant tous ses amis, sauf un. Il s'inquiéta peu du tête-à-tête qu'il ménageait pour ainsi dire à Lambert. Son expérience lui disait qu'après une rupture si nette et si hardie, le plus présent des deux ne serait pas Saint-Génin. Lorsqu'une femme voyage en imagination hors du logis, il n'y a rien à gagner pour le pauvre garçon qui s'acharne après elle.

Enfin ce politique habile, en laissant croire aux bontés que Mme de Lanrose n'avait peut-être pas eues pour lui, préparait une révolution dans l'esprit de Valentine. Il l'entendait déjà se dire à elle-même : « Il y a donc des femmes qui sacrifient tous leurs devoirs à un succès d'amour-propre ! Ces choses-là se font dans notre monde ! On en vient du premier bond à de telles extrémités sans avoir préludé par d'autres erreurs ! Et la terre ne tremble pas ! Et le monde ne tourne pas le dos à la coupable ! Et celle qui se conduit ainsi ne porte pas sur son visage un signe de réprobation ! Elle a le même front, les mêmes yeux, la même voix qu'avant sa faute ! La différence n'est pas plus visible que cela entre les femmes sans reproche et celles qui ont tout oublié ! » Odoacre raisonnait en homme vraiment fort. Ce n'est pas l'amour qui entraîne la plupart des femmes à leur chute ; c'est l'exemple. Le spectacle du vice impuni, accepté, heureux et florissant, fait plus de mal à lui tout seul que les moustaches les plus irrésistibles.

L'esprit de Valentine arpenta lestement les voies tracées par M. de Bourgalys. La pauvre enfant en vint à douter du bien et du mal, et à brasser dans son coin des idées incohérentes. Elle était surtout exaspérée par l'iniquité du monde. Se voir abandonnée pour cause de vertu, et assister au triomphe d'une Yolande perdue ! C'est à bouleverser toutes les notions de l'honnête et du juste dans une petite tête un peu faible.

Lambert lui tenait compagnie et s'arrachait les cheveux devant elle. Il répétait vingt fois par jour :

« Mais qu'est-ce qu'ils ont ? Sur quelle herbe ont-ils marché ? Vous ne leur avez rien fait, ma cousine, et vous voilà, parole d'honneur ! comme une brebis galeuse. Permettez-moi seulement d'en tuer deux ou trois, histoire de ramener les autres ! »

Elle le calmait de son mieux, et jurait qu'elle se trouvait bien de ce repos dans la solitude. Lambert lui racontait malgré lui les bruits de Carville, les succès d'Yolande, les fêtes du chalet des Falaises, les cotillons menés par Bourgalys. « Quant à moi, disait-il, je ne regrette rien de tout ça ; je vous vois, je suis content. Je suis un homme de famille. »

Il avait l'esprit de famille si développé que pour un rien il se fût oublié vingt-quatre heures de suite dans le salon de la duchesse. Valentine était obligée de le mettre à la porte, quoiqu'il fût bien le plus respectueux et le plus innocent des adorateurs.

On causa cependant un peu de cette intimité, et la duchesse recommanda la prudence à celle qu'elle appelait sa jolie pensionnaire.

« Chère enfant, lui disait-elle, ce qu'on fait n'est presque rien, ce qu'on laisse croire est cent fois pire. Croyez-en l'expérience d'une femme sur qui le monde n'a jamais glosé. »

Valentine tint Lambert un peu plus à distance, elle se fit des heures de solitude absolue, où rien, pas même un livre, ne lui tenait compagnie. Elle n'avait pas pris l'habitude de lire, et la plupart des femmes de Carville étaient aussi désœuvrées qu'elle dans les entr'actes de leurs plaisirs. Un jour que sa mélancolie tournait au noir, elle écrivit à son mari et à son oncle pour réclamer la visite qu'ils lui avaient promise chacun de son côté. Mais elle ne s'expliqua ni sur ses succès, ni sur ses défaites, ni sur l'ennui qui la rongeait depuis quelques jours.

L'oncle Faflaux répondit qu'il viendrait sous peu, dès qu'il aurait achevé, avec la bénédiction de Dieu, une œuvre de haute justice. Gontran s'excusa tendrement avec un sérieux et une onction qui n'étaient pas dans ses habitudes. « Il s'associait de cœur à tous les divertissements de sa femme; il était fier des succès qu'elle obtenait à Carville et de la position qu'elle y avait conquise. Cette petite royauté, sans aucun doute, était le prix de la sagesse et du bon exemple autant que de l'esprit et de la beauté. Le comte se réjouissait de voir sa femme réconciliée avec le monde, mais il était bien sûr que le monde ne la brouillerait pas avec le ciel. L'admirable éducation qu'elle avait reçue, les tendances de son cœur vers l'idéal immuable et éternel, tout répondait de l'avenir et promettait que Valentine saurait résoudre enfin le problème de la sainteté dans le plaisir, tel que Dieu le propose à quelques âmes bien nées. Quant à lui, ce pauvre Gontran! il réclamait la compassion de madame, sans toutefois hâter son retour. Paris l'ennuyait fort : la poussière, la chaleur, la solitude surtout lui était à charge; il fallait des raisons bien puissantes pour le retenir si longtemps dans un tel enfer. Mais les plus graves intérêts étaient en jeu; il ne s'agissait de rien moins que de défendre le Humbé contre les agents secrets de l'Angleterre! Tous les intéressés de cette énorme entreprise se serraient autour du comte Adhémar; on tenait conseil chaque jour; on dépouillait des courriers exhorbitants, on abusait du télégraphe! Gontran s'était chargé de libeller un mémoire qui mettait en cause le Foreign Office lui-même. Du reste, il se louait hautement du zèle et des capacités de Lanrose, et il dépeignait avec beaucoup de verve les fureurs de Castaligue contre les perfides insulaires, les liquoristes mystérieux et le roi Mamaligo. »

Cette lettre apporta une vraie consolation aux ennuis de Valentine. Une femme n'est pas à plaindre tant qu'elle se sait aimée; elle peut tomber d'assez haut sans se faire grand mal, si elle est reçue dans les bras de son mari. La comtesse était seule au logis quand le facteur lui apporta ce paquet de tendresses légitimes; elle eut hâte de s'en faire honneur et courut à la plage où Mme de Haut-Mont babillait au milieu d'un cercle d'amis. Bourgalys était là, et Lambert, et la jolie Mme d'Oos, et quelques autres femmes aimables. On lut à haute voix les passages les plus gais.

Mais la lecture n'était pas achevée qu'on vit paraître la fière Yolande avec son mari. Adhémar avait débarqué le matin, sans tambour ni trompette : or, les maris étaient si rares à Carville qu'on s'empressait de les montrer quand par fortune on en tenait un. Valentine pâlit à la vue de M. de Lanrose qui vint à elle et lui baisa les mains avec mille démonstrations.

Valentine lui dit avec un reste d'émotion dans la voix :

« Est-ce bien vous ? par quel miracle ?

— Le miracle, madame, est d'avoir pu rester si longtemps loin de vous.

— Mais vous n'êtes donc plus nécessaire à Paris ?

— Nécessaire ?

— Sans doute ! Le Humbé !

— Le Humbé va tout seul ; il n'a pas besoin de moi.

— Alors, il n'y a plus de danger

— Il n'y en a jamais eu.

— Cependant on a dit, on a conté... il a couru des bruits inquiétants sur votre grande affaire.

— Jamais. Gontran va bien ? »

Valentine se sentit rougir jusqu'aux oreilles. Elle balbutia plutôt qu'elle ne répondit :

« C'est vous qui me demandez de ses nouvelles ?

— Il n'est donc pas ici ? Alors, je vous conseille de le faire afficher. Depuis votre départ il n'a pas mis les pieds au club, et personne ne l'a vu. »

Lambert vint au secours de sa cousine : « Mon cher Lanrose, dit-il, vous êtes un diplomate, on ne vous demande pas vos secrets. Si vous avez travaillé avec Gontran dans le silence du cabinet, vous n'êtes pas forcé de le conter à tout le monde. Dites seulement à ma cousine que vous avez rencontré son mari par ci par là. »

L'interpellation ne manquait pas de finesse et Adhémar aurait dû comprendre quel service on attendait de lui. Mais Adhémar n'avait de la sagacité que pour son propre compte. Il manquait totalement de ce qu'on appelle l'esprit du cœur.

« Ma parole d'honneur, répondit-il, je n'ai pas vu l'ombre de Mably, et les autres n'ont pas été plus heureux que moi, car hier soir, au club, Vaubert et Pompignan demandaient s'il était mort, et personne n'a répondu.

— Ne vous démanchez pas, mon cher, dit Bourgalys impatienté. Gontran va bien, et pas plus tard qu'hier il écrivait à madame. Qu'est-ce qu'on dit de neuf, à part ça? »

Les chiens rompus, on se mit à parler de choses indifférentes. Mais Valentine souffrait cruellement, et Yolande triomphait de confiance, sans savoir pourquoi. Elle lisait la douleur et la gêne dans les yeux de sa rivale, et supposait à tout hasard que Mme de Mably lui enviait ce dernier avantage ajouté à tant d'autres : l'arrivée d'un mari!

La duchesse entraîna sa jeune amie; elle comprit que l'enfant avait besoin de pleurer tout à l'aise. Les femmes connaissent cette impatience des larmes qui est propre à leur sexe, et elles y compatissent toujours. On courut donc à la bicoque et, là, dans le salon, sur un grand canapé, Valentine laissa tomber une véritable pluie d'orage, entremêlée de sanglots et de cris. Il fallut que l'aimable vieille courût fermer la porte du balcon, car la rue était étroite et fréquentée, et les cris se seraient entendus de la rue. Par un caprice étrange et des plus féminins, le cœur de la comtesse se mit pour ainsi dire hors de cause. Elle ne parut pas comprendre que son mari avait de fortes raisons pour mentir si effrontément, et qu'elle était trahie. Non; cette jeune femme, éprise d'un mari charmant, ne pensait pas à lui dans une crise si grave. Elle ne songeait qu'à l'indiscrétion inévitable des femmes qui l'avaient entendue, et au triomphe d'Yolande dès qu'elle saurait tout cela. Pour tout dire, en un mot, le spectre du ridicule se dressait devant elle et lui cachait son malheur vrai.

Sur ces entrefaites, Lambert survint. Il entra sans frapper, en disant pour toute excuse :

« Pas attention; ce n'est que moi. »

Toutes ces maisons de louage sont ouvertes comme des moulins. Sauf deux verrous énormes à la porte d'entrée, la serrurerie est à peu près absente. La nuit, quand tout le monde se couche, on pousse les verrous et tout est dit; le jour, chacun se fait garder par ses gens; mais nos seigneurs les domestiques ne font pas trop bonne garde. Ils profitent comme leurs maîtres de la liberté qui règne dans l'air. Les uns se baignent, les autres se visitent entre eux; ils ont un bal le soir où on danse à grands coups de pied en buvant du vin rouge ou du cidre.

Lambert arriva donc sans rencontrer d'obstacles. Les deux femmes de chambre présentaient leurs diverses faces à la laine, le Frontin de la duchesse était au cabaret, contant les aventures du bon vieux temps aux conscrits de la livrée et la cuisinière soufflait son feu dans le sous-sol.

Saint-Génin avait un défaut assez rare chez les hommes de sa force : quand il voyait pleurer une femme, il pleurait. Son premier mouvement fut de tomber aux pieds de Valentine et de sympathiser bruyamment avec elle. La duchesse le poussa d'un petit geste sec qui le fit asseoir malgré lui.

« Vous êtes fou, mon cher, lui dit-elle. Pensez-vous la consoler en beuglant comme un taureau? Donnez-lui plutôt un bon avis, si vous en êtes capable! Moi, j'y perds mon latin, que je n'ai jamais su. Il y avait pourtant un abbé qui s'était mis en tête de me l'apprendre. Un abbé, entendons-nous! Je veux dire un abbé dans mon genre, poudré, musqué, galant, sceptique comme une couleuvre, et hardi! Ah! le singe! Heureusement j'étais cuirassée d'indifférence. Il ne m'a rien appris de tout ce qu'il savait, pas même le latin. C'était pourtant un Miosseux, un bon, des Miosseux de Picardie. On n'en fait plus, de ces abbés-là, dans votre siècle de progrès.

— Tant mieux, cousine, dit Lambert. Mais nous ne sommes pas ici pour pincer de l'anecdote. Il y a mieux à faire pour l'instant, sous votre respect.

— Oui, mais quoi?

— Si j'étais que d'elle, je bouclerais mon sac en

doux temps et j'irais dare, dare, sauter au cou de mon mari. Je suis sûr de Gontran, mais un homme est toujours homme. Quand on ne veut pas qu'il coure, le plus simple est de le tenir. Il y a encore un train aujourd'hui ; il y en a même deux. Entendez-vous, hé ! là-bas ? la belle inconsolable ! »

En même temps, il secouait Valentine par le bras. Elle sortit de sa torpeur et dit :

« Pourquoi donc m'en irais-je, quand elle reste ici.

— Mais pour vous jeter dans les bras de Gontran. Ça n'est déjà pas si bête, il me semble.

— Que dira-t-on de moi si je pars ?

— On dira que vous êtes une brave petite femme et que vous aimez votre mari.

— Non ! ces femmes diront que j'ai perdu la bataille et que je me sauve lâchement devant *elle*. »

La duchesse essaya pour la centième fois de ramener la peau sur la bouillie, selon son expression favorite :

« Je vous jure, mon enfant, que vous ne connaissez pas Yolande. Il y a deux raisons pour qu'elle ait un cœur excellent : primo, elle est tout à fait *peuple*, ensuite elle est légèrement *fille*..., dans le sens irréprochable du mot. »

— Je la hais ! reprit Valentine, et je ne veux pas qu'elle se vante de m'avoir poussée hors d'ici. Je partirai, car il le faut, mais je veux auparavant prendre une revanche éclatante. Ma dignité exige qu'un jour au moins tout ce monde de Carville, ces coquettes, ces fats, M. de Bourgalys en tête, se déclarent publiquement contre elle et pour moi

Lambert hocha la tête :

« Moi, dit-il, ma cousine, je serai toujours des vôtres. Il n'y a pas de danger que je vous lâche d'un demi-cran, comme disait... un artiste du théâtre, à Lyon. Mais brouiller tout Carville avec Yolande ! C'est une affaire qui ne peut pas s'enlever en trois jours. Comment diable ferez-vous ? Quel motif aura-t-on de prendre parti pour vous qui vous en allez, contre elle qui reste ?

— Mon cher cousin, répondit-elle, je comprends aujourd'hui pourquoi vous n'avez jamais été amoureux : c'est que vous avez l'esprit trop net et le raisonnement trop juste.

— Oh ! »

Ce simple rugissement était tout un poëme.

« Mais, reprit le brave garçon, quel est votre projet ? Que voulez-vous tenter ? S'il ne s'agit que de passer par le feu, comptez sur moi ; je suis votre homme. »

Elle se recueillit un instant et dit :

« M. de Lanrose est à Carville pour deux jours. Ce soir, tout le monde reste à l'établissement pour le concert de ces petits violonistes : c'est donc demain qu'*elle* croit faire défiler toute sa cour sous les yeux de son mari. Demain, moi, je prétends entraîner loin d'ici tout ce qu'il y a de jeune à Carville. »

La duchesse se remit encore en frais de conciliation quoiqu'elle n'espérât plus rien de cette « petite endiablée. »

« Mais, chère enfant, lui dit-elle, se trémousser ainsi pour des riens, c'est faire d'un pain de sucre une montagne. Je comprends qu'une femme joue son va-tout sans hésiter quand le cœur est de la partie. Mais ce n'est pas un amant que vous disputez à ma nièce... à moins que je me trompe... Il ne s'agit que d'une ombre de pouvoir, d'un fantôme de royauté. Vous allez, pour une bagatelle sans conséquence, vous donner des ennemis sérieux et puissants, et je n'aurai pas crédit pour vous défendre : je suis neutre, mon amitié n'a pas même le droit de se déclarer dans cette guerre ! »

Valentine ferma ses oreilles et dit à Saint-Génin :

« Lorsque j'étais encore dame et maîtresse absolue dans Carville, tous ces messieurs m'ont suppliée d'organiser un grand dîner en pique-nique à l'abbaye de Lampigny. M. de Bourgalys était l'auteur de ce projet; il tenait à vanité de nous transporter tous sur son yacht, d'illuminer les ruines, et de finir la nuit par un retour aux flambeaux. J'ai toujours refusé, parce que Lampigny est à six lieues par mer, et surtout parce que je me fie médiocrement aux fêtes nocturnes : les flambeaux n'éclairent jamais tout. Mon cousin, j'ai changé d'idée : allez le dire à votre ami. »

IX

SCANDALE

Lambert revint au bout d'une heure ou deux : Valentine était seule au salon.

— Hé ! bien ? dit-elle.

— Ma cousine, Odoacre met son bateau à votre disposition, mais c'est malheureusement tout. Il veut aller demain chez son cousin Lanrose.

— Soit ; on se passera de lui. Vous avez d'autres amis, grâce à Dieu, et il m'en reste aussi un certain nombre. Avez-vous vu les vôtres ?

— Quelques-uns. Trop ! Ils m'ont tous répondu ; Bourgalys en est-il ?

— C'est une question, cela ; ce n'est pas une réponse.

— Voyez-vous, ma cousine, un pique-nique ne s'arrange pas tout seul, Il faut un homme de tête pour dire à l'un : Tu prendras un jambon d'York, et à l'autre : Tu trouveras du Moët. Sans ça, tout marche à la diable; on a vu des parties où tout le monde apportait le même plat, et ça n'était pas drôle.

— Il s'agit bien de vos plats? Qui est-ce qui mange?

— Mais les hommes un peu, ma cousine, et les dames beaucoup.

— Merci! Vous feriez mieux de dire franchement que M. de Bourgalys a monté une cabale, et que tout le monde voit par ses yeux, même vous!

— Moi, non! mais il a de l'entrain, et vous savez! l'entrain, ça... entraîne.

— Il est tout simplement odieux, votre ami.

— Vous trouvez? Moi, il me va. Je veux dire : il m'allait.

— Un homme que j'ai vu à mes pieds, et rampant!

— Pas possible!

— On ne le dirait plus, n'est-ce pas?

— Moi, je crois qu'il a quelque chose pour Yolande.

— Ah! vous êtes perspicace! Vous voyez le soleil en plein midi!

— Voyons, cousine! Il n'est pas possible que ça vous contrarie?

— Me contrarier, moi? Qu'est-ce qui me contrarie? C'est vous qui m'exaspérez sans cesse par vos discours saugrenus!

— Mais, mon Dieu! ma chère cousine, qu'est-ce que j'ai encore dit, sans savoir?

— Rien qui vaille ! Et je me demande en vérité pourquoi je vous écoute avec cette patience ?

— Ça, c'est vrai ; vous êtes bien patiente et bien bonne aussi. Mais s'il y a des choses que je ne dois pas dire, dites-les-moi ; je ne les dirai pas.

— M. de Bourgalys est un fat.

— Eh bien, oui, ma cousine ; c'est un fat !

— Qui est-ce qui vous demande votre avis ?... Son impertinence avec moi n'est pas naturelle.

— Ah !

— Il m'aime encore, et beaucoup plus qu'il ne veut le laisser voir.

— Ah ! mais, je lui défends !...

— Eh ! que vous importe ?

— Comment ! si ça m'importe ? C'est que je suis un honnête garçon, moi ! J'aime Gontran, jarnidieu ! Je vous ai cédée à lui, je ne vous céderais pas à un autre ! Et l'honneur de la famille, donc ! Bourgalys était mon ami ; il l'est encore jusqu'à nouvel ordre ; si vous le permettez, s'entend. Mais qu'il ess‥ seulement de vous faire la cour ! Mort de ma vie ! comme disait Mélingue... ou un autre... je ne sais plus. C'est qu'il y aurait du bruit dans Landerneau, ma cousine ! »

La comtesse l'apaisa comme elle put.

Le même jour, elle alla se promener avec lui vers la plage, et comme on se rencontre nécessairement à Carville, elle tomba d'emblée sur M. de Bourgalys.

Odoacre la salua très-bas, selon la nouvelle habitude qu'il avait prise. Son chapeau lancé jusqu'à terre semblait tracer une ligne infranchissable entre la jeune femme et lui. Mais, cette fois, Valentine passa par-dessus la barrière : elle appela du doigt et de la voix son trop respectueux ennemi.

Il obéit d'assez mauvaise grâce, et fit un signe d'étonnement qui frisait l'impertinence. En même temps, il se tourna vers un groupe où trônait la superbe Yolande, et dessina en l'air un geste bien connu qui veut dire : « Je suis à vous ; le temps de répondre deux mots ; faites-moi crédit d'une demi-minute. »

Valentine lui prit le bras sans façon, et se tournant vers Lambert qui demeurait tout ahuri :

« Mon cousin, lui dit-elle, avez-vous parlé aux marquises ?

— De... de quoi ?

— De nos projets pour demain soir.

— Oui, mais ils m'ont envoyé promener.

— Soit ; les voilà là-bas tous les quatre ; retournez à la charge.

— A quoi bon, puisqu'ils sont décidés ?

— Faites ce que je vous dis.

— Mais, ma cousine...

— Si vous ne voulez pas que je vous prenne en horreur !

— Mais, sapristi ! ma cousine...

— En horreur, vous dis-je !

— Dites-moi carrément que vous avez des secrets avec Odoacre !

— En horreur, Lambert ! en horreur. »

Il s'éloigna en grommelant, et Valentine, avec son plus frais sourire, dit à M. de Bourgalys :

« Je vous demande pardon pour mon cousin, monsieur. Il a un défaut qui vous paraîtra sans doute bien ridicule : il est plein de cœur et il m'aime beaucoup.

— Des goûts et des couleurs...

— Rassurez-vous ; on ne force personne. Je voulais vous remercier de ce bateau que vous m'avez si gracieusement prêté pour demain.

— Vous lui ferez beaucoup d'honneur. J'ai donné mes ordres au patron et à l'équipage.

— Et, décidément, vous n'êtes pas des nôtres ?

— Impossible, madame, à mon très-grand regret. Ma soirée de demain appartient aux Lanrose.

— Et votre soirée d'aujourd'hui ? »

Bourgalys s'arrêta court, regarda la jeune femme entre les yeux, la vit calme et sereine comme tous les jours, et pensa qu'il s'était mépris sur le sens de ses paroles. Il secoua donc aussitôt l'idée invraisemblable qui s'était présentée à lui, et répondit de sa voix naturelle :

« Mais aujourd'hui, c'est le concert. »

Au même instant, Lambert quittait les petits jeunes gens efféminés et arpentait la plage à toutes jambes. Valentine serra le bras d'Odoacre et lui dit : « Il est impossible de causer ici ; je n'irai pas au concert : venez, si vous êtes curieux de savoir ce que j'ai à vous dire. »

Il changea de visage, et pourtant, à l'ordinaire, il était bien maître de lui ! « A vos ordres, répondit-il. Une jolie femme a le droit de se moquer de nous ; je me livre pieds et poings liés. » Il salua et se dirigea vers le groupe des Lanrose. Lambert reprit possession de sa cousine et lui dit : « Vous n'avez rien obtenu, hein ?

— Rien au monde, et vous ?

— Juste autant. Ces endormis ont le grand ressort cassé ; ils ne vont que quand on les pousse. « Chloere en est-il ? » Il n'ont pas voulu sortir de là. Et lui, qu'est-ce qu'il a répondu ? Que sa soirée était prise ? Ce n'est pas sa soirée, c'est lui qui est pris, le pauvre diable ! Pincé à fond !

— Oui, oui.

— Si ça ne fait pas pitié ! Il est cent fois mieux qu'elle !

— N'est-ce pas ?

— C'est un garçon qui pourrait trouver beaucoup mieux.

— Vous pensez ?

— Oui, mais entendons-nous ! Je ne veux pas dire que tout le monde doit se jeter à sa tête, et si je voyais... Ah ! malheur !

— A qui en avez-vous ?

— A personne. Je suis bête. Parlons d'autre chose. Le grand air vous a fait du bien. Voilà vos larmes essuyées à fond. Vos yeux sont encore plus brillants, ma cousine, c'est comme les fleurs après la pluie.

— Si vous voulez que j'écoute des madrigaux, allez chercher des chaises. »

Ils passèrent la journée sur la plage, dans un tête-à-tête public, interrompu de temps à autre par les indifférents des deux sexes. Lambert jouit avec ivresse de la faveur qu'il obtenait : ce jour compta probablement parmi les plus beaux de sa vie. Cependant Yolande, à cent pas de distance, triomphait insolemment. Elle se parait tantôt de son mari, tantôt de Bourgalys, et les promenait l'un après l'autre. Elle arrivait parfois jusqu'à deux pas de sa rivale, la regardait en face, et tournait sur les talons. Ni Adhémar, ni Odouero n'étaient dupes de ce manége. Adhémar souriait dans sa barbe et pensait que Bourgalys méritait toute la reconnaissance d'un mari. Il était sincèrement flatté du choix fait, ou du moins affiché par sa femme. En voyant le plus beau jeune homme du faubourg circuler en compagnie d'Yolande, il éprouvait la même satisfaction d'amour-propre qu'un fils de famille remplacé sous les drapeaux lorsqu'il voit son suppléant partir pour la Crimée ou la Chine. On plaint le pauvre diable, on est heureux de n'avoir pas cette campagne à faire, et cependant on trouve certaine jouissance d'amour-propre à se dire : il y va pour moi!

Quant à M. de Bourgalys, il n'était guère à la conversation d'Yolande. S'il lui dit des choses charmantes, ce fut par habitude, peut-être par distraction. Son esprit et ses yeux n'étaient occupés que de Valentine. Il n'avait pas besoin qu'on l'entraînât jusqu'à elle : c'était lui qui conduisait Yolande vers cette chaise de bois qui était comme un pôle pour lui. Il s'efforçait de lire dans les yeux de la jeune femme; mais le regard de Valentine restait indéchiffrable. A peine si en partant pour dîner à la bicoque, elle indiqua par un léger signe que le rendez-vous tenait toujours.

Lambert dînait à la bicoque entre ses deux cousines : c'était lui qui devait les mener au concert. Il ne remarqua point sans une certaine inquiétude la gaieté que Valentine déployait à ce repas. Elle disait mille folies et riait à tout propos. La duchesse trouvait cette expansion parfaitement naturelle.

« Riez, petite, riez, disait-elle en lui versant du vin glacé. Vous avez assez pleuré aujourd'hui. Après la pluie, le beau temps ! Je n'ai jamais tant ri qu'après... longtemps après la mort de ce pauvre cher duc. On m'eût prise pour une folle, si l'on n'avait pas su combien j'avais de chagrins à oublier. »

Mais Saint-Génin ne se contentait pas de cette explication historique.

« Tenez ! dit-il à Valentine, voulez-vous que je sois franc ?

— Vous le seriez, quand même je dirais non. C'est pourquoi j'aime autant vous le permettre. Allez, sauvage !

— Hé bien ! votre rire est nerveux, et cette gaieté ne vient pas du cœur.

— Alors d'où vient-elle ?

— Est-ce qu'on peut savoir ? Mais je réponds que je vous ai déjà vue une fois dans ces petites convulsions-là.

— En vérité ! Quand donc, monsieur l'observateur ?

— Il y a pas mal de temps, car c'était à la Balme, quand vous aviez déjà le cœur pris pour Gontran et que vous mouriez de peur de vous marier avec moi.

— Ainsi, j'ai peur de quelque chose ?

— Oui.

— Impossible, mon cher cousin. Une femme ne craint rien au monde quand elle a pour la défendre un cavalier tel que vous.

— Quant à ça, vous avez raison. Je veille ! Et, sur ma vie, il ne vous arrivera pas malheur tant que j'aurai des mains au bout des bras.

— Puisque vous êtes si fort, mon bon Lambert, écartez donc un danger sérieux qui me menace depuis un quart d'heure. »

Lambert roula ses yeux autour de la salle à manger, et fit le geste d'un lutteur qui va retrousser ses manches... « Qu'est-ce ? » dit-il.

« Laissez vos bras dans leurs fourreaux; ils ne pourraient rien, hélas ! contre la migraine qui pend sur ma tête. Est-ce l'effet de ce vin frappé, ou des larmes de ce matin, ou du rire de ce soir ? Je n'en sais rien, mais je couve une horrible migraine, et vous irez au concert sans moi ; voilà qui est sûr.

— Si vous n'y allez pas, je n'y vais pas non plus, ni ma cousine Haut-Mont. Pas vrai, cousine ? »

La duchesse fit la moue et répondit : « Certes, je resterai, si cette petite belle le désire ; mais dans son intérêt nous ferions mieux de la laisser seule. Il n'y a qu'un remède contre la migraine : le repos dans un bon lit. Qu'en pensez-vous, cher ange de malice?

— Je crois que vous avez raison, madame, et je vous prie en grâce de ne rien changer à votre programme de ce soir. Mon cousin vous conduira à l'établissement, et je garderai la maison avec Juliette, qui me fera du thé.

— Oh! mais je reviendrai vous tenir compagnie, ma cousine.

— Y songez-vous! Quand je parle de me mettre au lit! »

Le bon garçon courba la tête; mais il était plutôt résigné que convaincu. Il grommela jusqu'au moment du départ. Valentine craignait qu'il ne revînt et qu'il ne fît un esclandre. Elle recommanda à la duchesse de le garder à vue. « C'est un démon, dit-elle; il est d'une amitié plus compromettante que l'amour. »

La duchesse promit de le tenir à l'attache, mais il avait une fourmilière dans les jambes. Cependant il se calma comme par miracle en voyant Bourgalys installé et presque assoupi dans la salle du concert. Odoacre était tout en blanc, au premier rang des fauteuils. Lambert, assis à quelques mètres de lui, ne le perdait pas de vue. Il le clouait des yeux. Mais vers neuf heures, tandis que les jeunes violonistes exécutaient les inévitabbles variations sur le Carnaval de Venise, Odoacre s'endormit tout à fait. Lambert ne fut pas éloigné de croire qu'il avait magnétisé son rival. Il se mit alors à circuler, distribuant des poignées de main dans la salle. Lorsqu'il reprit sa place, il s'assura que la jaquette blanche dormait obstinément dans le même fauteuil.

Cependant Odoacre, qui avait glissé subtilement un ami à sa place, s'échappait par la porte réservée aux artistes et arrivait sans encombre à la bicoque. Juliette l'introduisit au salon et le laissa en tête-à-tête avec madame, mais elle eut soin de faire du bruit dans les chambres voisines pour prouver qu'elle n'était pas loin. Ce devoir accompli, elle s'esquiva sans permission et courut au bal.

M. de Bourgalys avait eu bien des rendez-vous dans sa vie ; toutefois on peut croire qu'il était légèrement ému. Les femmes comme Valentine ne se rencontrent point par douzaines. Il l'aimait ou du moins il la poursuivait depuis assez longtemps pour que l'heure lui parût solennelle. Son cœur battit plus fort qu'il ne convient à un jeune vétéran du plaisir. Du reste, le visage sut demeurer impassible : une aisance suffisante dans tous les mouvements, l'œil éteint à demi, la bouche froidement souriante, les mains occupées à tourner le chapeau entre les deux genoux.

La comtesse ne perdit pas de temps en circonlocutions. Elle avait tout au plus une heure devant elle ; c'était peu pour regagner un cœur si complétement détaché en apparence. Elle surmonta l'émotion assez vive qui lui serrait le cœur ; non qu'elle eût jamais rien éprouvé pour ce scandaleux jeune homme, mais parce que le tête-à-tête est toujours difficile entre une femme de bien et celui qui lui a manqué de respect une fois. Pour s'enhardir, elle se dit qu'elle avait un rôle à jouer, un rôle irréprochable au point de vue de la morale : simple coquetterie à déployer contre un fat, pour obtenir par ruse un acte de complaisance vulgaire.

Elle le salua de la main, lui désigna du doigt une chaise, se plongea dans un fauteuil à bonne distance, ni trop loin, ce qui eût indiqué la défiance ou la peur, ni trop près, ce qui eût ressemblé à une provocation directe.

« Monsieur de Bourgalys, lui dit-elle à brûle pourpoint, qu'est-ce que je vous ai fait?

Il ne s'attendait pas sans doute à cet exorde, car il demeura interdit pendant une demi-minute.

« Madame, répondit-il, quand vous m'auriez fait toutes les méchancetés de la terre, je ne me croirais pas en droit de vous garder rancune. Un galant homme ne peut que baiser la main qui le frappe quand la main est petite et blanche comme celle que j'admire là-bas. »

Il évoquait par ce détour le souvenir de certain rendez-vous surpris, sinon obtenu, chez la modiste et, grâce à son heureuse transition, deux tête-à-tête si éloignés et si différents l'un de l'autre se trouvaient reliés par un fil.

La comtesse secoua la tête comme pour chasser une idée importune, et poursuivit :

« Lorsque deux hommes se sont donné la main, n'est-il pas convenu que le passé, quel qu'il soit, est oublié de part et d'autre, et que les bonnes relations recommencent à nouveau? La même loi ne règle-t-elle pas les rapports des hommes avec les femmes? Car enfin il n'y a qu'un honneur et qu'une bonne foi, sans distinction de sexe. Le jour où je vous ai revu, nous nous sommes donné la main. J'avais donc oublié une offense indigne de vous, et tout ce qui s'en est suivi dans le passé. Nous avons commencé, moi du moins, une amitié nouvelle et sans rancune; elle a duré assez longtemps, elle a été assez publique ici, et j'y ai trouvé pour ma part assez de plaisir pour que j'ose vous en parler sans regret, comme sans pruderie. Pourquoi, de but en blanc, en pleine intimité, m'avez-vous tourné le dos? Pourquoi m'avez-vous témoigné pis que de l'indifférence, presque de l'aversion? Quelles raisons avez-vous eues pour entraîner dans le camp de mes ennemis cette foule moutonnière qui ne voit rien que par vos yeux? Si je vous ai donné quelque sujet de plainte, dites-le franchement. Je n'ai pas la sotte vanité qui s'obstine dans l'erreur et qui craint d'avouer ses fautes. J'ai l'esprit assez droit pour reconnaître mon tort, et le cœur assez haut pour vous demander pardon sans fausse honte. »

Elle s'était légèrement animée, ce qui est toujours une imprudence. Aussi avait-elle un peu dépassé le but. Odoacre profita de l'avantage qui lui était laissé. « Chère madame, répondit-il, je vous supplie de ne pas prendre les choses au tragique et de voir mes humbles actions dans leur vrai jour. Je ne suis pas, grâce à Dieu, un traître de mélodrame, et si j'ai quelque chose sur la conscience, c'est tout au plus un excès de fidélité.

— Ah! vraiment? Vous êtes fidèle? A qui donc?

— A l'amitié, en général. Il y a ici deux personnes qui m'inspirent depuis longtemps une sympathie égale, sinon de même nature : je n'ai pas pris sur moi de sacrifier l'une à l'autre : voilà probablement la trahison que vous blâmez.

— Êtes-vous amoureux de Mme de Lanrose?

— Prenez garde! La question est plus imprudente

qu'indiscrète. Une femme n'interroge pas un jeune homme sur l'état de son cœur sans lui donner certains droits.

— Je n'ai peur de rien, monsieur de Bourgalys, et ce tête-à-tête le prouve assez. Êtes-vous amoureux de Mme de Lanrose?

— Franchement, non.

— Et de moi?

— Diantre! mais vous allez de plus en plus fort. Que voulez-vous que je réponde?

— La vérité.

— Voyez un peu la position que vous me faites! Si je dis non, c'est une impertinence et pis encore, une abjuration, une apostasie, un crime de lèse-majesté féminine. Si je dis oui, je m'expose à tomber dans un piége. Le fond de votre cœur, au moins jusqu'à présent, n'est pas la charité, mais la malice; et moi, j'ai peur du ridicule comme tous les Français. Un de mes bons amis... Vous permettez que je vous conte un apologue?

— Comment donc!

— Un de mes bons amis... je dirais presque mon meilleur, s'était épris de la plus jolie, la plus piquante, la plus séduisante des...

— Passons! Si c'est de moi que vous parlez, je sais ce que je vaux, et s'il s'agit d'une autre, un éloge si passionné ne me plairait peut-être pas dans votre bouche.

— L'éloge n'était pas pour vous déplaire. Je disais donc que mon ami, garçon qui sait le monde, avait engagé son cœur sur le ton du badinage. On peut risquer ainsi toutes sortes de vérités très-sérieuses, sans compromettre ni soi ni les autres. Le jeu ne parut pas déplaire dans les premiers temps. Une faute, une imprudence, une impatience que la jeunesse rendait peut-être excusable, dérangea tout et rompit net ce qui n'était pas même noué. Quelques années après, mon ami, plus sérieux, plus homme, plus digne de sentir et d'inspirer une affection durable, se repentit de cette unique erreur, et se remit aux pieds de son ingrate. Cette fois, il ne badinait plus, même pour la galerie. Il offrait ouvertement, sans respect humain, son cœur, sa liberté, sa vie entière. On parut l'écouter avec une attention bienveillante, comme vous m'écoutez en ce moment, madame. Cet accueil l'enhardit, il s'élança en avant; il courut à toutes jambes vers ce but radieux et souriant qui semblait l'attendre et même l'appeler avec joie. Jugez de sa déception quand il s'aperçut, au bout d'un mois, que le but était toujours à la même distance, qu'on avait reculé devant lui le plus habilement du monde, tandis qu'on l'excitait à courir; en un mot, qu'il avait été la dupe d'une coquette et la risée de deux ou trois mille spectateurs !

— Attendez donc ! il me semble que j'ai connu ce garçon-là.

— Si vous l'avez connu, vous avez dû vous moquer de lui, comme tout le monde. Un être assez naïf, assez provincial (quoique très-Parisien) pour croire que l'amour commande un peu l'amour, et qu'on mérite au moins de n'être pas berné lorsqu'on aime !

— Bien ! Mais qu'est-il devenu, ce jeune homme ? il m'intéresse.

— Il est mort.

— Non ; il est retourné en province. Cherchez bien, monsieur de Bourgalys ; vous le rencontrerez quelque part, au bord de la mer, en Normandie. Si vous mettez la main sur lui, demandez-lui de ma part s'il a joué franc jeu avec la dame de ses pensées ; s'il s'est expliqué nettement sur la nature et la solidité de son amour ; s'il n'a pas au contraire affiché une légèreté inquiétante, et demandé impertinemment au caprice ce qu'une femme accorde tout au plus à la passion ? Informez-vous s'il a jamais montré le fond de son cœur à celle qu'il prétend avoir aimée ; s'est-il ouvert à elle avec cette franchise que j'admire en vous depuis quelques instants ? Si oui, la dame a tort. Si non, dites à votre ami qu'il est un innocent de la plus jeune catégorie ; qu'il ne faut pas tenir pour refusé ce qu'on n'a pas demandé en bonne forme, et que les grands généraux ne sonnent pas la retraite avant d'avoir au moins présenté le combat.

— Mais alors... Il aurait donc... Ai-je bien entendu ? Est-ce de nous que vous parlez ? J'ai le feu dans la tête ; il me vient à la fois un million d'idées qui m'étouffent et dont pas une n'ose sortir ?

— Tant mieux, monsieur de Bourgalys ! Empêchez qu'elles ne sortent, ces idées qui portent le trouble au fond des âmes. Vous avez bien raison de ne pas laisser voir ce qui se passe en vous. Soyez généreux jusqu'à la fin ! Avoir pitié de la faiblesse, c'est le privilége des forts !

— Fort, moi? Mais je suis faible! je suis lâche! je suis... Tenez, madame, je vous aime! Pourquoi feindre plus longtemps et jouer une indifférence que mes yeux démentent, j'en suis sûr, depuis que je suis entré chez vous?

— Est-ce à moi que vous parlez, ou à Mme de Lanrose!

— A vous, madame. A la seule femme au monde devant qui j'aie plié le genou et humilié mon orgueil. Malgré tous vos dédains et toutes vos railleries, je n'ai pas cessé un moment de vivre pour vous. Si j'ai pu me cacher pour vous seule, en plein Paris, après cette stupide aventure, c'est à la condition de vous suivre partout et de vous voir sans être vu. Si j'ai pris un visage indifférent, à cette soirée du café Anglais, c'est par un effort héroïque. Le feu me sortait par les yeux; je me demande comment tous les convives n'en ont pas été éblouis. Pourquoi suis-je ici, dites? Parce que vous y êtes. Vous savez que j'avais un plan de voyage tout fait, avec Lambert. Ai-je passé un quart d'heure loin de vous, jusqu'au jour où le découragement et le dépit m'ont jeté dans une autre voie? Avez-vous été dupe de mes assiduités auprès de ce pauvre paquet d'Yolande? Non, vous avez trop d'esprit; vous la connaissez trop, et vous m'estimez trop moi-même. J'ai joué un jeu ridicule en me montrant aux genoux d'une femme impossible : ce choix même doit vous prouver qu'il n'y avait pas d'amour sous roche, puisque j'ai préféré Mme de Lanrose à dix autres femmes plus jeunes, plus jolies et moins compromettantes. En m'attaquant à elle dans cette foule de jolies femmes, n'ai-je pas prouvé clairement que je n'en voulais qu'à vous ?

— Est-ce bien vrai, ce gros mensonge-là ?

— Vrai comme le jour qui éclaire les hommes ! vrai comme votre doux regard qui illumine ma vie !

— Des preuves, monsieur ! des preuves !

— A quelles preuves croirez-vous, si la sincérité de mon amour n'éclate pas dans chacune de mes paroles ? Faut-il répandre mon sang ? Faut-il... ?

— Je n'en demande pas tant. Promettez-moi de nous accompagner demain à Lampigny.

— Enfant ! Ce n'est pas un sacrifice, cela ; c'est un bonheur auquel je ne renoncerais pas pour un empire.

— Et vous ferez loyalement tous vos efforts pour entraîner vos amis avec vous ?

— Nous nous passerions bien de tous ces importuns ; mais si tel est votre bon plaisir, je m'engage pour toute la population de Carville.

— Pardon ! je n'en demande pas tant. Il serait bon que cette chère Yolande restât chez elle avec son dépit.

— C'est bien ainsi que je l'entendais.
— J'ai votre foi de gentilhomme ?
— Oui.
— Chose promise, jurée, irrévocable ?
— Oui. »

Odoacre voulut sans doute appuyer son serment d'une pantomime *ad hoc*, car il mit un genou en terre, tandis que ses deux mains s'avançaient, selon le rite antique et immuable, pour prendre possession de Valentine. Le lecteur perspicace a remarqué probablement que ce brillant jeune homme, célèbre dans son monde et dans le demi-monde pour l'originalité de ses façons et l'indépendance de son esprit, n'avait débité à la fin de cette conversation que des phrases toutes faites, des lieux communs, qu'un surnuméraire de bureau ou un chef de rayon aurait pu trouver dans sa mémoire comme lui. Le mouvement qu'il fit dans le premier élan de sa joie n'était ni plus nouveau ni plus distingué que son discours. Un paysan, un tailleur, un marchand de parapluies se serait mis à genoux en avançant les bras avec autant de grâce, ou peu s'en faut. C'est que la langue d'amour est définitivement fixée depuis plusieurs siècles, comme la langue de chasse. On ne s'étonne pas qu'un piqueur raconte la journée dans les mêmes termes que son maître; il n'est guère plus surprenant que les amants de tous les étages expriment un même désir de la même façon. Il ne s'agit ici, bien entendu, que de l'amour botté, éperonné, dans son expansion vulgaire et dernière. Les premières périodes du sentiment permettent à chacun de mettre en relief ses qualités natives ou acquises : un paladin, un roué, un pataud n'entrent pas en matière sur le même ton. Mais à l'heure où la vertu sur ses fins n'est ou ne paraît plus qu'une proie à saisir, un pair de Charlemagne, un marquis de la Régence, un concierge et un animal de basse-cour font à peu près la même figure.

Valentine n'avait pas prévu qu'on la prendrait si

vite au mot et surtout à la taille. Dans son désir de regagner le cœur de Bourgalys, elle avait oublié qu'on n'encourage pas impunément un garçon de cet âge et de ce caractère. Son imprudence lui sauta aux yeux un peu tard. Elle pâlit, se leva en pied et étendit les mains en avant par un geste d'effroi qui fut mal interprété, car Odoacre en saisit une qu'il couvrit de baisers en criant : « Ange ! »

Par quelle anomalie les compare-t-on toujours aux anges dans le moment précis où elles leurs ressemblent le moins ?

Mais la porte s'ouvrit avec fracas, et Lambert de Saint-Génin, rouge comme une pivoine et haletant comme un jockey, jeta son chapeau dans l'arène en criant à toute voix : « Malhonnête ! »

Bourgalys fut bientôt debout, mais il fut presque aussitôt pris à la gorge et poussé sur le balcon, tandis que Mme de Mably s'affaissait dans une bergère. Il y eut une mêlée de deux ou trois minutes, à quelques mètres au-dessus de la principale rue de Curville. Lambert jurait comme un cocher et serrait comme un boa ; M. de Bourgalys se débattait violemment et criait : « As-tu fini, sauvage ? mais ce n'est pas parlementaire pour un sou, ce que tu fais là ! »

Valentine, éperdue, entendit des gros mots, des coups de poing et le bruit d'une chute ou plutôt d'une dégringolade formidable, comme si son balcon était tombé dans la rue. Puis Lambert referma la fenêtre, croisa les bras sur sa large poitrine et vint se camper devant la jeune femme avec une importance comique.

« Hé bien, cousine, j'ai joliment fait d'arriver. Il n'était que temps! »

Elle rebondit sur le coup :

« Mais que pensez-vous donc de moi ? lui dit-elle. Croyez-vous que je n'aurais pas su me défendre toute seule ? Qu'avez-vous fait ? Un crime ? un malheur ? Un scandale horrible en tout cas ! De quel droit ? à quel propos ? qui vous en a prié ?

— Et l'honneur de la famille ! Et le bonheur de mon cousin, de mon ami ! Votre bonheur aussi, car je connais ce garçon-là : il vous aurait lâchée aussitôt que prise.

— Fi donc ! mais vous ne savez pas ! vous ne pouvez pas comprendre ! C'est un jeu que je jouais, et votre brutalité...

— Hé bien ! une autre fois, cousine, vous ferez bien de jouer à autre chose.

— Mais que s'est-il passé ? où est-il ? qu'en avez-vous fait ?

— Parbleu, je l'ai poussé dans la rue avec la balustrade du balcon. N'ayez pas peur, il ne s'est pas tué ; il est tombé sur quelqu'un. Mais quelle bénédiction de coups d'épée je te vas lui allonger, à ce faquin-là !

— Un duel, maintenant ! Vous voulez donc achever de me perdre ?

— C'est lui qui vous perdait, si j'avais *coupé* dans votre migraine ; et c'est moi qui vous sauve, vertudieu ! Je ne vous reproche rien, je ne vous accuse pas ; vous avez fait une imprudence : c'est de votre âge. Mais lui! chien de coquin! abuser du seul moment où je ne suis pas là!

— Il ne s'agit pas de ce que j'ai fait. Si vous croyez à mon innocence, vous me rendez justice; si vous n'y croyez pas, tant pis pour vous.

— J'y crois, cousine; oh! oui, j'y crois... comme à la vertu de ma mère! »

La baronne de Saint-Génin avait toujours été si laide que cette comparaison valait un acte de foi.

« Mais, s'écria Valentine, que va-t-il arriver? Que dira mon mari?

— Je lui expliquerai l'affaire.

— Et le monde?

— Je leur fermerai le bec à tous.

— Ces Lanrose?

— Qu'ils bougent, seulement!

— La duchesse?

— Elle est pour nous!

— Mais les journaux eux-mêmes, si ce duel a lieu?

— Je m'en charge. Il n'y a que deux chroniqueurs à Carville, et ils sont mes amis. Vous verrez! vous verrez de quoi je suis capable.

— Eh! malheureux garçon! je ne l'ai que trop vu!

— Non, vous ne savez pas quel cœur il y a là!

— Mais si! vous êtes un bon garçon; votre seul défaut c'est d'être impossible!

— Possible ou non, j'aime quand j'aime. On peut se confier à moi les yeux fermés, voyez-vous.

— Certainement.

— Ce n'est pas moi qui profiterais de la solitude

et de la nuit pour me vautrer aux pieds d'une honnête femme !

— Non ! non !

— Avec celles qui ont jeté leur bonnet par-dessus les moulins, je ne suis pas plus embarrassé qu'un autre : mais devant l'honneur et la vertu, chapeau bas !

— C'est très-bien, mais...

— Et la preuve ! Depuis tantôt un mois que je vous vois tous les jours à toute heure, est-ce que je ne me suis pas contenu ? ai-je seulement lâché le grand mot ?

— Quel mot, bonté divine ?

— Ne craignez rien ! Je sais souffrir en silence, moi ! comme un martyr !

— Comment !

— Et je me laisserais mourir de chagrin avant de vous dire que je vous aime !

— Vous ! » dit-elle en reculant de trois pas.

Il reprit d'une voix émue :

« N'ayez pas peur ! Le respect me ferme la bouche ? Je ne dis rien ; je ne demande rien, je n'espère rien : je pleure !

— Allons, bon ! C'est pour m'achever !

— Oh ! je ne vous accuse pas ! Ce n'est pas votre faute. Vous n'avez jamais été trop coquette avec moi ! Un peu, par ci par là, comme avec tout le monde, mais en tout bien tout honneur.

— Eh ! malheureux ! Je ne vous ai rien dit !

— A Paris, non. Vous étiez même un peu froide. Ici, vous m'agaciez, mais pour rire ; d'abord une femme est toujours dans son droit. C'est égal ! mon béta de cœur se prenait petit à petit. Je vous en demande bien pardon, ma cousine !

— Que voulez-vous que je vous pardonne ? Il n'y a rien d'offensant ; c'est un malheur qui vous arrive, et rien de plus !

— Oh! oui, cousine, un grand malheur! Car enfin, je sais bien qu'il n'y a pas d'espérance !

— Non !

— Parce que vous êtes une honnête femme, vous.

— Sans doute.

— Et moi, je ne suis pas homme à vous donner de mauvais conseils, allez ! Quand même vous voudriez oublier vos principes par compassion pour moi, je vous dirais : Non ! il ne faut pas !

— Vous n'aurez pas besoin de me le dire, mon cousin.

— Ah ! c'est que vous êtes la femme de Gontran ! Et je m'en souviendrai toute la vie !

— Moi aussi !

— Plutôt que de manquer à vos devoirs, j'aimerais mieux mourir ! Et si jamais vous sentez que la vertu vous abandonne, dites-moi seulement un mot, et j'irai dans un coin me brûler la cervelle !

— Nous avons fait assez de bruit comme ça, mon cousin! je suis bien aise de vous voir un peu calme, et j'espère que vous continuerez comme vous avez commencé. »

Il se méprit sur les derniers mots de Valentine et répondit en pleurant à chaudes larmes :

« Oh ! oui, je vous adorerai toute ma vie !

— Mais ce n'est pas cela qu'on vous demande !

— Je vous adorerai toute la vie, et je ne le dirai à personne, pas même à vous.

— Eh ! gros fou ! vous ne le dites pas, vous le criez ? »

Il reprit d'un ton haut :

— C'est la passion qui m'a entraîné ! Ça ne m'arrivera plus jamais ! Je saurai me contenir !

— Contenez-vous donc tout de suite ! On peut entrer d'un moment à l'autre, et la malignité du monde est assez éveillée !

— Je ne l'éveillerai pas, ma cousine !

— Si la duchesse entrait ici, il ne faudrait rien de plus que cette figure bouleversée, ce trouble, ces joues barbouillées de larmes ; et vos gants qui déteignent par-dessus le marché !

— Je ne pleurerai plus, ma cousine ! Je ne pleurerai plus ! »

Au même instant, on ouvrit la porte du rez-de-chaussée ; un bruit de pas, de voix, de rires étouffés emplit la maison ; vous auriez dit que tout Carville montait l'escalier de la bicoque.

« Bien ! bien, bravo ! s'écria Valentine ; voici Mme de Haut-Mont avec un peuple à sa suite.

— N'ayez pas peur, cousine ! on ne me verra pas.

— Où courez-vous ? C'est ma chambre !

— Ah ! pardon ! Là !

— De mal en pis ! C'est la chambre de la duchesse.

— Attendez ! »

Il poussa un gros canapé contre la porte du fond.

« Nous verrons bien s'ils entrent !

— Mais voulez-vous ôter ça! On va dire que nous étions enfermés ensemble !

— Ah ! sapristi ! Allons ! aux grands maux les grands remèdes !

— Où court-il maintenant ?

— Je connais le chemin ! Je l'ai montré à Bourgalys.

— Mais restez donc ! vous allez vous casser le cou !

— Non ! l'honneur avant tout ! la femme de mon cousin ne doit pas être soupçonnée ! »

Il sauta dans la rue, juste au moment où la duchesse entrait dans le salon par la porte de sa chambre avec Yolande et Adhémar.

« Ah çà, mais, dit Mme de Haut-Mont, il pleut des hommes par cette fenêtre ! Et de deux ! »

Une pointe de mécontentement perçait cette bonhomie. La duchesse ne grondait pas, mais il était facile de voir que ces exercices de haute école lui souriaient peu. L'embarras de Valentine fut doublé par la présence d'Yolande. Elle se jeta par contenance au cou de sa vieille amie, et lui dit :

« Pardonnez-moi, moi, madame, un tapage dont je suis moins la cause que la victime. Il y a certainement quelque chose dans l'air, car on dirait que tous les hommes sont fous aujourd'hui.

— Nous en avons bien vu quelque chose au concert.

— Au concert aussi ?

— Mais sans doute. Notre cousin Lambert se lève comme un furieux, tandis que ces enfants faisaient grincer leurs violons; il dérange tout le monde, court au petit Ramond, le regarde sous le nez, et s'élance hors de la salle. Je ne vous demande pas ce qu'il a fait ensuite : toute la ville le sait trop.

— Comment ! Déjà !

— Sans doute. Bourgalys est tombé perpendiculairement sur le pauvre Vieuxblé.

— Qui, Vieuxblé ?

— Pas autre chose, mon enfant, que le maire de Carville.

— Est-ce ma faute, à moi ?

— Mon petit amour lutin, je suis sûre de vous. Si M. de Bourgalys vous a fait une visite indiscrète, il n'y était nullement autorisé, j'en mets la main au feu. Si Lambert a quitté le concert pour se colleter chez moi, sous vos yeux, avec son ancien ami, j'atteste les yeux fermés qu'il était en délire. Mais une femme doit se garder de ces accidents-là. L'innocence qu'on a ne sert de rien, les gens ne savent gré que de celle qu'on leur montre. Ces messieurs se battront demain, c'est presque sûr; les commentaires iront leur train. On ne se tailladera pas jusqu'à l'âme, j'aime à le croire, mais il ne faut pas un coup d'épée à fendre les montagnes pour attirer l'attention du peuple, et vous rendre célèbre malgré vous.

— Célèbre ! c'est-à-dire compromise ! Ah ! madame ! j'en mourrais ! sauvez-moi ! »

Yolande laissait dire et jouissait de la confusion de Valentine.

« Est-il vrai, reprit-elle, que certain projet tienne

toujours ? La promenade à Lampigny que vous aviez annoncée... ?

— Je ne sais..., je n'ai rien décidé..., mais je ne renonce à rien, chère madame.

— Vous auriez bien tort de renoncer à ce plaisir là. Tous ces messieurs en seront maintenant, c'est chose sûre.

— Pourquoi, s'il vous plaît ?

— Parce que les hommes n'évitent pas une jolie femme qui fait parler d'elle. Au contraire.

— Ceux qui parleront mal de moi seront des sots, s'ils ne me connaissent pas, et des infâmes s'ils me connaissent, car ils me calomnieront sciemment.

— Est-il question de calomnie ? On ne parle pas mal d'une jolie personne qui a fait du bruit autour d'elle ; on en parle, voilà tout. Par exemple, je vous préviens que nos amies de Carville, Mme de Piquefeu, Mme de Beauvonir, Mme d'Oos, qui vont venir prendre le thé chez ma tante, sont un peu plus timides que ces messieurs ; elles craignent ce reflet qu'une femme trop en vue répand sur tout ce qui l'entoure ; et si...

— Vos amies, chère madame ? Je n'en veux dire aucun mal, puisqu'elles sont vos amies ; mais enfin je les connais, j'ai des yeux pour voir et des oreilles pour entendre. Mme de Piquefeu ! Mme d'Oos ! Elles ont des amants !

— C'est possible, madame, mais elles ne les laissent pas tomber par la fenêtre.

— Parce qu'elles aiment mieux les garder dans la chambre !

La duchesse intervint : « Où allons-nous, bons dieux ! Une querelle de femmes ! pourquoi pas un duel aussi ! Eh ! petites folles que vous êtes, songez que nous nous tenons, que chacune de nous répond de la conduite des autres, et qu'il ne peut rien arriver à l'une sans que l'autre en reçoive le contre-coup ! Toutes ces mijaurées vont venir ; Mme de Mably avait dit qu'elle se ferait faire du thé ; moi, sans penser à mal, j'ai invité vingt personnes à venir en prendre. Où est-il ? L'a-t-on seulement fait ? »

Valentine avoua qu'elle n'avait pas eu le temps d'y songer. D'ailleurs, les gens semblaient s'être donné des vacances. Ils reparurent tout haletants, l'un après l'autre, et l'eau ne tarda pas à bouillir.

En attendant les bonnes amies dont on avait si grand'peur, la délibération allait son train. Adhémar ne manquait pas de bons sens, et il ne voulait aucun mal à Valentine : « Dans tout cela, dit-il, il n'y a pas de quoi fouetter un chat. Odoacre et Lambert sont deux fous si connus, que leur esclandre ne peut faire de tort à personne. S'ils se battaient, je ne dis pas ; mais ils sont assez braves tous les deux pour se passer leurs gamineries réciproques. Ni l'un ni l'autre n'a ses preuves à faire ; ils sont tous deux de vos amis, et dans les meilleurs termes avec Gontran. Enfin, ils se tutoient, ce qui permet toutes les familiarités, ou du moins en atténue l'importance. Je veux les réunir ce soir même et les contraindre à se donner la main. Si je les amenais, bras dessus, bras dessous, chez ma tante, le scandale tomberait à rien ; leur querelle ne serait plus qu'une farce d'écoliers comme on en fait cent mille par an dans les châteaux et les chalets, sans que le monde y trouve à mordre. Attendez-moi, mesdames, et jusqu'à mon arrivée, tenez tête à l'ennemi. Ferme, belle imprudente! La devise de Danton, vous savez! de l'audace et toujours de l'audace! »

Son ambassade réussit au delà de toute espérance. Il trouva Bourgalys à l'établissement des bains, le cigare à la bouche, le visage radieux et le corps à peine meurtri. Ce grand gamin élastique autant que brave avait été presque porté à terre par la balustrade du balcon. La seule victime de l'accident fut le chapeau du maire Vieuxblé; encore ce chapeau était-il d'un âge qui l'autorisait depuis longtemps à mourir de vieillesse. Bourgalys n'avait voulu conter l'aventure à personne; il se promettait bien de rompre en visière à son ancien ami, mais sous un prétexte avouable, en mettant hors de cause Mme de Mably. Il se croyait aimé, cet excellent jeune homme, et l'intérêt de son amour, autant que la délicatesse de son honneur, lui défendait de compromettre une femme. Adhémar l'entraîna sans effort à la poursuite de Lambert.

L'enragé Lyonnais était au café, assis devant un bol de punch entre deux anciens militaires, et il posait tranquillement les bases d'un combat à mort. Par bonheur, il n'avait pas eu le temps de détailler son histoire. Mais il s'en fallut bien peu que la querelle ne recommençât sur nouveaux frais, et en public. A la vue de Bourgalys, il boutonna sa jaquette jusqu'au menton et enfonça son chapeau sur sa tête. Adhémar eut grand'peine à l'arrêter d'abord, ensuite à l'entraîner hors du café, enfin à lui faire comprendre l'énormité de sa sottise. Il disait à Bourgalys avec une fureur comique :

« Je vous dois une réparation pour vous avoir jeté par la fenêtre, et je suis à vos ordres dès ce soir, monsieur !

— Tu m'embêtes ! répondait Odoacre ; *primo*, tu ne m'as pas jeté par la fenêtre.

— Si !

— Non ! c'est moi qui suis tombé, parce que le balcon n'était pas en pierre de taille ! *Secundo*, si tu m'as offensé et que je te le pardonne, ne suis-je pas dans mon droit ?

— Non !

— Si !

— On ne pardonne qu'aux coupables

— Je te déclare que tu n'es pas coupable. Es-tu content ?

— Alors, monsieur ne me trouve pas digne de croiser le fer avec lui !

— T'es bête !

— Vous m'insultez, cette fois !

— Je retire le mot. Suis-je gentil ?

— Mais, enfin, il n'est pas naturel qu'un gentilhomme veuille rester sous le coup d'un affront.

— Qu'est-ce que ça te fait, si ça m'amuse !

— Je n'entends pas qu'on s'amuse de moi !

— Parole d'honneur, là, je ne m'amuse que de moi-même.

— Hé ! bien, je ne souffrirai pas que vous déshonoriez en vous la noblesse de France ! C'est au nom de vos ancêtres et des miens que je vous demande réparation.

— Tes ancêtres sont couchés ; laisse-les donc tranquilles !

— Cependant l'affaire ne peut pas en rester là. Qu'est-ce que tu ferais à ma place ?

— Vlan ! tu m'as tutoyé. Ce que je ferais à ta place, gros animal farouche, j'embrasserais mon ami Odoacre à la face de la grande mer ! »

Cela fut si bien dit, de si bonne grâce, avec un tel visage et un geste si ouvert que Saint-Génin sauta au cou de son ami. Alors on put lui faire toucher du doigt les sottises qu'il avait faites et celles qu'il méditait de faire.

Il se repentit d'emblée et jura de tou. parer dans un bref délai. On le supplia de n'en rien faire. On savait que le pauvre garçon avait la main trop lourde pour une réparation si délicate. Sa première idée (j'en frémis quand j'y pense !) avait été de faire mettre un article dans le journal du département pour démentir tous les bruits calomnieux et proclamer l'innocence de sa cousine !

Il se résigna, non sans effort, à un rôle plus modeste, et se laissa conduire à la bicoque de Mme de Haut-Mont.

L'entrée de ces messieurs fut un événement. Jusque-là, Valentine et la maîtresse du logis avaient été au supplice. On chuchotait beaucoup dans tous les coins, et la pauvre petite comtesse sentait le vide se faire autour d'elle. Mme de Haut-Mont, brave comme un soldat de Fontenoy, l'accablait d'attentions d'autant plus marquées qu'elle se voyait seule de son bord. Yolande ne se gênait pas pour rallier les ennemis à son panache insolent.

Il se fit un grand bruit, suivi d'un plus grand silence, lorsque le vieux Frontin de la duchesse, ouvrant la porte toute large, annonça :

« M. le comte de Lanrose !

« M. de Bourgalys et M. de Saint-Génin ! »

Rien n'était plus curieux que l'ostentation avec laquelle Lambert semblait aimer « ce bon vieil Odoacre. » Il le suivait partout, l'interpellait à tous propos et lui donnait, à propos de rien, ces larges poignées de main que les hercules de la foire échangent entre eux avant et après leurs exercices. M. de Bourgalys se défendait un peu contre cette amitié trop étalée. S'il n'avait craint d'être entendu de la galerie, il aurait répété à son brave Lambert le mot de M. de Talleyrand : Pas de zèle !

Malgré tous les excès, la manifestation arrivait bien. Elle produisit l'effet voulu, et convainquit les bonnes âmes, qui sont partout en majorité. Pour un sceptique ou deux qui se rebellent contre l'apparence, on trouve dans le monde une multitude de gens pour qui péché nié est comme non avenu. Les avocats qui savent le métier disent à leurs clients. « Niez toujours, et même en face de l'évidence. Tant que vous direz non, vous conservez l'espoir de persuader quelques personnes plus crédules ou plus paradoxales que les autres, tandis qu'un simple aveu vous condamne sans appel. »

Sur vingt-cinq baigneurs des deux sexes, la petite comédie, si grossière qu'elle fût, en trompa dix-huit ou vingt. Les femmes se rapprochèrent de Mme de Mably; Yolande vit fondre insensiblement le groupe de mal intentionnés qui s'était formé autour d'elle; la médisance chuchota moins haut, on se tut.

Cependant le thé circulait, et Lambert en prenait tasse sur tasse. Le thé n'est pas précisément capiteux en lui-même, mais le brave garçon y ajoutait assez de rhum pour remplacer le bol de punch qu'il avait payé sans le boire. Chaque fois qu'il croyait saisir une allusion à son escapade de la soirée, il buvait pour s'exhorter lui-même à patience. S'il n'entendait plus rien, il buvait en signe de joie; si Bourgalys passait à sa portée, une tasse à la main, il buvait de nouveau pour trinquer avec ce cher ami. Ni les Chinois, ni les Anglais, ni les Russes, ni aucun peuple buveur de thé ne s'est avisé jusqu'à présent de trinquer à coups de tasse; mais la tasse de Saint-Génin avait fini par contenir si peu d'infusion qu'on pouvait la confondre sans injustice avec un verre de rhum.

Sur le minuit, les sottises de ce malheureux soir étaient à demi réparées, mais le baron de Saint-Génin n'était pas à moitié gris. Ses yeux roulaient dans leurs orbites comme les soleils d'un feu d'artifice; il chantonnait entre ses dents une multitude d'airs nouveaux, croisés de Meyerbeer, d'Auber et de Rossini; il battait la mesure à coups de pied, lâchait des compliments aux dames, formulait des aphorismes de morale, ébauchait des systèmes de métaphy-

sique, vantait sa chienne Mirza, et se levait de temps
en temps, d'un pied mal assuré, pour dire à Valentine :

« Ma cousine! je ne vous dit que ça !

Après quoi, il cherchait Bourgalys, lui serrait la
main à le faire crier, et se jetait dans le premier fauteuil venu, à grand bruit de ressorts opprimés et de
roulettes cassées. La duchesse souriait à ces jeux
innocents : elle avait vu tant de choses en sa vie! Il
y a des trésors d'indulgence chez une femme qui a
réellement vécu. L'ivresse de l'amour, qu'elle a étudiée de près, lui fait comprendre et excuser toutes
les autres. D'ailleurs, Lambert n'était pas tout à fait
scandaleux; il était un peu détendu, mais bien ou
mal, il se tenait.

Aux bains de mer, on se couche rarement après
minuit. La nature, absurdement violée à Paris, reprend ses droits. Aussi faut-il bénir cet exil de l'été
qui répare tant bien que mal les fatigues de la ville.
Mme de Piquefeu se leva pour prendre congé; Mme
de Gauterne et son cousin, un cousin fort éloigné,
donnèrent le bonsoir à la duchesse; plusieurs groupes suivirent le mouvement, et l'on put croire que
dans un délai de dix minutes Mme de Haut-Mont
resterait seule à la bicoque avec Mme de Mably. Mais
Lambert, qui s'était administré une rasade finale, se
leva avec importance et cria d'une voix tonnante :

« Un instant, s'il vous plaît, mesdames et messieurs! Je demande la parole.

— Mon cher cousin, dit la duchesse, la séance
est levée; si vous avez quelque confidence à nous
faire, nous l'entendrons demain !

— Cependant, reprit Yolande, si Lambert a besoin de nous ouvrir son cœur ! Vous êtes inspiré, mon cousin ; je lis cela dans votre physionomie. »

Lambert lui lança un regard foudroyant :

« Ma cousine, cria-t-il, je ne suis pas l'homme que vous pensez ! Si je parle, vous n'aurez pas lieu d'applaudir... parce que, voyez-vous, un gentilhomme n'a qu'une devise : honneur et vérité ! Voilà mon caractère, à moi. »

Bourgalys le prit par le bras : « Allons, Lambert, allons, mon ami !

— Ton ami ! Oui, je suis ton ami ! Que tout le monde le sache ! C'est dans ton intérêt comme dans le mien que je veux dissiper les.... ombrages, les... nuages d'une situation... mal interprétée. »

Yolande et ses fidèles amies comprirent dès le premier mot que Lambert allait faire une sottise énorme. Elles se mirent en cercle et le retinrent au milieu d'elles : personne ne sortit.

« Mesdames, dit-il, j'ai besoin... oui, dans ma conscience, de réparer le mal que j'ai fait... loyalement. La loyauté avant tout.

— Viens donc ! dit Odoacre ; tu n'as fait de mal à personne, et tout le monde connaît ta loyauté !

— Non ! Si ! J'ai fait du mal... sans malice ni tergiversation, et ma cousine Mably resterait sous le coup. Il ne faut pas, morbleu ! Foi de gentilhomme ! »

La duchesse, Odoacre, le comte de Lanrose unirent leurs efforts pour lui fermer la bouche ; peine inutile ! l'esprit du rhum était en lui, il éprouvait un invincible besoin de parler.

« J'ai eu tort ! J'ai troublé la représentation des petits violonistes ! Pourquoi ? Parce que je soupçonnais... oui, j'accusais injustement la plus noble et la plus vertueuse des femmes. Vous ! oui ! cousine ! Et toi aussi, Odoacre, mon meilleur ami (après Gontran ! ah ! après Gontran ! c'est le meilleur ; c'est un frère !) Je soupçonnais ! j'avais tort ! Je suis venu ! Tu étais ici, à genoux devant elle ! Mais en tout bien, tout honneur, sapristi !

— Allons ! cria la duchesse, vous rêvez, mon cousin ; allez vous mettre au lit.

— Ma cousine ! J'y étais, et vous n'y étiez pas ! Vos gens n'y étaient pas non plus ; à preuve que je suis entré comme dans mon moulin ! Je le jure... sur mon caractère ! Il était à genoux, là, tenez ! sur la fleur du tapis ! Mais qu'est-ce que ça prouve ? La place d'un gentilhomme est aux genoux d'une femme ! La prière offense-t-elle le bon Dieu ? Non ! Alors, comment pourrait-elle offenser la plus parfaite de ses créatures ?... »

Odoacre fit un effort énergique pour entraîner son ami ; mais il était incrusté dans le sol : « Arrière ! cria-t-il, j'ai fait le mal, je dois le réparer ; voilà comme je suis ! Je t'ai bousculé par une fausse interprétation de la chose la plus naturelle. Tu l'aimes, tu en as le droit. Avec respect, par exemple ! Ah ! le respect avant tout ! Si le maire est cassé, nous le payerons, où plutôt je le payerai ! c'est ma faute ! Mesdames et messieurs, je ne veux pas que ma cousine, la comtesse de Mably, soit compromise par ma faute. Avouez qu'elle l'est ! J'ai entendu ce que vous chuchotiez dans les coins ! Eh bien ! c'est une injustice ! Je déclare ici, devant vous, que Valentine est digne de tous les respects ! On vous dira que je l'aime ? C'est la vérité, mais...

— Ah ! c'en est trop ! dit Valentine. Vous abusez un peu des licences de la parenté !

— Un moment ! Laissez-moi leur dire ce que je vous ai dit à vous-même ! J'ai de l'amour pour vous, ma cousine, mais le plus tendre et le plus respectueux... Oui ! j'aime aussi Gontran, d'amitié. Pour vous, c'est l'amour platonique ! Et je me couperais la main plutôt que de vous dire un mot contre tous vos devoirs ! »

Mme de Mably sentait la force lui manquer; la duchesse entamait une belle attaque de nerfs; Odoacre avait une folle envie d'étrangler son ami. Adhémar suffoquait, Yolande triomphait, la galerie ne s'ennuyait pas, et Lambert paraissait s'admirer naïvement dans son chef-d'œuvre. Pour terminer par un coup décisif, il recula d'un pas, croisa les bras sur sa poitrine et cria d'une voix tonnante :

« Et si quelqu'un se permettait de juger autrement ma bien-aimée cousine, il aurait affaire à moi ! »

Valentine s'évanouit tout à fait; Bourgalys entraîna Lambert, et l'assemblée, sauf Yolande et son mari, se dispersa dans Carville. De la pauvre duchesse de Haut-Mont, on n'apercevait plus que les jambes, et il faut avouer que, sous ce nouveau point de vue, la vieille dame obtint un petit regain de succès.

Le lendemain matin, Mme de Mably, après une fièvre délirante, reprit possession d'elle-même entre les bras de M. Faflaux. Son premier mot fut celui-ci :

« Quelles vacances! »

Et le second : « Ah ! ces Lanrose ! »

M. Faflaux lui ferma doucement la bouche et lui dit avec onction :

« Si les Lanrose t'ont fait du mal, ma pauvre enfant, sois consolée ! Dieu les a punis tous les deux : le père dans son honneur, et le fils dans son argent ! »

FIN DES VACANCES

TABLE DES MATIÈRES

I. Monsieur Faflaux	1
II. La question de la lune de miel	35
III. Les Adhémar	75
IV. Odoacre	113
V. Conversion	143
VI. Où l'on revoit un vieil ami	189
VII. La crise	221
VIII. Carville	267
IX. Scandale	314

Coulommiers. — Imp. Paul BRODARD. — 504-96.

www.ingramcontent.com/pod-product-compliance
Lightning Source LLC
Chambersburg PA
CBHW050756170426
43202CB00013B/2446